我国创业型高职学校建设适切性研究
——弥合产教"裂口"的国际经验借鉴

解水青　胡荣花　著

中国海洋大学出版社

·青岛·

图书在版编目（CIP）数据

我国创业型高职学校建设适切性研究：弥合产教"裂口"的国际经验借鉴／解水青，胡荣花著．—青岛：中国海洋大学出版社，2022.10

ISBN 978-7-5670-3192-0

Ⅰ.①我… Ⅱ.①解… ②胡… Ⅲ.①高等职业教育—建设—研究—中国 Ⅳ.①G718.5

中国版本图书馆CIP数据核字（2022）第104304号

WOGUO CHUANGYEXING GAOZHI XUEXIAO JIANSHE SHIQIEXING YANJIU
—— MIHE CHANJIAO "LIEKOU" DE GUOJI JINGYAN JIEJIAN

我国创业型高职学校建设适切性研究
——弥合产教"裂口"的国际经验借鉴

出版发行	中国海洋大学出版社
社　　址	青岛市香港东路 23 号　　邮政编码　266071
网　　址	http://pub.ouc.edu.cn
出 版 人	杨立敏
责任编辑	张　华
电　　话	0532-85902342
电子信箱	zhanghua@ouc-press.com
印　　制	青岛国彩印刷股份有限公司
版　　次	2022 年 10 月第 1 版
印　　次	2022 年 10 月第 1 次印刷
成品尺寸	170 mm × 240 mm
印　　张	15.75
字　　数	287 千
印　　数	1 ~ 2000
定　　价	78.00 元
订购电话	0532-82032573（传真）

发现印装质量问题，请致电 0532-58700166，由印刷厂负责调换。

以综合性思路解决系统性问题
（代序）

本书论证的主要问题是：兴起于西方的创业型大学理论适应于我国高职学校的发展变革，或者说我国探索创业型高职学校建设具有充分的适切性。

问题起源于我国高职学校"产教融合、校企合作，工学结合、知行合一"人才培养模式的实施困境，选择创业型发展道路来解决这一现实问题，遵循的逻辑主线是：通过一种综合性思路解决一个具有系统性的关键问题。

从20世纪80年代至今，我国高等职业教育在实现跨越式发展的同时，始终面临一个普遍性的严峻问题，即人才培养模式实施困难，很多高职学校甚至处于困境。由于人才培养模式涉及学校人才培养定位、教育资源、方式方法、教学实施及评价等方方面面，因此，其实施困境成为一个关乎高职教育可持续健康发展的系统性问题。究其原因，主要是高职学校与行业企业、政府部门及其他社会组织之间存在"裂口"，因而难以与外部组织形成紧密的合作关系。所以，问题解决的实质和突破口就是要采取措施弥合"裂口"。

20世纪80年代兴起于西方的创业型大学理论为此提供了重要的借鉴。创业型大学主要通过学术资本化或产业化拓展学校多元化的发展资源，因此必须和行业企业、政府部门及其他社会组织等紧密联系，从而有效弥合大学和外部组织之间的"裂口"。因此，创业型大学理论及其实践为解决我国高职学校人才培养模式实施难题提供了思路。

那么，创业型大学理论是否适合我国高职学校的发展变革？换言之，在我国探索创业型高职学校建设是否具有足够的适切性？这成为本书的核心论题。证明高职学校与创业型大学理论具有适切性，换言之，就是证明两者之间具有相互联系、相互交融直至相互重合的逻辑与事实关系。本书从理论和实践两个方面分别对此进行了论证。

理论论证包括了三个维度。

首先是纵向维度，通过考察西方大学的历史演变不难发现，西方大学经历了一个从高职学校到创业型大学的漫长过程，尤其是以麻省理工学院等为代表的世界著名大学非常典型地反映出这一演变脉络，使得两者在漫长的历史时空中遥相呼应。

其次是功能维度，在前后相续的时间表象联系之下，高职学校和创业型大学之间还存在实质性的逻辑联系——功能关联，大学服务社会的功能在其中起到了桥梁作用。经过深入梳理剖析可以发现，高等职业类教育在世界范围的兴起深刻影响了现代大学的功能变革，经过曲折的过程，服务社会最终被确立为现代大学的"第三使命"；而大学的服务社会功能促使创业型大学诞生。由此非常有力地反映出，高职学校与创业型大学在服务社会的功能定位方面是完全一致的。

最后是横向维度，根据"大学科学研究的模型"（基于科学研究的模型改造而成），大学大致被划分成"适宜建设创业型大学"的大学和"不适宜建设创业型大学"的大学两大体系。由于办学宗旨、定位、目标等原因，高职学校天然倾向于应用性研究，因而当然地被包括在"适宜建设创业型大学"的体系当中，从而实现了与创业型大学的高度重合。

这三个维度之间紧密相连，纵向维度和横向维度宛如两条道路，功能维度是其间的"连接通道"。连为一体的三个维度的论证充分显示：创业型大学及其理论适用于我国高职学校的发展变革，换言之，我国可以探索创业型高职学校的发展变革道路。

根据亨利·埃茨科维兹等学者的基本观点，可以归纳出形成创业型大学的三大核心要件，即学术资本化或产业化、统一意志支配的大学整体行动、与外部组织的自主互动，这三大核心要件无不通过"界面管理"兑换为现实。有鉴于此，本书继续向前推进一步，尝试构建我国创业型高职学校建设的基本路径模型，以供有意或有志于开拓创业型发展道路的高职学校作为借鉴参照。这既是对创业型大学及其理论在我国高职学校适切性研究方面的自然延伸，又是对我国高职学校人才培养模式实施困境问题的完整回应。

实践论证包括三个层次。

第一，结合创业型大学的三大核心要件，详细剖析了我国最早进行创业型大学建设的浙江义乌工商职业技术学院的实践情况。

第二，对我国另外四所高职学校建设创业型大学或采取类似举措的情况进行了简要介绍。

第三，简要分析了我国15所示范性高职学校近5年经费收入结构情况，通过与西方典型创业型大学的比较，推论这些学校与创业型大学建设的可能性联系。

在写作本书的过程中，我们始终坚守几条基本原则：第一，努力选个"真问题"；第二，透彻领会原创理论精神；第三，对西方理论进行适切性改造；第四，对问题进行追本溯源的探究；第五，尊重理论研究中多样化的自洽性。

经过研究，本书实现了对创业型大学理论和高职学校人才培养模式理论进行全新的理论整合与构建的尝试，拓展了两方面理论各自适应范围以及两者相互之间关系的研究，也丰富了新制度主义等理论的研究视阈。研究构建了我国创业型高职学校建设的基本路径模型，有意及有志于此的高职学校可以作为参照借鉴；即便其他高职学校无意选择创业型大学发展道路，本书也可为其解决人才培养模式困境提供积极的启发和借鉴。简而言之，研究从实践问题出发，经过基于大学实践基础之上的理性思辨，形成了有利于解决问题的可操作模型，并进而从实证的角度进行了检验，为解决高职学校人才培养模式实施困境提供了积极的思路。

在本书的基础之上如果要继续进行深入研究，可从以下三个方面进行。

第一，从更广的范围搜集文献资料，使研究基础更加丰富饱满。

第二，增加对更广阔范围、更多更具代表性实践案例的研究，并且对所有案例的研究进一步深化。

第三，对本书所提供的创业型高职学校建设的基本路径模型的适切性，在更大理论范围和更多实践领域进行论证检验或者调适。

期待得到大家的关注和指正，希望通过我们持之以恒的共同努力，推动我国高职教育健康可持续发展。

解水青　胡荣花

2021年11月30日

目 录

第 1 章

绪 论

我国学术界关于高等职业教育（或称高等职业技术教育，简称高职教育）的研究成果可谓汗牛充栋，尤其是从20世纪末期以来更是呈陡然爆发之势，且逐年迅猛递增。虽然在2016年达到峰值之后论文发表数量略有下降，但总体上研究势头仍然强劲（图1-1）。

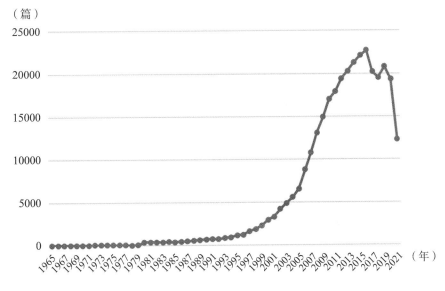

图1-1　高职教育研究论文数量年度变化折线图

（1965—2021）

联系到我国1999—2012年进行了长达13年的大规模高考扩招，且扩招的院校大多在高职教育层次（为对照参考，图1-2、表1-1列出了1997—2020年的具体数据），国家对高职教育的重视程度、社会对高职教育的关注度日益加深，达到之前历史上前所未有的程度。①

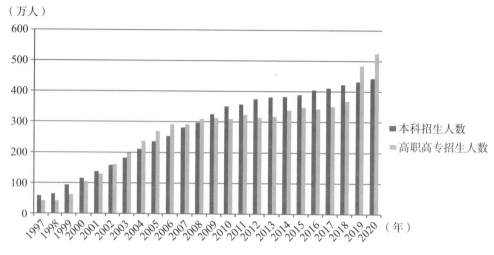

图1-2 我国本、专科学校招生人数对比柱状图
（1997—2020）

表1-1 我国本、专科学校数量及其招生人数历年变化对比表（1997—2020）

时间/年	本科学校数/所	高职高专学校数/所	高校总数/所	本科招生/人	高职高专招生/人	高校招生总数/人
1997	603	337	940	579679	420714	1000393
1998	590	331	921	653135	430492	1083627
1999	597	343	940	936690	611864	1548554
2000	599	442	1041	1160191	1045881	2206072
2001	597	628	1225	1381835	1300955	2682790
2002	629	767	1396	1587939	1617037	3204976
2003	644	908	1552	1825262	1996439	3821701
2004	684	1047	1731	2099151	2374271	4473422

① 教育部关于全面提高高等教育质量的若干意见（教高〔2012〕4号）[EB/OL].[2010-04-20].http://www.gov.cn/zwgk/2012-04/20/content-2118168.htm.其中明确提出，高等教育要坚持内涵式发展道路，保持公办普通高校本科招生规模相对稳定，高等教育规模增量主要用于发展高等职业教育、继续教育、专业学位硕士研究生教育以及扩大民办教育和合作办学。这标志着我国持续13年的高等教育扩招开始收缩，但高职招生人数的增长仍然在持续。

续表

时间/年	本科学校数/所	高职高专学校数/所	高校总数/所	本科招生/人	高职高专招生/人	高校招生总数/人
2005	701	1091	1792	2363647	2680934	5044581
2006	720	1147	1867	2530854	2929676	5460530
2007	740	1168	1908	2820971	2838223	5659194
2008	1079	1184	2263	2970601	3106011	6076612
2009	1090	1215	2305	3261081	3133851	6394932
2010	1112	1246	2358	3512563	3104988	6617551
2011	1129	1280	2409	3566411	3248598	6815009
2012	1145	1297	2442	3740574	3147762	6888336
2013	1170	1321	2491	3814331	3183999	6998330
2014	1202	1327	2529	3834152	3379835	7213987
2015	1219	1341	2560	3894184	3484311	7378495
2016	1237	1359	2596	4054007	3432103	7486110
2017	1243	1388	2631	4107534	3507359	7614893
2018	1245	1418	2663	4221590	3688341	7909931
2019	1265	1423	2688	4312880	4836146	9149026
2020	1270	1468	2738	4431154	5243364	9674518

*根据教育部历年统计年鉴汇总整理。

我国学术界关于创业型大学的研究，在2000年前后开始突然升温，且同样呈增长态势，虽然在2018年相关研究论文数量达到峰值之后略有下降，但受关注程度仍然较高（图1-3）。这种现象的出现，应该是与其时我国开始引进西方相关理论以及一些大学开始创业型大学建设的尝试有关。

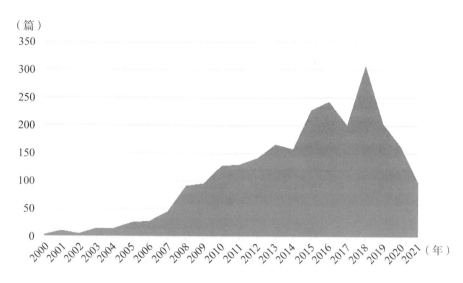

（篇）

图1-3　创业型大学研究论文数量年度变化面积图
（2000—2021）

学术界对于高职教育问题关注的持续升温，与对于创业型大学问题关注的持续升温，只是两种现象在同一时间段之内的偶然巧合；抛开这种表层的"巧合"，在高职学校教育实践和创业型大学的问题研究之间，是否会存在或者能够建立起一种内在的联系？

1.1　问题的形成

1.1.1　问题的缘起

经过对高职学校实践的总体了解及对相关理论的初步涉猎，本书将研究范围圈定在西方创业型大学理论和我国高职学校的变革发展方面。梳理思路后，所要研究的问题渐渐明朗并越来越聚焦，最终定位于我国创业型高职学校建设适切性研究。

具体思考过程简述如下。

1.1.1.1　人才培养模式实施困境是高职教育的发展障碍

在我国当前的高职教育当中，什么是严重阻碍其深入持续发展、迫切需要解决的共性问题呢？结合20多年工作实践中对所在学校办学情况的切身感受，笔者深切察觉到：高职学校"产教融合、校企合作，工学结合、知行合一"人才培养模式的实施始终面临严峻的挑战，突出表现为高职学校和行业企业之间难以达成密切的合作关系。通过对国内同类学校办学情况的了解发现，业界人士对此普遍感同身受，国内高职学校始终在使尽浑身解数、想方设法破解困局，却又始终举步维艰、困难重重。

2015年6月，全国人大常委会委员长张德江在第十二届全国人民代表大会常务委员会第十五次会议的报告中指出，目前我国职业教育法的实施面临六个方面的主要问题和困难，"企业办学的作用未能充分有效发挥"是其中之一，因而有针对性地提出了相应建议，即"要注重发挥企业、行业组织办学的积极作用。尽快制定出台校企合作促进办法、集团化办学指导意见、混合所有制试点等政策措施，通过税收优惠、财政直补、购买服务等支持企业投入和兴办职教，鼓励企业举办实训实习基地，探索实行'学校＋企业＋实训基地'的培养模式，促进产教深度融合、校企共同育人"①。

报告所反映的是我国职业教育领域老生常谈的问题。1985年《中共中央关于教育体制改革的决定》中即提出，要大力发展职业技术教育，调动企事业单位和业务部门的积极性参与其中。②1996年的《职业教育法》规定，企业应当对本单位职工和准备录用人员进行职业教育，对学校职业教育通过奖学金、贷学金、捐资助学、提供实训基地、接纳老师和学生实习实训等多种形式予以扶持。2014年的《国务院关于加快发展现代职业教育的决定》规定，要积极发挥职业教育的主体作用，鼓励行业企业举办或参与职业教育，健全企业参与职业教育的制度，国家根据情况给予税收减免等优惠政策，并纳入企业社会责任报告③；至于教育部、财政部、人社部等

---

① 全国人民代表大会常务委员会执法检查组关于检查《中华人民共和国职业教育法》实施情况的报告［EB/OL］.［2015-06-29］.http://www.npc.gov.cn/npc/xinwen/2015-06/29/content-1939891.htm.

② 中共中央关于教育体制改革的决定（1985年5月27日发布）［EB/OL］.http://www.moe.edu.cn/publicfiles/business/htmlfiles/moe/moe-177/200407/2482.html.

③ 国务院关于加快发展现代职业教育的决定（国发〔2014〕19号）［EB/OL］.［2014-06-24］.http://www.scio.gov.cn/ztk/xwfb/2014/gxbjhzyjyggyfzqkxwfbh/xgbd31088/Document/1373573/1373573.htm.

部委的相关政策文件更多达几十个。这也从侧面反映出该问题始终没有得到妥善解决。

高职学校围绕人才培养模式所进行的努力探索，在理论研究领域也得到集中反映。

如果以主题词、篇名、关键词含"人才培养模式"或由此拆分而成的词项分别进行精确和模糊检索，获得的检索结果分别为约16万条和约25万条（截至2022年1月3日）。通过浏览可以看出，这些论文绝大部分都是关于高职教育的，因此，可以大致视为高职学校人才培养模式的研究成果。若以主题、篇名、关键词含"高职"或含"高等职业"分别进行精确和模糊检索，获得的检索结果分别为约44万条和将近50万条（截至2022年1月3日）。将前后两者进行比较，其精确检索的结果比重大约为31%，模糊检索的比重则高达50%（图1-4）。显而易见，无论是在教育实践领域还是在理论研究领域，高职教育人才培养模式都是一个受到高度关注的问题。

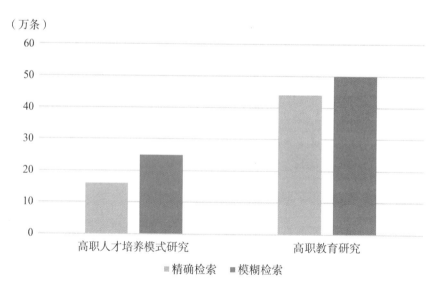

（万条）

图1-4　高职教育人才培养模式研究论文占比柱状图

1.1.1.2　创业型大学及其理论产生积极示范效应

我国高职学校人才培养模式的实施困境不是单一性问题，而是一个系统性的问题，需要一种综合性的解决方案。西方创业型大学的实践探索及其理论体系为此提供了现成的理论及实践指导框架。一方面，我国一些理论研究者及实践工作者将创业型大学理论引入国内，尝试用以解读、剖析和解决我国高职学校的人才培养问题。国内少数高职学校作为先行者，从自发到接受政府政策引导，进行了创业型大学的建设实验，初见成效。另一方面，通过考察西方创业型大学实践及其理论可以看出，在历史发展渊源、大学功能演变、办学宗旨、目标定位、科研倾向等若干方面，高等职业教育类学校与创业型大学存在密切关联，有相通及重合之处，这无疑为我国高职学校探索创业型大学发展道路提供了借鉴。

政府通过政策引导普通高校开展创业型大学试验的做法，目前是在浙江省。2011年，浙江省办公厅印发文件，确定了7所高校作为创业型大学建设试点高校，其中包括义乌工商职业技术学院和浙江工贸职业技术学院两所高职学校。①2015年，浙江省教育厅印发文件，要求除公安类等特殊类院校外，其他普通高校普遍设立创业学院，并提出到2017年建成大约30所示范性创业学院，形成10万人左右在校生规模，其中，包括义乌工商职业技术学院和温州职业技术学院两所高职学校。②两次入选省政府政策试点院校的义乌工商职业技术学院，早在2008年底就在全国率先成立创业学院，这是全国高校最早成立的创业学院。义乌工商职业技术学院更明确提出把建设创业型大学作为奋斗目标。此外，也有其他高职学校进行了类似探索，比如山东商业职业技术学院于2011年、青岛飞洋学院于2012年便开始了创业型大学的建设实验；而苏州工业园区职业技术学院提出建设企业化大学，实际上与创业型大学同出一宗。

这些实践探索是立足于理论探索的基础之上的。非常巧合的是，正当我国于20世纪末期开始大力推动高等职业教育发展的时候，一些学者也从20世纪末期开始用创业型大学理论探讨高职学校的改革发展问题，寻求我国高职学校创业型大学发展道路的可行性及路径设计等，很多学者还进行了案例研究。一个基础性的但却非常重要的问题日益凸显：很多学者将西方的创业型大学理论简单套用到我国高职学校的发展当中，却有意无意地越过了一个非

---

① 关于启动实施教育体制改革试点工作的通知（浙政办发〔2011〕54号）〔EB/OL〕.〔2011-12-08〕.http://www.ycqjt.gov.cn/Item/40905.aspx.

② 浙江省教育厅关于积极推进高校建设创业学院的意见（浙教学〔2015〕98号）〔EB/OL〕.〔2015-08-31〕.http://www.zjedu.gov.cn/news/1440986633313254525.html.

常重要的步骤,即创业型大学理论是否适应以及如何适应于我国高职学校的改革发展?理论中的这种"跳跃"和实践中的缺憾是相对应的,尽管我国一些高职学校已经在进行创业型大学发展道路的探索,但同样存在着简单搬套的现象。如果不能将这个基本问题梳理清楚的话,必将对我国高职学校的相关理论和实践产生不利影响,事实上,已经有不少学者将创业型大学视为研究型大学的专利,而将高职学校等排除在适宜建设创业型院校的行列之外。因此,对我国高职学校选择创业型发展道路的适切性进行研究,是一个具有重要理论价值和现实价值的问题。

研究表明,高等职业教育类学校与创业型大学的确在若干方面表现出关联、相通及重合之处,包括历史渊源、大学功能变革及办学定位等。

第一,理论界认为,现代意义上的大学从中世纪产生以来,世界高等教育领域发生了两次大的学术革命。[①]第一次革命肇始于19世纪初到19世纪中叶,德国洪堡大学倡导并力行科研与教学并重,使科学研究逐渐成为继教学之后大学的第二大功能。第二次革命始于19世纪中叶到20世纪初,美国掀起"赠地学院"运动并诞生"维斯康星思想",服务社会逐渐演变成为大学的第三大功能。第一次学术革命的最重要成果之一,是在世界教育史上诞生了研究型大学;第二次学术革命的最重要成果之一,是在世界教育史上诞生了创业型大学。显而易见,创业型大学与大学服务社会的功能有着天然的联系,离开了对社会的服务就不会有创业型大学的出现;而特别具有戏剧性的渊源在于:大学服务社会功能的形成实则与世界范围内高职教育的产生与兴起密不可分,如此一来,经由服务社会功能桥梁的牵引,高等职业教育类学校就与创业型大学形成了内在的联系。

第二,在哪些类型的大学适合建设创业型大学的问题上,尽管多位西方学者选择的为研究型大学,但他们几乎都表示:选择研究型大学的最主要原因是它们的创业行动具有更强的说服力,因而具有更强的代表性。但实际上,创业型大学并非仅仅局限于研究型大学,而是具有广泛的适应性,即从研究型大学、教学型大学到不授予学位的社区学院等中学后教育,都可以进行创业型大学的探索。在理论层面,西方代表性学者明确表达了这种观点;

---

① 王雁,孔寒冰,王沛民.两次学术革命与大学的两次转型［J］.浙江大学学报(人文社会科学版),2005(5):162.

在实践层面，西方国家，尤其是具有引领性和代表性的美国等国家高等教育的实践探索，为此提供了活生生的案例佐证。

第三，我国高职学校人才培养模式为"产教融合、校企合作，工学结合、知行合一"，即极力倡导学校与行业企业、政府部门以及其他社会组织协调互动，强调实践操作能力对于学校人才培养的重要意义。创业型大学理论的重要奠基人之一亨利·埃茨科维兹构建了著名的大学—产业—政府"三螺旋"模型，强调创业型大学必须与政府、企业等外界力量形成密切协作的关系，被传为经典理论与实践模型。伯顿·克拉克、希拉·斯劳特等著名学者也都详细论述了高等学校与外部社会组织的紧密合作关系，这是所有创业型大学的必备要件。为什么要特别强调这一点呢？第一有其重要性，第二有其必要性，这就引出了下一个非常有趣的问题。

第四，一个非常有趣的现象是，西方的教育理论探讨和教育改革实践证明，在大学和地方经济与社会发展需求之间存在"裂口"或者"界面"，创业型大学建设能够有效弥合这一"裂口"或者"界面"。[①]笔者在以前的研究中曾经提出过极其类似的观点：我国高职教育人才培养模式之所以存在实施困境，深层根源在于在高职学校和行业企业等社会组织之间存在间隔，笔者将这种间隔称为"中间地带"[②]——这是何其相似的两个概念。更为重要的是，创业型大学兴起的出发点并非为了解决大学和外界社会力量之间的"裂口"或者"界面"问题，其所着眼的是通过大学的整体转型变革来摆脱困境或引领发展；然而，这一进程必将顺理成章地产生的一个结果却是弥合大学与外界之间的"裂口"或者"界面"。由此可以想象：我国高职学校如果选择创业型大学的发展道路，岂不是同样可以摆脱人才培养模式实施困境。这将是一个多么富有戏剧性和令人神往的进程！

1.1.1.3 创新型国家战略部署提供重要历史性机遇

创新型国家理论起始于西方学术界，当今世界发达国家都走过了创新型发展道路，因此，建设创新型国家已成为当代世界许多国家普遍接受并主动选择的发展战略。20世纪八九十年代，英国著名技术经济学家克里斯托

---

① 〔美〕伯顿·克拉克.建立创业型大学：组织上转型的途径［M］.王承绪，译.北京：人民教育出版社，2000：97.

② 解水青，秦惠民.阻隔校企之"中间地带"刍议——高职教育校企合作的逻辑起点及其政策启示［J］.中国高教研究，2015（5）：85-90.

夫·弗里曼最早提出"国家创新体系"的概念,并设计出了一个基本的国家创新体系框架,为此后的研究奠定了坚实基础。美国哈佛大学教授迈克尔·波特提出国家竞争力钻石理论,将依靠科技优势形成绝对竞争力的国家称为创新型国家,并描述了创新型国家的特征。1997年,经济合作与发展组织发布《国家创新系统》报告,特别指出了开发国家创新系统的政策性意义。21世纪的前十年间,国际社会开始对国家创新体系予以量化研究。欧洲工商管理学院开发了全球创新指数,欧盟创新指数报告也对全球481个主要研究与发展(R&D)支出国家与地区进行评价,成为众多国家衡量创新性的参照指标。

我国对国家创新体系和创新型国家的研究与国际社会对接得比较早,20世纪90年代即由路甬祥等学者引入国内,随之理论界掀起了研究的热潮。其中,路甬祥关于国家创新体系的定义及划分为四个子系统[①]的框架设计受到理论界最为广泛的认可。他认为,国家创新体系主要包括创新活动的执行,创新资源(人力、财力和信息资源等)的配置,创新制度的建立和相关基础设施的建设等。简而言之,国家创新体系的基本任务在于大力促进和广泛进行知识的生产、传播及应用。21世纪初,我国也探索建立了衡量国家创新程度的指数体系,中国科学技术发展战略研究院构建了国家创新指数,选择全球三四十个国家和地区进行了十几年的持续评估。国内外的国家创新指标体系跟踪评估显示,我国的国家创新总体指标在逐年平稳上升。

在国际范围内关于国家创新体系以及创新指标体系的设计当中,教育尤其是高等教育始终被摆放在重要位置。弗里曼所理解的国家创新体系中,大学实验室同产业的研究开发实验室、质量控制和检验、国家标准机构、国立研究机构和图书馆等一同被认定为与科技活动直接相关的机构,教育培训被作为国家创新体系框架的重要一极。波特认为,当一个国家的发展建立在依赖高级生产要素或专业性生产要素而形成的竞争优势的基础之上时,这个国家就行进在了创新驱动的道路上,发达的基础建设、高水平的研究机构和大学体系、发达的人力资源都将成为突出特征。瑞典经济学家本特阿克·伦德瓦尔认为,大学是国家创新体系的一个子系统,是重要的研究机构和教育部

[①] 知识创新系统、技术创新系统、知识传播系统和知识应用系统。

门。英国苏塞克斯大学科学政策研究所的凯思·帕维蒂设计的国家创新体系结构模型中，将大学科研机构和教育部门作为四极中的两极。经济合作与发展组织指出了政府研究机构和大学在基础性研究、技术方法及工具创新等方面的重要作用。我国关于国家创新体系的研究同样凸显了高等教育的作用。路甬祥构建的国家创新体系结构与功能框架中的四个子系统，无不与大学密切相关。王春法指出，"所谓国家创新体系就是一种有关科学技术长入经济增长过程之中的制度安排，其核心内容就是科技知识的生产者、传播者、使用者以及政府机构之间的相互作用，并在此基础上形成科学技术知识在整个社会范围内循环流转和应用的良性机制"[1]。高等教育或者高等学校在国家创新体系中的重要地位自然地反映在国家创新指标体系当中，仅以欧洲工商管理学院开发的全球创新指数体系为例，无论是其输入指标还是输出指标，无论是一级指标还是二级指标，包括人力资源、科技产出、创新产出、教育投资、教育机构质量、知识创造、利用、出口与就业等，均与教育尤其是高等教育存在着密不可分的关联。

国内外的研究探索为国家决策提供了重要参照，2006年，我国科学技术大会主报告提出了"到2020年初步建成创新型国家"的战略目标[2]。无论是我国创新型国家战略包括的五大创新体系，还是对国家创新体系进行量化反映的创新指标体系[3]，以及作为实践指导或贯彻的国家政策文件，高等教育都被赋予了重要职责。2012年中共中央、国务院印发《关于深化科技体制改革加快国家创新体系建设的意见》，在确定的"十二五"时期建设创新型国家的主要目标当中，第二条就是推进科研院所和高等学校科研体制机制改革，在三个重要方面取得重要突破：满足经济社会发展需求、开展基础研究、加强前沿技术研发。2014年1月，国家成立建设创新型国家战略推进委员会，着力进行国家顶层设计，构建"国家智库"和"国家决策思想库"，高等院校没有悬念地被纳入其中。同年，新一届中央政府发出"大众创业、万众创新"的号召，并多次强调，"双创"活动实际上是国家

① 王春法.国家创新体系理论的八个基本假定 [J].科学学研究，2003（10）：533.

② 坚持走中国特色自主创新道路，为建设创新型国家而努力奋斗——在全国科学技术大会上的讲话 [EB/OL].［2016-01-10］.http://theory.people.com.cn/GB/49169/49171/4012810.html.

③ 我国创新型国家战略五大创新体系：以企业为主体、市场为导向、产学研相结合的技术创新体系，科学研究与高等教育有机结合的知识创新体系，军民结合、寓军于民的国防科技创新体系，各具特色和优势的区域创新体系，社会化、网络化的科技中介服务体系。

创新战略的一大具体举措，从舆论和政策领域进一步营造了创新创业的社会氛围。2015年3月颁布的《国务院办公厅关于发展众创空间推进大众创新创业的指导意见》和2015年6月颁布的《国务院关于大力推进大众创业万众创新若干政策措施的意见》当中，高等院校同样被赋予重要角色。各种促进社会创业创新的文件中，对高校寄予了高度期望，希望能够落实和扩大高等学校办学自主权，提升高等学校创新能力，充分发挥高等学校的基础性作用和生力军作用；希望能够大力推进科技与教育相结合的改革，促进科技成果向生产领域转化，发挥教育科研服务经济与社会发展的作用；希望能够增强学生的创新精神和创业能力，为社会源源不断地提供满足各行各业需要的高素质人才，也输送既能够自力更生并为社会创造新的就业岗位的创业人才。

理论研究领域的进展和国家政策层面的推动，使得我国高校的创新创业行动日渐兴盛，呈"雨后春笋"之势。教育部曾经将我国高校的创新创业教育大致划分为三个阶段。第一阶段，2002年以前的高校自主探索阶段，比如清华大学、复旦大学、华东师范大学各有特色的创业教育。第二阶段，2002—2010年教育主管部门引导下的多元探索阶段，主要体现为两大工程。一是启动于2002年4月的清华大学等9所大学的创新创业教育试点工作，其形成了三种教育模式：中国人民大学以课堂教学为主导开展创新创业教育的模式；北京航空航天大学以提高学生创业意识、创业技能为重点的创新创业教育模式；上海交通大学为学生提供创业教育、实习基地、政策支持和指导服务等的综合式创新创业教育模式。二是2008年立项建设的30个创业教育类人才培养模式创新实验区。第三阶段，2010年以后教育行政部门指导下的全面推进阶段，形成了多个行政部门共同联动、"四位一体、整体推进"的格局。2015年6月，经清华大学倡议的"中国高校创新创业教育联盟"成立，首批成员单位包括清华大学、北京大学、浙江大学、复旦大学、上海交通大学、中国人民大学等137所高校和英特尔、微软、腾讯、百度、阿里等创新型企业，以及部分事业单位和社会团体，可谓"群星璀璨"，而且，这些大学大部分成立了创业学院。同年10月，由南京工业职业技术学院发起的全国高职学校创新创业教育联盟成立，100多所高职学校作为首批成员单位加入联盟，队伍不断持续壮大。

正是基于高等院校对于国家创新创业的重要作用及其积极作为，王军胜

等学者直截了当地指出，建设创新型国家需要创业型大学的支撑。①值此前
所未有的历史性机遇之际，如果能够为我国创业型高职学校建设提供充分的
理论适切性论证，则既是对当下社会需求的积极呼应，又将为高职学校更加
理直气壮地投身于"双创"活动、投身于创新型国家建设，发挥积极的支持
和推动作用。

1.1.2　问题聚焦

基于以上分析，运用创业型大学理论解决我国高职学校发展困境问题越
来越彰显出重要现实意义。那些富有改革创新精神的高职学校可以尝试探索
建设创业型高职学校的发展道路，以此促使学校在统一意志的支配之下发起
整体变革行动，构建学校与社会力量密切协作、共生共赢的利益共同体。这
种变革实际能够解决的不仅仅是人才培养模式实施困境问题，更重要的是有
望促使高职学校形成愈加开放的更具自主性、灵活性和社会资源整合能力的
组织架构及运行体制机制，更加能够充分地发挥服务经济社会发展的本质属
性，从而走上可持续发展的康庄大道。

"适切性"一词来源于对英文单词relevance的翻译，该词较早出现在联
合国教科文组织1995年发表的《关于高等教育的变革与发展的政策性文件》
中，最初被译为"针对性"，后来被译为"适切性"并被理论界广泛接纳。
所谓适切性，顾名思义，即适合、恰切的性状，指的是某事物与其他相关事
物在某些方面较为恰切的符合状态。需要注意的是，适切性与适应性的内涵
并不完全一样，前者着重指就已经存在的状态而言，某事物与其他事物的符
合、恰切关系；后者除这层含义之外，更包含某事物通过改变自身性状从而
与其他事物相符合的意味。

确定选题之后即形成思路框架：从历史与现实、理论与实践、特殊与一
般等多重角度，对创业型大学理论适应于高职学校发展的命题进行论证和检
验，在此基础上继续向前，为有意于探索创业型发展道路的高职学校提供可
资借鉴的基本路径模型，最后再通过我国部分高职学校建设创业型大学的实
践案例予以分析和检验。

---

① 王军胜.建设创新型国家需要创业型大学［N］.光明日报，2013-3-31；李福华.中国创业型大
学研究——基于三螺旋理论的视角［D］.青岛：青岛大学师范学院，2013：1-2；冒澄.试论创新背景
下的创业型大学建设［J］.教育发展研究，2007（11）：52-54.

第一,从高等学校历史演变的视角探寻高职教育类学校与创业型大学的纵向关联。麻省理工学院(MIT)是世界上最早且最为著名的创业型大学之一,其建校时期的身份是美国第一批"赠地学院"——相当于我国的高职学校。麻省理工学院的这种演变历程绝非个案,而是世界范围很多国家创业型大学演变历程的极具代表性的反映,这足以告诉人们:高等职业类教育的确和创业型大学有着天然的渊源。

第二,从大学功能历史演变的视角探寻高职教育类学校与创业型大学的功能关联。高职教育类学校之所以会和创业型大学形成历史的联结,深层原因在于这是两者对大学功能变革产生影响并受到大学功能变革影响的结果,历史的联结是外在表象,功能的联结才是内在的本质。具体而言,在大学功能变革的历史长河之中,高职教育类学校的兴起和发展深刻影响了服务社会的大学"第三使命"的形成,创业型大学是大学"第三使命"持续深入发展的结果,又反过来将大学"第三使命"带入到新的境地。

第三,从大学科学研究的模型出发探寻高职教育类学校与创业型大学的横向关联。高等学校开展科学研究大致可以划分为基础理论研究和应用理论研究,不同的大学对这两方面的研究会有不同的侧重。以基础理论研究和应用理论研究为纵横轴可以形成一个四象限的坐标系,所有大学能够分别归属到四个象限当中,本书称之为大学科学研究的模型。在模型当中,单纯侧重于基础理论研究的大学属于不适宜建立创业型大学的大学,侧重于应用理论研究的大学属于适宜建立创业型大学的大学。高等职业教育类学校因此而归属于适宜建立创业型大学的行列。

第四,遵循创业型大学理论的路径设计,借助界面管理理论的启发,构建一个我国创业型高职学校建设的基本路径模型。这既是对上述三方面论证的进一步延伸,又是对最初选择问题的回应:通过选择创业型发展道路,能够有效弥合高职学校与行业企业、政府部门等外部社会组织之间的"裂口",从而顺理成章地解决长期困扰高职学校发展的人才培养模式实施困境等问题。

第五,结合创业型大学三个基本特征,重点剖析义乌工商职业技术学院创业型大学建设实践,展示我国其他四所高职学校在创业型发展道路上所进行的探索。此外,对随机抽取的我国15所示范性高职学校近5年经费收入结构进行考察,对照西方关于经典创业型大学的案例,分析我国这些高职学校与创业型大学之间存在的可能性关联，以此对我国建设创业型高职学校进行实践检验。

1.2　研究架构

1.2.1　研究思路

首先，需要对创业型大学理论及我国高职学校人才培养模式的基本研究情况进行综述。有几种相关理论会对研究发挥重要的工具性作用，包括新制度主义理论、资源依赖理论、科学研究的模型理论、界面管理理论等。所以，有必要对这几种理论进行专门介绍。在此基础上，形成研究需要的基本分析框架。

其次，从历史与现实、理论与实践、一般与特殊等多重角度，对高职教育与创业型大学之间的关联性进行分析，从中自然得出创业型大学理论适应于高职学校发展的论断。这种关联将从纵向、功能和横向三个维度展开分析。纵向维度，着重分析由高职教育兴起到大学服务社会的"第三使命"形成[①]，再到由此催生出创业型大学的世界高等教育类型的演化历史，展示出高职教育与创业型大学存在久远的历史渊源。功能维度，即重从大学功能的角度考察，高职教育与创业型大学实质上是相通的，高等职业类学校的蓬勃发展很大程度上影响了大学总体功能的变革并进而影响到创业型大学的兴起，尽管这三者之间的关联链条拉得比较长。由于大学功能本身经历了演化的历史过程，而后才渐次成为被社会所普遍认可、为大学所普遍秉持的特性，因而，功能关联实际上是纵横两个分析维度的联结点。横向维度，通过考察基础性研究与应用性研究之间的复杂关系，可以发现侧重于应用性研究的大学更倾向于也更有利于发展成为创业型大学，因而，高等职业类学校实际上是创业型大学体系的内在组成部分。西方创业型大学理论代表性学者的基本观点，以及当代西方国家，尤其是具有代表性的美国高职教育的创业实

---

①〔美〕亨利·埃茨科威兹.国家创新模式：大学、产业、政府"三螺旋"创新战略.〔M〕.周春彦，译.北京：东方出版社，2006：3.

践探索，也分别从理论与实践的视角相互印证：创业型大学的道路完全能够适应于高职教育类学校的发展。因此有足够理由得出结论，我国创业型高职学校建设具有充分适切性。

再次，借鉴并迁移亨利·埃茨科维兹、伯顿·克拉克和希拉·斯劳特等西方代表学者关于建立创业型大学的路径设计及特征归纳，综合运用几种相关理论工具，尝试构建我国创业型高职学校建设的基本路径模型。该模型是对以上问题论证的必要延伸：既然创业型大学理论对于我国高职学校具有适切性，一些高职学校也进行了创业型大学的建设实践，或者采取了类似的行动，那么，如果更多其他高职学校今后也要采取类似行动的话，有无可以遵循的基本模型呢？这一基本模型的实践应用，也试图能够弥合高职学校与外界的"裂口"，较好地解决人才培养模式实施困境问题。

继而，对于这种研究结论是否具有相应的实践支撑，所设计的基本路径模型应用价值如何，本书又从实践角度对我国高职学校建设创业型大学的适切性进行检验。具体包括三个层次：第一，浙江义乌工商职业技术学院建设创业型大学的实践剖析；第二，我国另外四所高职学校建设创业型大学或采取类似行动情况的简要介绍；第三，通过简要分析我国15所示范性高职学校近5年经费收入结构情况，推论这些学校与创业型大学建设的可能性联系。

最后回顾总结，重申创业型大学理论对我国高职学校的适切性，对我国建设创业型高职学校或采取类似创业型行动提出建议。

1.2.2　研究方法

研究源于为我国高职学校人才培养模式实践困境探寻破解之道，结果发现了创业型大学理论这一促进学校整体变革的系统性解决方案，而且在国内外都已有现实实践案例；但另一方面，关于创业型大学的适应范围理论界又存在不同看法，尤其是运用创业型大学理论分析我国高职教育发展的研究还非常缺乏，因此，最终将着眼点确定为探求创业型大学理论对于我国高职学校的适切性。

方法为目的服务。为了论证这种适切性，需要借助新制度主义理论、资源依赖理论、（大学）科学的研究模型、"界面"管理理论等相关理论，从历史与现实、理论与实践、一般与特殊相结合等多重视角，考察高职教育与创业型大学之间的历史渊源、功能关联以及在实践中的结合；同时，通过调查，对我国部分高职学校进行创业型大学建设或者采取类似行动的实践情况进行考察检验。所以，本书主要采取文献研究法、历史研究法、案例研究法和调查研究法。

文献研究法。查阅创业型大学理论、我国高职学校人才培养模式及其相互关系的有关文献，查阅新制度主义学派理论、资源依赖理论、科学的研究模型、界面管理理论等相关文献，进行归纳、整理、分析。一方面借鉴前人的研究成果，查找存在的问题和不足，探寻存在的理论空间并确定选题，另一方面，理清总体研究思路，构建问题分析框架，组织并展开研究。这是本书运用最多的主要研究方法。

历史研究法。无论是黑格尔的唯心主义还是马克思的唯物主义都一致认为，历史与逻辑具有统一性；我国著名历史学家茅家琦曾经提出，历史是文科的数学。①这些都反映出历史研究法对于人文社会科学研究的重要意义。由于本书意图考证高职学校与创业型大学之间的适切性，而这两种高等教育形式都有其特定的历史背景和形成过程，因此，有必要采取历史的研究方法，通过对相关史料的搜集、梳理、分析，从中揭示两者之间的逻辑联系（也反映出两者之间的事实联系），以此为我国高职学校探索"创业型"发展道路奠定基础。

案例研究法。正如伯顿·克拉克所说，"案例研究的惊人优点在于我们能够把院校的复杂性编成报道，在报道中我们比通过间接的统计分析或围绕少数抽象的变量号称假设检验，更加可能接近现场的重大相互作用"②。本书将选取以浙江义乌工商职业技术学院为代表的部分高职学校，对它们开展创业型大学建设或者采取类似行为的情况进行剖析，另外随机抽取我国15所示范性高职学校，对它们最近连续5年的经费收入结构情况进行分析，从中考察它们与创业型大学存在联系的可能性。案例分析一方面从实践的角度论证创业型大学理论对于我国高职教育的适切性，另一方面也意图对构建的基本路径模型进行检验，为我国可能选择创业型大学道路的其他高职学校提供参考借鉴。

调查研究法。本书中，调查研究法实际上包括在案例研究法当中，又细分为三种具体方法：资料调查法、抽样调查法和访谈法。对进行详细剖析

① 张红霞.教育科学研究方法［M］.北京：教育科学出版社，2014：420-421.
②〔美〕伯顿·克拉克.大学的持续变革——创业型大学新案例和新概念［M］.王承绪，译.北京：人民教育出版社，2008：7-8.

和概要介绍的5所案例学校，主要通过与学校相关责任人沟通、网络搜索及官网渠道，获取其进行创业型大学建设或者开展类似创业行为的详尽资料，进行提炼、归纳、解读。对没有明确提出进行创业型大学建设的其他高职学校，主要采取抽样调查法进行检验，随机抽取我国15所示范性高职学校，对它们的经费收入结构情况进行分析。为了弥补书面资料及网络资料可能的不足，使其所反映情况尽可能符合事实，进行必要的访谈，尽可能保证研究结论的信度与效度。

1.2.3　研究价值

第一，理论价值。创业型大学理论对于我国高职学校的适切性研究，是一种全新的理论整合与构建尝试。首先，开拓了创业型大学理论与我国高职教育研究的新视阈，为创业型大学理论运用于高职教育领域及其各自的研究奠定了坚实的基础，提供了前提和依据。其次，拓展了新制度主义理论、资源依赖理论、科学研究模型及界面管理理论等的适应边界。而且，本书在借用各种理论工具的时候，不是简单地奉行"拿来主义"，而是融入了个人的思考，提出了新的观点和主张，这对原有理论研究显然是一种丰富。

第二，实践价值。首先，本书起源于为我国高职学校人才培养模式实施困境探寻出路，结果却找到了促进整个学校变革发展的系统解决方案，从而为我国高职学校健康可持续发展提供了全新的选择思路。其次，本书构建了一种创业型高职学校建设的基本路径模型，有意或有志于此的高职学校可以作为参照借鉴，结合学校实际情况探索进行创业型发展的切实可行的道路。当然，当高职学校选择向创业型大学发展或者进行类似变革的时候，其人才培养模式问题也将顺理成章地得到解决。即便其他高职学校没有选择创业型大学发展道路，本书也将对其解决人才培养模式困境问题提供积极启发和借鉴。

与研究价值密切相关，本书创新点主要体现为以下两点。

第一，我国创业型高职学校建设适切性研究，这个题目本身就是个全新视角的选题。

第二，构建形成的创业型高职学校建设的基本模型，是对我国高职学校开展创业行动具有现实指导意义的路径参照。

1.2.4　内容结构

全书共分四大部分，遵循提出问题、提供问题分析框架、分析问题和解决问题的逻辑依次展开（图1-5）。

第一大部分即第1章绪论部分，主要在于提出问题。绪论首先介绍选题的形成过程，然后介绍整个研究的构架，包括研究思路、研究方法、研究价值及创新之处，以及最后搭建的全书总体框架及逻辑结构。

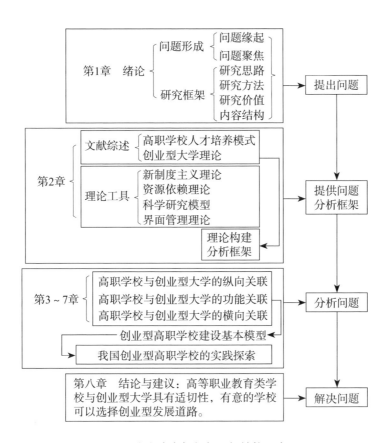

图1-5　全书内容框架与逻辑结构示意图

第二大部分即第2章相关理论基础与分析框架，主要对创业型大学理论和我国高职教育人才培养模式的研究进行文献综述，简要介绍新制度主义理论、资源依赖理论、科学研究的模型及界面管理理论等理论工具。在此基础上，形成本书的分析框架，即技术路线图，勾勒出本书简要论证思路。

第三大部分为第3～7章，对问题进行分析。其中，第3～5章通过查阅历史文献资料，分别从纵向、功能、横向三个维度，依次从历史的、功能的、现实的角度进行理论分析，考察创业型大学与高职教育之间的内在关联，从而揭示两者之间的适切性。第6章构建形成我国创业型高职学校建设的基本模型。第7章选取我国部分进行了创业型大学实践或者采取类似行动的高职学校开展案例研究，既作为前面论证的进一步检验，又作为有意或有志于选择创业型发展道路的高职学校的重要参照借鉴。

第四大部分即第8章，是对问题的解决，对全书进行简要回顾总结，重申我国高职学校选择创业型发展道路的适切性，梳理研究当中仍然存在的问题及不足，同时提出我国创业型高职学校建设研究的方向性构想。

第 2 章

理论基础与分析框架

欲论证我国高职学校是否适宜选择创业型大学的发展道路，首先需要对我国高职学校与创业型大学的相关研究成果有总体的了解。

2.1　文献综述

我国高职学校与国内外创业型大学的现有研究成果构成了本书的理论基础。这里并非涉及高职学校及其教育的所有研究领域，而是着重针对要解决的核心问题——高职教育人才培养模式实施困境问题，所以，文献综述也主要围绕相关内容展开。

2.1.1　高职学校人才培养模式的研究

与高职教育一样，从21世纪初以来，高职学校人才培养模式就是理论界的热点问题。[①]

2.1.1.1　理论研究、实践研究与综合研究

高职学校人才培养模式首先是实践问题，其次才是理论问题，其构成要件无一例外都兼具这两种属性，相关学术成果也极少有纯粹的理论或实践研究。但是，为了方便对问题进行阐释和理解，常常需要对"统一体"进行

[①] 为了尽可能搜索到相关论文，在中国知网分别用篇名"人才培养模式"、在并含项中加上"高职""高等职业""职业技术""职业学院""职业院校"等进行检索，精确与模糊检索结果分别为6257条和6975条。由于我国高职学校人才培养模式具体表述为"产教融合、校企合作，工学结合、知行合一"，分别以篇名"产教融合""校企合作""工学结合""知行合一"、在不含项中分别加入"中职""本科"进行检索，精确与模糊检索结果分别为16973条和17810条。两者相加，精确检索与模糊检索之和分别为23230条和24785条。相关著作多达上百种。

必要分解。对于侧重于反映高职学校人才培养模式观念认知及制度构建的学术成果，划归理论研究；对于侧重于反映该模式行为层面运行实施的学术成果，划归实践研究。所谓综合研究，是指将理论与实践结合起来的研究，实际上，很多学术成果都属于立足实践案例进行理论探讨的研究，严格来说，缺乏理论归纳与提升的单纯实践案例介绍也构不成研究。所以，后文将实践研究与综合研究归并到一起呈现。

1.理论研究

关于高职学校人才培养模式的理论研究，主要围绕概念界定、概念内涵、构成要素、基本特征、存在问题、体系构建等内容展开，此外，还有一些学者借用社会学、经济学、生物学等其他学科的理论框架进行了分析研究。

1）概念界定及概念内涵研究

高职学校人才培养模式的概念是一个基础性问题，但在众多研究成果当中，这方面研究所占比重很小。大多数学者是在界定人才培养模式的基础上加上"高职"一词组合而成，更多学者则是将其作为一个现成概念直接使用，并没有予以界定。董泽芳将众多学者的观点归纳为"十大说"（人才培养规范说、人才培养系统说、教育过程总和说、培养活动样式说、教育运行方式说、目标实现方式说、人才培养结构说、教学活动程序说、整体教学方式说、人才培养方案说），并在扬弃这些观点的基础上提出了自己的理解：所谓人才培养模式，是指培养主体为了实现特定的人才培养目标，在一定的教育理念指导和一定的培养制度保障下设计的，由若干要素构成的具有系统性、目的性、中介性、开放性、多样性与可仿效性等特征的有关人才培养过程的理论模型与操作样式。[①]将高职教育的要素和特征套用到这一原则性规定之上，就形成了高职学校的人才培养模式。这一界定的抽象性和包容性显而易见，因而在很大程度能够代表其他众多学者的理解和定义。

高职学校人才培养模式内涵是对其内在属性的理解。有的学者将内涵与概念或者与构成要素合而为一，没有单独进行阐述。有的学者认为人才培养活动既包括学校的教育、教学和管理，也包括由学校设计并组织的校外活动，特别是企业的教育教学实践活动；学练并重是重要特点；产学结合、校

---

① 董泽芳.高校人才培养模式的概念界定与要素解析［J］.大学教育科学，2012（3）：30-36.

企合作、顶岗实习是基本实施途径。[①]其他学者的概括虽然各不相同，但总体上大同小异。

2）构成要素及基本特征研究

要素是构成高职学校人才培养模式的基本单元，是"模式大厦"的"砖瓦"，是"模式机械"的"零件"。董泽芳用抽象与具体相结合的方式提出了七大要素、八个方面，基本上能够整合相关理论研究方方面面的观点。董泽芳认为，人才培养模式涉及理念、主体、客体、目标、途径、模式与制度七大要素，并从八个方面做了解析：人才培养理念、专业设置模式、课程设置方式、教学制度体系、教学组织形式、教学管理模式、隐形课程形式、教学评价方式。[②]这七大要素和八个方面实质上是对人才培养模式的拆分，即在什么样的理念指导之下，由谁对谁进行教育活动，这种活动遵循怎样的人才培养定位，根据这种定位应该选择什么样的途径、模式及制度，具体则包括专业与课程设置、教学安排、组织管理及评价等。其他诸多学者的观点实质上与此并无根本差别，大致可以看作对董泽芳观点的整合或扩展。

高职人才培养模式的基本特征是其能够与其他教育类型和层次区别开来的独特性状。2000年，《教育部加强高职高专人才培养工作意见》中明确界定了六个方面，包括根本任务、人才培养目标、课程和教学内容体系、教学实践、师资队伍、基本途径。[③]同年3月，教育部高教司又在《职业技术教育》杂志中对此进行了整理公布，第一条在人才前面增加了定语"适应生产、建设、管理、服务第一线需要的"，第三条后面增加了"基础理论教学以应用为目的，以必需、够用为度；专业课加强针对性和实用性"，第六条更加明

---

① 谢明荣，李万木，赵玲，于永春.高职应采用开放式人才培养模式［J］.职教论坛，2000（10）：26-27；于天罡.高职人才培养模式与素质教育［J］.职业技术教育（教科版），2001（22）：19-21.

② 董泽芳.高校人才培养模式的概念界定与要素解析［J］.大学教育科学，2012（3）：32-33.

③ 关于印发《教育部关于加强高职高专教育人才培养工作的意见》的通知（教高〔2000〕2号）［EB/OL］.［2000-01-17］.http://www.moe.edu.cn/publicfiles/business/htmlfiles/moe/A08-sjhj/201109/124842.html.六个特征具体表述为：以培养高等技术应用性专门人才为根本任务；以适应社会需要为目标、以培养技术应用能力为主线设计学生的知识、能力、素质结构和培养方案，毕业生应具有基础理论知识适度、技术应用能力强、知识面较宽、素质高等特点；以"应用"为主旨和特征构建课程和教学内容体系；实践教学的主要目的是培养学生的技术应用能力，并在教学计划中占有较大比重；"双师型"（既是教师，又是工程师、会计师等）教师队伍建设是提高高职高专教育教学质量的关键；学校与社会用人部门结合、师生与实际劳动者结合、理论与实践结合是人才培养的基本途径。

确为"产学结合、校企合作是培养技术应用型人才的基本途径"。[①]显然，教育部的文件规定紧密围绕的关键词是"实践""应用"，而且特别强调了学校与产业领域紧密结合是高职人才培养的必经途径。教育部的文件规定是对学术界研究成果的文件性呈现，此后学术界的相关研究又对文件精神做了进一步解读，两者形成一种相辅相成的关系。

3）存在问题研究

高职学校人才培养模式存在的问题，实质上就是构成要素及其相互之间关系存在的问题，这是对人才培养模式体系进行构建、变革进而对高职学校进行整合、变革的重要依据。很多学者对此进行了分析研究，但众多研究往往各有选择和侧重，单独某一家研究难以全面涵盖每个方面的问题。

概括起来，这些问题包括教育理念、目标定位、专业及课程设置、教学资源开发、理论与实践教学安排、师资队伍培养、实训条件配备、学校与行业企业合作、教育效果评价等各个方面或环节的问题，具体展开如下。人才培养目标定位模糊；对产业、就业、经济结构以及自身条件考虑不足，因而行业企业缺乏参与职业教育的主动性、积极性；专业设置与人才需求结构不符且高度类同；课程设置偏离"五个统一"（理论与实践课程比例统一，知识传授与能力提升、精神塑造功能统一，教师能力与愿望统一，社会需求与个性发展统一，学历课程与资格认证统一）；教材的选用、设计不够合理；德育教学缺失，理论教学与实践教学失衡；师资队伍从准入体制到培训体系以及素质、结构等不能满足需求；人才培养工作评估不尽科学等。问题分析为完善高职人才培养模式理论体系构建及付诸实践，奠定了扎实基础。

4）体系构建研究

高职学校人才培养模式体系构建是对构成要素及其相互之间关系进行科学设计、有机组合、形成体系的过程，是对"大厦"的构建，是对"机械"的组装，是对存在问题的纠正。体系构建是人才培养模式研究关键的"最后一公里"，是落实人才培养模式的必经环节，是从理论探讨到实践运作的桥梁。或许正因为这种重要性，相关研究非常之多。

与存在问题相对应，高职学校人才培养模式体系构建包括了各要素的构建，当然，也要求各要素之间的配合与协调。第一，明确高职人才培养目

① 教育部高教司.高职高专人才培养模式特征［J］.职业技术教育，2000（3）：18.

标。第二，分析产业、就业、经济结构以及学校自身条件，准确定位发展方向。第三，学校和政府、企业、行业及其他相关社会组织共同设置专业，体现人文性、技能性、超前性和独特性。第四，课程设置要实现"五个统一"。第五，完善教材选用制度和教材设计与编写制度、规则。第六，重视德育教学工作，合理安排理论教学与实践教学。第七，师资队伍准入制度具体化、规范化，构建从入职前到入职后的培训体系，与企业、行业联合培养师资队伍。第八，企业、行业积极参与，共同完成人才培养评估，评估指标体系宜柔性化，注重加强对学生品德、知识、技能的评估，兼顾评估过程的时效性和长期性。

高职学校人才培养模式引起的关注广泛而深入，众多学者对此进行的研究富有建设性。这种进程就像"搭积木"游戏，随着研究成果的逐步积累，高职学校人才培养模式体系构建的轮廓越来越清晰。

5）理论借用研究

理论借用研究指的是借用其他学科领域的相关理论，对高职学校人才培养模式进行分析。这类研究所占比重非常小，但这种多视角的审视显然有助于丰富和促进对问题的认知。比如，一些学者借用社会学、经济学、生物学、管理学等领域的德尔菲法、合作理论、利益相关者理论、生物种群繁殖竞争策略、纳什均衡、博弈理论等，对高职学校的校企合作（功能、机制、途径、方式等）及教师发展、专业拓展、人才供需等问题进行了较为深入的分析研究。[①]

2. 实践研究与综合研究

事实上，极少有单纯关于高职学校人才培养模式的实践研究，凡是以教

---

① 赵兵川，王全旺.社会学视角的高职校企合作探究［J］.继续教育研究，2010（3）：64-66；何阿乩，杨学明.高职学校教师产学研协同创新动因研究——以福建高职学校为例［J］.高等职业教育（天津职业大学学报），2016（2）：14-18；周常青.合作理论对高职校企合作的启示［J］.继续教育，2012（1）：18-19；陈君奇.基于利益相关者理论的高职高专旅游管理专业校企合作探析［J］.邢台职业技术学院学报，2016（4）：20-23；赖永辉.高职学校专业发展和人才培养模式探索与思考——基于生物繁殖竞争策略［J］.广东水利电力职业技术学院学报，2009（7）：14-16；周鸣阳.高职教育"校企合作"的经济学分析［J］.继续教育研究，2009（10）：136-138；程晓宇.从纳什均衡看高职学校的校企合作［J］.陕西国防工业职业技术学院学报，2009（9）：10-13；付俊薇，梁艳清等.博弈视域下高职教育校企合作长效机制的构建［J］.职业技术教育，2015（9）：53-57；祝丽杰.基于CDIL教育理念的高职学校国际贸易人才培养模式的构建与实践［J］.对外经贸，2012（2）：140-141.

育实践为对象开展的研究,都会同时结合相关理论阐述,所以,本部分内容将实践研究和综合研究结合起来进行综述。根据学术成果涉及的参与行为对象的不同,这些研究可以划分为校政合作、校企合作、校校合作、校本探索及相关研究等内容,下面依次分类综述。

1)校政合作研究

校政合作是指为了推进人才培养模式的实施,高职学校与地方各级政府之间开展的合作,这种合作往往立足于对接区域经济社会的发展需求。通过这些研究可以看出,高职学校虽然付出了很多努力,但仍然非常需要政府进一步营造良好的发展环境;地方政府对于高职教育的发展具有举足轻重的作用,这种作用的发挥还有相当大的提升空间。

高职教育本身是随经济社会发展对技术技能型人才的需求而生的,因而,地方政府经济社会发展战略,对于高职学校往往是利好的发展机遇。东北老工业基地振兴战略,湖南长株潭地区的"两型"社会建设(资源节约型、环境友好型),常州启动的高职园区教学联合体探索,江苏省、贵州省等制定的区域发展战略,均为当地高职教育的发展提供了广阔空间及政策红利。①至于国家的"一带一路"倡议及西部大开发战略,中部崛起战略,长三角经济带、珠三角和泛珠三角经济带、环渤海湾经济区、沿黄现代农业示范区、各地经济新区等区域经济发展战略,无不蕴含着高职教育难得的发展机遇。

但另一方面,在地方政府对高职发展的扶持方面,普遍存在政府参与校企合作力度不大,缺乏相应促进性法律法规及政策制度,尚未为校企合作双方搭建有效平台,缺乏有效的协调、监管等问题。所以,地方政府应从理念、顶层设计、监督和评估等层面推进校企合作,充分发挥推动、管理、服务、保障、监督等关键性作用②;深化外部管理体制改革,加大宏观调控职

---

① 林丽.振兴东北老工业基地高职人才培养模式的思考[J].哈尔滨金融高等专科学校学报,2010(1):95-96;张志勇.适应长株潭两型社会建设高职人才培养模式研究[J].职业教育研究,2009(7):145-148.(所谓"两线并行"指的是理论教学与实践教学并行;所谓"五位一体"指的是,专业设置模式、教学模式、课程模式、教师培养模式以及实践模式都紧密围绕高职人才培养目标。);张春平.高职学校人才培养模式改革的研究——基于常州高职园区教学联合体的思考[J].常州信息职业技术学院学报,2009(12):19-21;王艳秋,周立雪等.江苏高职不同发展阶段产学研工作的现状与定位[J].科教文汇,2009(6下):214-215;文卫,征玉韦,成家全.贵州省高职学校校企合作办学模式探析[J].铜仁职业技术学院学报(自然科学版),2010(10):58-62.

② 刘志英,地方政府在高职教育校企合作中的作用分析[J].产业与科技论坛,2016-15(12):217-218.

能和调控力度，从法律与政策上给予高职教育发展保障，加大经费投入，为高职教育发展营造良好的宏观环境，不断提升高职竞争力。[①]

2）校企合作研究

校企合作可以说是高职教育人才培养模式的核心问题，严格来说，高职学校人才培养模式的全面落实，每一个环节都会涉及校企合作。但此处所谈校企合作，着重指的是高职学校和企业合作体制机制的总体建立及运行情况。在表象的广泛合作盛况之下明显能够感受到：高职学校在和企业行业合作期间，存在着诸多尴尬、滞涩甚至困境。

不同地域高职学校面临的校企合作问题具有很强的共通性。首先，高职学校与生产企业之间普遍存在较大鸿沟，这是阻隔校企合作的直接障碍。其次，造成鸿沟的原因雷同，既有政府统筹协调不力方面的原因，也有行业企业缺乏积极性、高职学校自身吸引力不够的原因，更有多方合作政策缺乏，或合作不够深入，或没有建立起顺畅的运行机制等原因。最后，对这些问题应予以针对性解决，包括创新校企合作模式，共建人才培养培训集团；健全完善法规政策，保障校企合作深度融合；立足产业融合趋势，以企业为主导建立专业群；打造"双师结构"教师团队，实行企业人员"阶段性全脱产教学"；共同促进校企文化有效融合；校企共建实习实训基地等。[②]此外，对校企合作问题应予以多角度、多层面研究，包括企业参与职业教育的行动动机（政策环境因素、科研技术因素、成本控制因素及企业文化因素等）和校企合作效果评价等问题，都应予以关注并切实解决。[③]总之，对于高职学校人才培养模式的各构成要素、各运行环节，产业领域都可以采取适当方式介

---

① 赵成.高职产学研结合中政府作用的充分发挥［J］.企业导报，2015（2）：115–116.

② 桂文龙，朱其志等.高职学校"政行校企"合作办学体制机制创新与实践［J］.职业教育研究，2014（2）：5–8；方晓霞，范明明.广东高职学校的校企合作现状分析及对策探索［J］.广州职业教育论坛，2015（8）：60–64；李小澄.高职学校产学研结合模式及其发展对策［J］.南方职业教育学刊，2014（1）：1–4；梁南丁.高职"校矿一体2+1人才培养模式"改革与实践［J］.职业教育研究，2011（1）：45–46；施勇.项目驱动下高职学校校企合作机制研究——以厦门软件职业技术学院为例［J］.太原城市职业技术学院学报，2015（8）：154–156；方晓辉.交通类高职学校校企合作办学长效机制创新研究［J］.辽宁省交通高等专科学校学报，2015（8）：44–46；许卫锋.中原经济区建设背景下高职药学专业深化校企合作机制创新探讨［J］.中国校外教育，2014（11下）：135.

③ 夏玲，陈辉.企业参与高职校企合作动因研究［J］.职业，2016（6）：26–27；时小燕，周静.多方参与、多元协同：高职学校校企合作的社会评价新路径［J］.中国成人教育，2015（13）：99–101.

入，并构建形成长效机制。

3）校校合作研究

校校合作指的是在开展人才培养的过程当中，高职学校相互之间或者与本科学校、中职学校开展的合作，包括东西部高职学校之间的对口援建，高职学校和本科学校之间的对口贯通分段培养，高职学校和中职学校之间的五年制贯通培养或"3+2"联合培养等。这方面的研究并不多，但也是高职学校人才培养一个不可缺少的组成部分。

受到关注最多的是中高职学校之间相互贯通或衔接的人才培养模式。综合起来，学者们从政策法规及体制机制建设、中高职一体化或全面系统的衔接整合（目标、专业、课程、教材、师资、实训等），集团化办学，自由组合等多个方面进行了阐述。不少学者研究了高职学校与本科学校分段或联合进行人才培养的问题，提出了构建现代职业教育体系、科学制订招生计划、加强校政统筹管理、校企合作升级、实施现代学徒制、用互联网思维办学、建立淘汰机制等多种对策。通过这些研究可以看出，众多理论与实践工作者对于构建现代职业教育体系抱有强烈的意愿。

4）校本探索研究

校本探索主要指的是高职学校内部在落实人才培养模式过程中所采取的具体措施，涉及的内容繁多，包括人才培养目标确立、专业及课程设置、教材等教学资源开发、师资队伍建设、实训实习基地建设、教学组织开展、教学效果评价等各个环节，涵盖了人才培养的方方面面。因为是校本探索，所以采用的都是案例研究方法且内容多样，可以看作对我国高职学校人才培养模式所进行的实践检验，这种检验涵盖了行动、管理及价值等多个层面。

5）相关问题研究

相关问题研究指的是，不是研究高职学校人才培养模式本身，而是对基于这种人才培养模式的其他相关问题的研究，比如大学生思想政治教育、辅导员工作、党建工作、教师发展、图书馆管理、体育活动、学生就业。对这些工作的研究，实际上也是对学校人才培养模式的一种侧面反映。

2.1.1.2　国外情况研究与比较研究

1. 国外情况研究

在比较教育研究领域，对国外国家和地区教育情况的介绍及其与我国内地教育情况的比较均包括在内，本书将这两部分内容分别展现。所谓国外情况研究，主要指侧重于介绍国外国家和地区高职教育人才培养模式情况的研究。总体上可以划分为三大部分，其一是对国外高职教育情况的介绍；其二是对国外高职教育人才培养模式总体情况的介绍；其三是对国外高职教育人才培养模式构成要素情况的介绍；其中也提出了一些对我国内地高职教育人才培养模式带来启发性的内容。

理论界早期的研究成果主要是对韩国、加拿大社区学院等高职教育情况的介绍，着重介绍了其结合经济实际、政府政策支持、社会力量办学、实行半工半读、注重与企业合作、安排学生实习就业、形成特色等特点，建议我国要高度重视并采取措施推动高职教育发展，确立有特色的人才培养模式和教育教学体系等。这些早期研究没有明确提出人才培养模式的概念，但其内容明显反映出了国外高职人才培养模式所具有的特色。

从1999年刘启娴较早明确提出国外高职教育人才培养模式概念以来，我国有关研究已经较为充分。迄今为止，这些研究成果介绍、比较、分析了德国"双元制"模式、加拿大美国CBE模式、澳大利亚TAFE模式、国际劳工组织MES模式、英国"三明治"模式、日本"企业教育"模式、韩国"产学合作"模式、新加坡"教学工厂"模式以及若干国家高职教育人才培养模式的异同、优劣，剖析了它们法规健全、注重师生实践、注重整合校内外资源等共同特点，对我国高职教育提出了提高重视程度，准确定位人才培养目标，注重产学研结合，建立和完善国家资格认证制度，加大财政经费投入，拓展服务社会功能，提高课程的灵活性、职业的功能性、针对性、实效性，加强"双师型"师资队伍建设，建立终身教育体系，办学层次适度高移等对策建议。

除了总体性研究，有的学者还选择对国外高职教育人才培养模式的构成要素进行研究，这些研究包括高职教育人才培养规格、课程设置、师资培养、学生实习、国际竞争力、通识教育、人才培养评估、国际教育标准分类的影响等，内容庞杂，不一而足。

2. 比较研究

根据对中外高职教育人才培养模式研究内容的不同侧重，比较研究大致可以分成三个部分：第一部分，对总体框架进行比较研究；第二部分，对构成要素进行比较研究；第三部分，对其他相关问题进行比较研究。

与对国（境）外高职教育人才培养模式的介绍相对应，在这方面的中外比较研究成果也已经较为丰富。学术界将我国高职教育人才培养模式与英、法、美、德、加、日、澳、韩、新（加坡）、俄等多个国家进行了比较，认为彼此存在一些共同的特点，比如都能够立足地方经济与社会发展需求，面向市场坚持科学导向，打造能力提升办学优势，通过学、研、产、训合作拓展空间，强化自主学习训练等。与此同时，国外更加重视能力培养，教育范围不断拓宽，培养层次逐渐上移，多方参与人才培养质量监控；我国人才培养目标及模式向多元化方向发展，人才培养与职业、行业联系越来越紧密，但在实践教学、发展性教育和全面性教育等方面尚存在差距。因此，我国应继续建立和完善相关制度，促进工学结合人才培养模式的法制化和规范化，转变办学观念，重建教学体制，建设专兼结合的高素质师资队伍等。①

一些学者选择特定专业和特定问题进行中外高职教育人才培养模式的比较研究，这种专门性研究所得出的结论与综合性研究是相吻合的。比如关于防震减灾技术应用型人才培养的美德比较研究，对中美高职旅游人才培养的比较研究；还有一些特定问题研究，包括复合型高技能人才培养范式的中外比较，专业人才与企业对接情况的中外比较，人才培养能力测评及第三方评价的中外比较等。通过比较，国外成熟的经验为我国提供了多方面的启发，包括树立现代教育理念、明确培养目标，走内涵式发展道路、改革发展模式，重视实践教学环节、校企联合办学，重视行业协会作用、加强国际合作，加强师资队伍建设、改革教学方法，规范课程建设、尊重学生职业生涯规划，政府加大支持力度、强化法律法规保障等。

2.1.1.3 综述研究

还有不多的学者对高职教育人才培养模式进行了综述性研究。综述研究总体上可以分成两大部分：第一部分，关于高职教育人才培养模式总体框架的研究综述；第二部分，关于人才培养模式某方面（相关）内容的研究综述。

尽管有学者认为我国高职学校还没有形成成型的人才培养模式，只有"产学研结合""工学交替""订单式"等一些具体的人才培养类型，但实际上，在经历了多次调整、逐步改进完善的过程之后，我国高职学校人才培养目标逐步清晰，培养过程日益开放，教学内容和方法强化就业导向，学制

---

① 邹晓春，李佑成.中外高等职业教育人才培养模式之比较［J］.职业教育研究，2005（2）：13-14；姚丽霞.国内外高职人才培养模式比较分析［J］.职大学报，2009（1）：119-120；梁建军.中外高职人才培养模式的比较研究［J］.滁州职业技术学院学报，2009（3）：9-11；靳磊.中澳高职教育人才培养模式的比较研究［J］.职业教育研究，2006（3）：157-158.

和教学管理满足多元需求，人才评价机制不断完善。如果从时间纵深的视角和覆盖大样本案例的视角考察，就更容易看出我国高职学校人才培养模式及其研究的脉络，其内涵、构成要素、主要特征以及现实问题、改革构建、保障机制等，研究的广度、深度、实证、系统性等方面取得的进展及存在的缺陷等，都更为清晰地呈现出来。[①]

有些学者从其他角度进行了综述性研究，比如高职教育人才培养模式的某个构成要素，或者某个区域的人才培养模式等。这些研究进一步表明，欲真正解决人才供需矛盾，必须改进我国高职学校人才培养模式，加强制度建设和模式创新，建立可持续发展的长效机制，校企共建校内外生产性实训基地、共同加强师资队伍、共同培育人才，建立有效运行与后期保障机制及效果评价体系等。[②]

2.1.1.4　简要评述

关于高职学校人才培养模式的研究，总体上呈现迅猛增长的趋势，无论是质的方面还是量的方面，都在不断提高，对于促进我国高职教育理论及实践肯定各有裨益。可以用若干个"越来越"表达这种增长和提高。

第一，参与高职学校人才培养模式研究的人员构成越来越复杂，除了高职学校的教职员工，若干本科高校和社会研究机构的研究人员，越来越多地投入研究，表明高职学校人才培养问题越来越引起社会更多群体的关注。

---

① 龚建国，罗燕.高职学校人才培养模式综论与探讨［J］.继续教育研究，2010（5）：132-134；熊剑，史瑞龙.高等职业教育人才培养模式综述及启示［J］.泸州职业技术学院学报，2014（3）：4-8；郭阳，王琴.近年来高职教育人才培养模式改革综述［J］.职教论坛，2008（1上）：15-21；叶逸筠.高职学校校企共育人才培养模式研究综述［J］.产业与科技论坛，2016，15（6）：142-143；陈见标.高职教育培养模式：文献综述与研究展望［J］.清远职业技术学院学报，2015（1）：72-76；张建春，殷志扬.高职学校校企合作研究：文献综述与展望——基于CNKI（2000-2011）收录文献的分析［J］.现代教育管理，2013（2）；殷红，米靖.我国高职学校校企合作研究综述［J］.职教论坛，2011（12）：11-17；胡孝四.高职学校"双主体、全过程"人才培养模式综论［J］.中国成人教育，2013（5）：80-82.

② 曹文芳.高职投资与理财专业工学结合人才培养模式研究综述［J］.科技创业，2015（18）：83-84转89；程传荣.职院校商科人才培养模式综述［J］.长春教育学院学报，2013（7）：117-119；姚晓燕.高职学校校企合作实训基地建设研究的文献综述［J］.成功（教育），2013（12）：3-4；赵云.高职特殊教育（听障生）人才培养模式研究文献综述［J］.济南职业学院学报，2014（2）：28-30；马姝，傅少容.国内高职学校校企合作师资队伍建设综述［J］.产业与科技论坛，2016，15（7）：198-199；韦秀芝.与职业资格认证相衔接的高职学校人才培养模式改革研究综述［J］.科技创业月刊，2008（12）：138-139；刘畅.南通高职学校工学结合问题研究综述［J］.中国市场，2012（9）：87-92.

第二，对高职学校人才培养模式的研究覆盖面越来越大，广度越来越广，深度越来越深。表现为研究论文的数量越来越多，研究涉及的问题越来越多，对问题的探究越来越深入、细致、透彻，研究的方式方法手段越来越丰富——既有定性研究，也有定量研究；既有本土研究，也有比较研究；既有学术探究，也有案例分析，还有跨学科研究等。

第三，对高职学校人才培养模式的研究，已经突破了高职学校本身的范畴，延伸到了中等职业教育、应用型本科教育的领域，而且数量众多。这反映出从政府到学校到社会相关领域，对于构建完善的职业教育体系的热切期盼。

与此同时，正如任何研究都不可能做到尽善尽美一样，关于高职学校人才培养模式的研究也暴露出明显不足。这些不足既有研究本身的缺憾，也有实践缺憾在研究领域中的反映，这为今后的学术研究和人才培养实践提供了发展、改进和完善的空间。

第一，在理论研究方面，对很多基础性的问题尚缺乏深入透彻的研究，没有形成权威性意见，以至于众说纷纭，莫衷一是，如高职人才培养模式概念的界定就是如此。这一方面反映出基础理论研究本身就存在很多问题难以界定清楚，另一方面在很大程度上也反映出一些学者在基础理论研究方面存在着"拿来主义"、浅尝辄止，甚至急功近利的情绪和行为。

第二，原创性研究缺乏，尤其是缺乏对"元问题"进行研究的研究，大量研究所呈现的是"千人一面"的高度雷同状态。很多研究的政策性影响痕迹非常明显，有的甚至可以视为对政府政策的解读。若干研究建立在对学校实践进行简单提炼的基础上，形如案例研究，却缺乏必要和足够的理论探究，有的甚至类似于工作经验总结。大量研究所揭示的问题和提供的对策建议如出一辙，表面看来似乎已经找到了解决问题的圆满答案，实际上字里行间完全能够感受到问题仍旧没有得到实质性解决的尴尬。

高职学校究竟为什么要开展校企合作？其根本原因及根本障碍到底在哪里？有没有一种有助于摆脱校企合作"问题—方案—问题"循环困境的更科学的方案？对于这些原初性问题的研究，还非常缺乏。

第三，无论是对世界发达国家成功经验的借鉴，还是对相关学科理论的借用分析，都对高职学校人才培养模式的完善发挥了积极作用。但与此同时，这种经验借鉴大同小异、高度重复，经验借鉴和理论借用分析很多情况下又缺少必要的适切性研究，仅仅简单套用，显得比较生硬，很难具有足够的说服力。这要求对国外经验的借鉴和对相关学科理论的借用，都应该进行深入分析，找到其与要解决问题之间息息相关的"脐带"。

2.1.2　创业型大学理论的研究

2.1.2.1　西方国家对创业型大学理论的研究

创业型大学理论最早出现于美国。美国纽约州立大学教授亨利·埃茨科维兹于20世纪80年代开始研究创业型大学，加州大学洛杉矶分校教授伯顿·克拉克于20世纪90年代开始研究。他们开展了广泛深入的调研，通过著书立说探讨了创业型大学的特征、要素、标准，形成了基本的实现路径。乔治亚大学教授希拉·斯劳特则从学术资本主义的角度对创业型大学进行了持续研究。亨利·埃茨科维兹、伯顿·克拉克和期劳特的研究产生了广泛影响。正是这些学者的持续研究，使创业型大学理论及其现象本身受到社会越来越多的关注。从20世纪80年代开始，向创业型大学转型在亚、欧、美、澳、非等洲的许多大学成为一股潮流，不可阻挡，也无可逆转，创业型大学理论逐渐成为世界高等教育研究领域的热点。

1. 西方国家对创业型大学的多视角研究

对创业型大学的研究主要集中在欧美国家，一方面相关著作和论文越来越多，另一方面与创业型大学相关的国际会议影响力也越来越大。受到创业型大学研究潮流的影响，其他国家的学者也越来越多地对此给予关注，从而在世界范围内形成了研究创业型大学的丰富图景。

1）从学校内部运行视角对创业型大学的研究

这方面最典型的代表是伯顿·克拉克。伯顿·克拉克通过先后两次对十几所典型创业型大学的详细案例研究，根据这些大学在持续十多年变革历程中表现出来的共同特征，将它们命名为"创业型大学"，并提出了成为创业型大学最少需要具备的五个要素：一个强有力的驾驭核心，一个拓宽的发展外围，一个多元化的资助基地，一个激活的学术心脏地带，一个一体化的创业文化。这五个要素成为国际公认的关于创业型大学的典型特征概括。伯顿·克拉克认为这种巨大的变革根本上是一种组织变革，他对最初的五所案例大学进行了十年的跟踪研究，并将这种研究扩大至其他十几所大学予以检验之后指出，这些创业型大学已经形成了"持续的原动力和稳定的变革状态"①。伯顿·克拉克的研究集中反映在他的两本专著当中，这两本专著成为创业型大学研究的经典之作，也由此奠定了伯顿·克拉克作为创业型大学理论奠基人的地位。②

创业型大学的内部运行包括了大学的管理模式和文化塑造。西蒙·马金森对澳大利亚17所具有博士学位授予权的大学进行了案例分析，认为创业型大学是在内部管理、组织形式、运作方式及学术工作等方面表现出"创业"性质的大学，是一种新生的办学模式，创业型大学当然最为关心的是想方设法猎取外部资助，但归根结底它们的真正目的并非如此，而在于通过这些努力使大学名望得以扩大、竞争力得以提升，因为与金钱相比，名望才是大学最大的资本。③彼得·加维斯研究了英国的大学与公司大学指出，为了弥补英国自20世纪80年代开始急剧缩减的政府基金，大学不得不朝公司化改革的方向前进，行为越来越像做生意，副校长变成了首席执行官，学术委员会消失，大学以更公司化的方法改造自身结构。④

肯·威格士建议阿肯色州大学建立创业文化，采取成立孵化器培育公司等行动，鼓励教师和学生进行创业，这样才能够使该大学从阿肯色州创新创业活动的边缘成为创新创业中心。⑤埃里克·古尔德指出，当今社会，大学内部的各个教学单位、工作部门都受到了公司文化的渗透，这是市场与大学双方共同作用的结果：一方面，在知识经济时代市场拥有了更强的话语霸权，另一方面，大学所特有的学术价值能够与市场力量相互制衡，而不仅仅是被动地受到钳制。⑥俄罗斯学者格鲁德辛斯基研究了俄罗斯创业型大学中

---

① 〔美〕伯顿·克拉克.大学的持续变革——创业型大学新案例和新概念［M］.王承绪，译.北京：人民教育出版社.2008：239.

② 〔美〕伯顿·克拉克.建立创业型大学——组织上转型的途径［M］.王承绪，译.北京：人民教育出版社.2000；〔美〕伯顿·克拉克.大学的持续变革——创业型大学新案例和新概念［M］.王承绪，译.北京：人民教育出版社.2008.

③ Simon Marginson.The Enterprise University：Power，Governance，and Reinvention in Australia［M］.Cambridge：Cambridge University Press，2000：47.

④ Petcr Jarvis.University and CorPorate University：The Higher learning Industry in Global Society［M］.Lcndcn：Kogan Page Ltd.，2001：9.

⑤ Ken Vickers，Greg Salamo，Otto Loewer，John Ahlen.Creation of an Entrepreneurial University Cultur：the University of Arkansas as a Case Study［J］.Journal of Engineering Education，2001（10）：617-622.

⑥ 〔美〕埃里克·古尔德.公司文化中的大学［M］.吕博，张鹿，等译.北京：北京大学出版社，2005.

的公司文化，指出曾经的教育机构现在运营得如同商业性机构一样，公司文化取代了大学传统。① 大卫·雷伊等人研究了英国德比大学的文化转变，该所大学采取综合性的创业举措培育公司文化，雷伊强调创业学习团队的价值观、技能和方法是培育公司文化的关键因素。②

2）从学校外部运行视角对创业型大学的研究

这方面最有代表性的是亨利·埃茨科维兹，其最为重要的建树，是从外部运行视角对创业型大学进行研究，提出了著名的大学—产业—政府"三螺旋"理论，用以分析在知识经济时代三者之间的新型互动关系。亨利·埃茨科维兹是从国家创新甚至是新的社会形态的高度来看待"三螺旋"，而不仅仅将其视为一种简单的大学、产业和政府之间的合作关系。他特别强调了在知识经济时代，大学摆脱了传统的边缘角色，被置于社会舞台的中心，和政府及产业一样，大学在"三螺旋"当中也可以成为领导者、组织者和参与者，除保持自身的特有作用外，可以部分起到其他机构的作用，这样的大学最容易走上创业型大学之路。"三螺旋"理论产生了日益广泛的影响，亨利·埃茨科维兹由此被誉为"三螺旋之父"，也成为创业型大学理论的重要奠基人。③

与区域经济社会发展的影响互动，是创业型大学外部运行回避不了的重要问题。有学者以特文特大学为例研究指出，只要能够树立远大的创业愿景，对知识进行准确而恰当的定义，大学就足以具备追求自身卓越的资本，这和大学服务社会不会冲突，反而可能相互促进，哪怕是大学刚刚成立，尚处于资金匮乏阶段，又或者是位于相对偏远的地区。④ 阿里森·布拉姆威尔和大卫·沃尔夫以滑铁卢大学为例研究指出，创业型大学保留了传统大学的职能，它们仍然能够培养出优秀的学术型科学家，也能够通过研究完成新的商业知识积累，但远不仅如此，更为重要的是，创业型大学能够通过多种方

① A.O.Grudzinskii.The University as an Entrepreneurial organization［J］.Russian Education and Society，2005，47（1）：35-39.

② David-Rae，Simon GEE，Robert Moon.Creating an Enterprise Culture in a University：The role of an Entrepreneurial Learning Team［J］.Industry and Higher Education，2009，23（3）：183-197.

③〔美〕亨利·埃茨科维兹.国家创新模式：大学、产业、政府"三螺旋"创新战略［M］.周春彦，译.北京：东方出版社，2006.

④ Luciana Lazzeretti，Ernesto Tavoletti.Higher Education Excellence and Local Economic Development：The Case of the Entrepreneurial University of Twente［J］.European Planning Studies，2005，13（3）：475-493.

式实现自身科学技术的转移，以此在当地经济以及高科技产业的发展中发挥中流砥柱的作用。①日本学者富米北川提出，创业型大学促进地区经济发展的路径和方式丰富多样，比如主动与区域行业企业积极互动，努力吸引外部以资金为代表的多种资源，培养和吸引具备高技能的尤其是能够创业的现代工人。②

3）从社会环境影响视角对创业型大学的研究

希拉·斯劳特、拉里·莱斯利通过对澳大利亚、加拿大、英国和美国四个国家公立大学学术资本主义的比较研究，展示了社会变化对大学产生深刻影响及大学对此进行应对的生动图景。他们运用全球化和政治经济学理论来考察国际范围大学的普遍变化，运用资源依赖理论来考察国家内部大学对形势变化的应对，运用专业化过程理论和科学社会学来考察院校的具体案例数据。其基本逻辑是：全球化导致国家之间竞争加剧，社会公共事务的增加迫使政府资金不得不投向更多公共项目，导致投向高等教育领域的政府一般性资金大大缩减；与此同时，基于知识经济的兴起，经济社会对高等教育提出了更多需求，在这种被迫的情形之下，不同类型的高等院校做出了一致反应：强化学术资本主义行为。所谓学术资本主义指的是：院校及其教师为确保外部资金而开展的市场或类似市场的活动。③显而易见，这实际上是"大学创业行动"的同义语。

詹姆斯·杜德斯达做了类似研究。他的主要研究视角瞄准美国的大学，其思维逻辑是：美国的大学是当今世界居于领先地位的大学，其在未来的变革转型及发展，很大程度上会扮演探路者、前行者或者引领者的角色，因此，研究美国的大学具有很强的代表性。他的研究以美国公立研究型大学为主，经过宏阔的全面分析，他认为，美国公立大学尽管成就非凡，但仍难以适应由知识经济和信息革命引发的21世纪的急剧变化。他特别剖析了一个经典案例——密西根大学，该大学被认为是美国公立研究型大学中的旗舰大学，但仍然遇到诸多问题、麻烦乃至挑战，但大学通过创业行动予以主动应

① Allison Bramwell, David A.Wolfe.Universities and Regional Economic Development：The Entrepreneurial University of Waterloo［J］.Research Policy，2008（37）：1175-1187.

② Fumi Kitagawa.Universities and Regional Advantage：Higher Education and Innovation Policies in English Regions［J］.European Planning Studies，2004，12（12）：835-852.

③〔美〕希拉·斯劳特，拉里·莱斯利.学术资本主义：政治、政策和创业型大学［M］.梁骁，黎丽，译.北京：北京大学出版社，2008：8.

对。杜德斯达通过宏阔的分析最后总结出：现代大学不断被经济社会日益增长的知识经济需求推向社会舞台的中心，不得不接受市场的影响并在很大程度上遵循市场规律进行彻底变革，教学、科研、社会服务、学术、资源、技术、学校管理等各个方面概莫能外。①

索林·扎哈里亚和欧内斯特·盖博深刻揭示了全球范围大学尤其是欧洲大学所面对的复杂局面：生存环境日益变得不确定，高等教育与研究日益全球化，社会对大学不断寄予新的期望，大学与外部社会的联系日益紧密，至于与工业领域乃至与更广泛的经济世界的联系就更是如此。②斯托克·里恩和简妮·库夫拉提出了全球化和知识型社会对大学的压力；大学被要求为这样的社会培养适应人才，被要求为知识经济时代提供更加直接的服务，被要求为纷繁的社会困境提供解决方案，诸如此类；新公共管理理论影响到政府等公共部门，使之也出现市场化导向；大学与行业企业、政府及与国家之间的关系得以重构等。③吉特尔曼认为，塔夫茨大学向创业型大学转型受到外部环境的影响：政府减少了对大学的经常性拨款导致高等教育财政危机不断加剧；尊崇学生的理念不断强化学生单边主义；大学期待并习惯于一种相对稳定的发展，然而，所面对的环境与挑战却在不断变化。④

4）从大学价值冲突视角对创业型大学的研究

建立创业型大学也引发了很多质疑，最主要的质疑在于：大学如何在追逐利益和坚守大学理性之间保持平衡？大学是否会在一味应对社会需求或者"欲望"、顺应市场规则的过程中"沦落"为"失去灵魂的卓越"⑤？

韦斯特·雅各布认为，创业型大学发生冲突的关键原因在于大学教师同

①〔美〕詹姆斯·杜德斯达.21世纪的大学［M］.刘彤，主译，王定华审校.北京：北京大学出版社，2005；〔美〕詹姆斯·杜德斯达，弗瑞斯·沃马克.美国公立大学的未来［M］.刘济良，译，王定华校.北京：北京大学出版社，2006.

② Zaharia Sorin E.，Gilbert Ernest.The Entrepreneurial University in the Knowledge Society［J］.Higher Education in Europe，2005，30（1）：31-40.

③ Risotto Rinne Jenni Koivula.The Changing Place of the University and a Clash of Values The Entrepreneurial University in the European Knowledge Society A Review of the Literature［J］.Higher Education Management and Policy，2005，17（3）：91-123.

④ Sol Gittleman.An Entrepreneurial University：The Transformation of Tufts［M］.Boston：Tufts University Press，2008.

⑤〔美〕哈瑞·刘易斯.失去灵魂的卓越——哈佛是如何忘记教育宗旨的［M］.侯定凯，等译.上海：华东师范大学，2012.

时扮演着学术研究人员和经营企业家的角色，这必然导致他们的科研活动和创业活动发生冲突；因此，对策就是将教师的这两种角色完全分离开，同时通过大学核心制度予以保障，从而推动大学的商品化创业。[①]菲尔波特·凯文等对部分重点大学教授进行了半结构性访谈，他们发现在对待大学服务社会的"第三使命"和对待大学开展创业活动的问题上，不同学科的教授存在明确的观点分歧，这种分歧扩而大之以致破坏了学术领域的和谐状态，最终影响了大学创业活动的开展。所以凯文认为，必须加强观念认知层面的统一才有助于推进大学创业的理想。[②]亚历山大认为，创业型大学的常规状态，即对传统科学研究的坚持和对市场营利行为的追求必然产生冲突，因此需要不断地对两者进行协调，创业型大学必然受到既相互对立又相互补充的目标和宗旨的影响，因此肯定不会是稳定的。[③]理查德·鲁克全面分析了美国五所著名的提供高等教育服务的上市公司的运营情况及经验教训，指出追求利润并不必然降低学术水平与价值，从而为创业型大学、营利性教育公司提供了合法性证明。[④]

2. 简要评述

从研究态势来看，西方国家关于创业型大学的研究已经形成了一股汹涌的潮流，而且这股潮流已经开始从发源地美国向欧洲、亚洲、澳洲等的其他国家延伸。从研究呈现的结果来看，已经形成了理论研究的"丛林"，产生了从著作到论文的大量成果，积累了较为丰富的文献资料。尤其重要的是，这种研究从开始就扎根于大量的实践案例，或者说，创业型大学理论本身就是对创业型大学实践在理论层面的总结和提升，这是其根本生命力之所在。

另一方面，创业型大学理论从20世纪80年代初才开始萌生概念，90年代中后期才由一些学者陆陆续续开始进行不同视角的研究，故总体上尚属发展

① Vestergaard Jacob.The Entrepreneurial University Revisited：Conflicts and the Importance of Role Separation［J］.Social Epistemology，2007，21（1）：41-54.

② Philpott Kevin，Dooley Lawrence，O'Reilly Caroline et al.The Entrepreneurial University：Examining the Underlying Academic Tensions［J］.Technovation，2010，31（4）：161-170.

③ Styhre：Alexander.Balancing Centripetal and Centrifugal Forces in The Entrepreneurial：A Study of 10 Research Centers in A Technical University［J］.Technology Analysis & Strategic Management，2010：8.

④〔美〕理查德·鲁克.高等教育公司——营利性大学的崛起［M］.于培文，译.北京：北京大学出版社，2015（10）.

中的新生理论，不可避免地存在一些不够完善之处。

第一，对于创业型大学的基本概念，学者们极少进行明确界定，他们彼此之间或者具有一种共识，或者从各自的视角开展独立性的研究，但总体上，通常只是通过描述性语言来表达对这一概念的理解。

第二，对于创业型大学的适用范围，学者们的意见存在冲突。有的学者认为，向创业型大学转型是当今时代世界形势之下所有高等学校回避不了的趋势；有的学者则认为，并非所有大学都适合向创业型大学转型；有的学者明确提出，创业型大学主要适用于研究型大学；有的学者则明确宣称，创业型大学适用于各种中等后教育类型。

第三，关于创业型大学的研究案例，目前分布尚不平衡。现有的研究案例大部分集中在欧美等发达国家，关于发展中国家的研究案例相对缺乏。另外，虽然有学者主张创业型大学适用于各种中等后教育类型，但研究型大学之外其他高等学校的案例同样相对缺乏，研究开展得非常少。

2.1.2.2 我国对创业型大学理论的研究

在20世纪末，我国对创业型大学理论的研究零零星星、屈指可数，但进入21世纪之后这方面研究迅速升温，形成了一股不小的热潮。下面，将从相关著作、学位论文和学术论文三个方面依次进行综述。

1. 相关著作

目前查阅到的相关著作近30种，大致包括以下四类。

第一类，西方著作的翻译作品，有十余种。前文关于西方国家创业型大学研究的理论综述，集中呈现了这些作品的学术成果和学术观点，其中不少属于经典性著作。这些作品使我们领略到国外教育理论家对于创业型大学多视角、多方式的认知和解读，获得了对于创业型大学较为全面的了解和认知。

第二类，对西方创业型大学实践及研究成果进行介绍、分析的著作，其中立足介绍基础上的具体分析是主体内容。通过分析探寻创业型大学产生的内外动因、展现运行的逻辑与实践过程、比较不同国家之间的异同优劣，揭示创业型大学和区域乃至国家经济与社会发展之间的相互影响，探析大学如何维持国家（政府）、市场（社会）及学术（学校自身）之间的权力平衡等。通过介绍分析，为我国大学探索创业型大学之路提供参考借鉴。

美国的创业型大学无疑最为典型，麻省理工学院又是其中的杰出代表。

从最初的赠地学院（高等技术学院）发展成为研究型大学，进而在知识经济时代变身为创业型大学，麻省理工学院实现了教学、科研与创业的极佳结合，创造了享誉世界的128号公路奇迹，探索出了与哈佛大学并驾齐驱的另外一种现代大学典范模式。[①]研究型大学的创业行动表现得更为突出，从历史纵向维度考察，能够看清美国研究型大学的种种变革及在国家创新系统形成的不同阶段中所发挥的功能演进；从当下横向层面考察，比较易于分析研究型大学与国家产业部门、科研机构、政府部门等其他创新系统之间的互动关联性，从中探讨竞争和创新精神对于大学核心精神的影响。[②]如果以伯顿·克拉克关于国家、市场、学术的权力三角为主要范式，会更加清楚地看出政府对大学的管理、市场力量对大学的影响干预以及学术权力在研究型大学中作用的发挥。[③]不仅美国，英国也进行了创业型大学的诸多实践探索，对两个国家创业型大学的发展历程、发展模式、管理模式、主要特征及与其他类型大学之间的关系进行比较，其中的共性与差异性更能够提供启发意义。鉴于以上各种比较分析，有学者认为，我国创业型大学的基本管理模式应该是在政府宏观调控下的大学自主管理模式。[④]

第三类，对我国与西方的创业型大学建设情况进行比较研究，从中比对异同、查找问题、发现差距，为我国创业型大学的良性发展提供对策建议及参照。

英美等国家创业型大学的办学理念及功能演变、发展的来龙去脉、组织变革路径等，对我国创业型大学的组织结构设置、创业行为激励、院系参与创业、创业组织运行方式、组织变革逻辑等各个方面均具有直接参考价值，可以说，创业型大学建设既是我国一些研究型大学的理性选择，也是诸多地方大学的现实超越路径。[⑤]以更加宏阔的眼界，把海外研究型大学冠以文理研究型大学、传统理工研究型大学和新兴研究型大学的名义进行观察，能够

① 孔钢城，王孙愚.创业型大学的崛起与转型动因［M］.北京：中国社会科学出版社，2014.
② 王志强.研究型大学与美国国家创新系统的演进［M］.北京：中国社会科学出版社，2014.
③ 谷贤林.美国研究型大学管理——国家、市场和学术权力的平衡与制约［M］.北京：教育科学出版社，2008.
④ 高明.英美创业型大学管理模式比较及启示［M］.沈阳：东北大学出版社，2013.
⑤ 马晓春，刘欣欣.创业型大学——地方大学变革的新图景［M］.济南：山东人民出版社，2013；陈霞玲.创业型大学组织变革路径研究［M］.北京：北京理工大学出版社，2015；易高峰.崛起中的创业型大学——基于研究型大学模式变革的视角［M］.上海：上海交通大学出版社，2011.

看出现代大学更深入、有效、全面地介入社会价值创造的过程，既拓展了大学功能，又对经济发展和社会进步起到推动作用，呈现出研究型大学在"面向创业时代"背景下发生全面变革、实现内外合一的转型。①

第四类，主要是对我国大学建设创业型大学的情况进行的实践研究及理论探究，也有些学者立足于西方发达国家关于创业型大学的理论，对现代大学建设创业型大学问题进行集体或独立思考。

在我国，研究型大学在履行为经济社会服务的"第三使命"时，如何实现向创业型大学转型同样是备受关注的问题。②但实际上，创业型大学建设已经是各级各类高校的普遍行动，国家重点大学、地方本科大学及高等职业学校建设创业型大学的实践探索，从创业精神、创业型大学本质、创业型高校品性等多个方面，完成了集体的亮相。③诸如福建省地方高校建立创业型大学的全面实践，更是形成了从服务社会的原动力到学科建设、创业行动、创业教育、组织建设、人力资源、创业文化等各个方面非常完整的路径构架。④当然，正如现代大学从"象牙塔"到创业型大学所经历的创业精神与大学、大学与市场、大学与公司、学术与资本主义、学术与商业等奇妙关系的演变一样，我国建设创业型大学同样面临机遇、挑战及可能的冲击⑤，因此，基于创新型国家建设战略，需要从策略与途径、学术运行系统变革、基层学术组织制度创新、学术资源的配置与共享、学术任务选择等多个方面，系统规划并把握大学的运行与管理。⑥

2. 学位论文

1）博士论文

在中国知网以"创业型大学"作为关键词进行检索，获得的博士论文为17篇⑦，根据内容可以划分为四种类型。

---

① 吴伟.面向创业时代的研究型大学转型发展研究［M］.北京：人民出版社，2014.

② 夏清华.学术创业：中国研究型大学"第三使命"认知与实现机制［M］.武汉：武汉大学出版社，2013.

③ 付八军.纵论创业型大学建设［M］.杭州：浙江工商大学出版社，2014.

④ 陈笃杉.地方高校建设创业型大学的理论与实践［M］.福州：福建教育出版社，2016.

⑤ 温正胞.大学创业与创业型大学的兴起［M］.杭州：浙江大学出版社，2011.

⑥ 宣勇，张鹏.激活学术心脏地带——创业型大学学术系统的运行与管理［M］.北京：高等教育出版社，2013.

⑦ 以"创业型大学"作为关键词进行检索，获得的博士论文总数为25篇，其中8篇并非研究该问题；若以"创业型大学"为篇名进行检索，则获得的论文数为8篇，明显有遗漏.

第一类，侧重介绍国外尤其是欧美国家创业型大学发展情况，提出对我国建立创业型大学的启发。

现代大学经历的两次学术革命的历史分野，突出表现在德国、美国、英国等发达国家，这些国家创业型大学的兴起与演变、组织结构及其运行机制也具有代表意义。以麻省理工学院等为代表的西方创业型大学经历了孕育、萌芽、机遇、成熟等各个阶段的历史发展，其主要举措、方案制定与实施、社会影响、价值取向、经验及问题等，无不为我国高校尤其是研究型大学向创业型大学转型提供了技术转移、内外部管理模式、打造学术创业力、促进绩效提升等多个方面的重要启示和借鉴。

第二类，借用西方创业型大学相关理论及实践成果，侧重对我国探索建立创业型大学的情况进行研究，这些进行过创业改革探索的大学，既包括国家重点大学，也包括很多地方院校。

研究型大学向创业型大学的转型是学术关注的重点，根据美国等典型创业型大学形成的基本范式，我国"985"工程大学在创业能力评价、走向创业型大学的模式选择、内部系统及保障管理机制构建等方面各有差异。[1]华中科技大学是向创业型大学转型的一个成功案例，学校经过探索，最终构建起创业型大学的管理模型。[2]除了重点大学，我国地方本科高校也有类似的成功范例，民办的黄河科技学院已经在内部机制和外部保障方面表现出典型的创业型大学特征，较好地检验了民办高校创业能力的评价指标体系。[3]还有学者基于对从农业经济时代经工业经济时代到知识经济时代大学模式的变迁研究，从大学—产业—政府协同创新的耦合效应测度和演化博弈视角，分析了我国大学普遍存在的变革滞后原因，提出了尝试向创业型大学转型的对策建议。[4]

第三类，对创业型大学进行全面的或某方面内容的专门研究，并不侧重于对西方或是对我国的大学。

---

① 彭绪梅.创业型大学的兴起与发展［D］.大连：大连理工大学公共管理与法学学院，2008：26-84.

② 刘叶.建立创业型大学：管理上转型的途径［D］.武汉：华中科技大学教育科学研究院，2010：80-215.

③ 王军胜.创业型大学视角下民办本科院校转型路径研究［D］.天津：天津大学管理与经济学部，2013：124-146.

④ 李培凤.基于三螺旋创新理论的大学发展模式变革研究［D］.太原：山西大学经济与管理学院，2015：64-152.

有学者认为，斯坦福大学、华中科技大学、冰岛大学向创业型大学转变的历程共同显示出大学组织变革的制度逻辑，即制度扩散是全球化时代大学的普世模式，而制度转变在大学组织变革当中呈现出地区差异。[①]总之，创业型大学的共同逻辑对其他大学提供了有益启发，比如可根据大学衍生企业能力测评提出能力提升策略[②]，根据大学内部组织环境对学术创业绩效的作用机理分析提出大学内部环境优化策略等[③]。

第四类，突破大学自身范围，以一种更宽广的视野，侧重于对我国或西方创业型大学与国家或地方经济社会发展关系的研究。

创业型大学的诞生、发展与大学社会服务功能的发展如影随形，这对于中外大学同样适应。创新型国家建设是我国所有创业型大学的共同背景，大学的演变与发展、地位与作用、内容与重点及其软实力建设无不与此紧密相关，中南大学已经在这方面开展了积极行动。[④]服务于地方或区域经济社会发展是大学更切近的使命。西北农林科技大学遵循"三螺旋"结构导致大学外部关系变迁，学术资本机制的产生又引发大学内部要素变迁，大学持续向创业变迁的动力与保障成为制度体系建构的关键。[⑤]武汉的"中国光谷"的大学博弈竞争行为和合作行为，生动诠释了大学如何与区域在合作中获得共赢。[⑥]美国国家创新系统的形成及研究型大学对这一进程的演化影响与我国非常相似，其实质是创新过程中的知识流动与扩散，威斯康星大学的经历即是一个经典案例，大学与社会相辅相成的发展关系将是未来的重要趋势。[⑦]

2）硕士论文

在中国知网以"创业型大学"为关键词进行检索，获得的硕士论文近40

① 黄容霞.全球化时代的大学变革［D］.武汉：华中科技大学教育科学研究院，2012：104-140.

② 庞文.创新型大学衍生企业的能力研究［D］.哈尔滨：哈尔滨工业大学管理学院，2014：84-119.

③ 张鹏.学术创业的大学内部组织环境影响研究［D］.杭州：浙江工业大学经贸管理学院，2015：37-104.

④ 罗军飞.创新型大学与创新型国家——关于建设创新型大学若干问题的研究［D］.长沙：中南大学商学院，2009：137-145.

⑤ 罗泽意.制度变迁视角下大学创业趋向研究——基于农业院校的案例［D］.南京：南京农业大学经济管理学院，2011：103-138.

⑥ 明铭.区域创新体系中的大学行为研究——以武汉"中国光谷"为例［D］.武汉：华中科技大学教育科学研究院，2012：82-100.

⑦ 王志强.研究型大学与美国国家创新系统的演进［D］.上海：华东师范大学教育科学学院，2012：181-190.

篇[①]，其研究涵盖了以上博士论文的所有领域，故不再赘述。此外，这些硕士论文实际上涉及更多问题，比如提出了建立创新创业型大学指标体系或创业能力的评价模型[②]，构建了高校知识服务能力评价模型[③]，还有的专门研究了高等教育市场化背景下大学教师发展问题等[④]。

3. 学术论文

在中国知网以"创业型大学"依次作为篇名、关键词进行检索，抛除重复记录及内容不紧密的研究，论文数量仍然很大。[⑤]通过对相关论文的浏览，以下将从创业型大学总体和创业型高职学校两个方面进行综述。

1）关于创业型大学总体的研究

本部分论文可以划分为五个类别，由于这些论文的研究内容绝大部分与上述著作及学位论文非常接近，重复率很高，所以，此处只选择研究内容或研究视角较为独特的论文做简要介绍，不再展开详述。

第一类，侧重介绍国外创业型大学建设发展情况，从中提炼经验教训。比如基于公立创业型大学与州政府关系的演变，探讨美国公立创业型大学法人地位的启示；斯坦福大学对创新创业教育与创业型大学创业网络构建的启示；沃里克大学2015年战略规划实践对权变理论视角下创业型大学战略规划的启示；新公共管理运动对创业型大学兴起的影响等。

第二类，借用西方理论及实践成果，侧重对我国创业型大学实践情况进行研究。比如我国地方师范院校向创业型大学转型的研究，以浙江农林大学的实践探析二级教代会对构建生态性创业型大学的作用，以馆办刊物为例探析高校图书馆在构建创业型大学中的价值等。

第三类，对创业型大学理论进行全面的或某个方面的专门研究，包含少量比较研究。比如对近十年来创业型大学研究论文的文献计量分析；在创业

① 以"创业型大学"为关键词进行检索，获得的硕士论文近总量为50篇，但有10多篇并非研究该问题；若以"创业型大学"为篇名进行检索，则获得的论文数为28篇，明显有遗漏.

② 杨茜.创新创业型大学评价指标体系的研究［D］.南京：南京工业大学法政学院，2013：38-49；刘伟.上海市高校知识服务能力评价研究［D］.上海：东华大学工商管理学院，2012：27-45.

③ 胡俊伟.研究型大学创业能力评价研究——基于DANP-VIKOR方法［D］.杭州：浙江大学公共管理学院，2014：35-61.

④ 论大学教师发展——基于高等教育市场化的思考［M］.甘肃：兰州大学高等教育研究院，2011：19-52.

⑤ 以"创业型大学"为篇名进行检索，获得的记录为653条；以"创业型大学"为关键词进行检索，获得的记录为1140条（截至2017年1月8日）.

型大学背景之下，课程设计的应然走向，大学教师角色的认知与相关群体对其角色的期待，物流管理专业人才培养模式探讨，高校资产公司管理，大学人力资源开发等；欧美创业型大学的异化发展、趋同演变及其意蕴；组织学视野下的创业型大学转型研究等。

第四类，侧重对我国或西方的创业型大学与国家或地方经济社会发展互动关系的研究。比如中英"创业型城市与创业型大学"论坛，职业教育类创业型大学如何立足区域、服务地方"三农"的策略研究，创业型大学建设与区域经济互动发展的机制框架构建，"京津冀协同发展"中的河北省创业型大学培育前景与机遇研究，如何以创业型大学建设应对金融危机等。

第五类，论文不是在研究创业型大学，而是以创业型大学为背景研究其他问题。比如在创业型大学背景下，导生制在学生党建工作中的应用，大学语文课改，高校办公室等部门公共执行力的建设，大学生考试作弊研析，高校辅导员素质能力提升研究，城镇化过程中大学生就业观问题，体育俱乐部教学模式研究，内部审计职能探讨等。

2）关于创业型高职学校的研究

在中国知网检索到我国高职学校进行创业型发展探索的学术论文将近80篇[①]，根据主要内容差别可以划分为以下三个方面。

第一方面，创业型大学理论对我国高职学校给予的建设性启发。立足于基本的创业型大学理论设计，创业型高职学校建设需要内外治理结构的系统变革。首先，学校要有自主变革的强烈意愿，树立创业型发展的全新教育理念。其次，要建立适合创业的学校组织运行机制，包括强有力的行政驾驭核心；对集中式的传统管理模式进行彻底变革，向小部门、大院系、强基层的分权式管理模式转变；努力构建有利于创业活动开展的组织文化环境和氛围。最后，要建立适合创业的公共治理环境，大学主动出击，和行业企业、政府部门共同打造权责分担、协调配合、互利共赢的利益共同体，构建形成顺畅的大学—产业—政府"三螺旋"结构。[②]高职学校推进可持续发展，要确立市场化运作模式，强化突出实践教学与训练活动及产学研结合的比较优

---

① 以"创业型大学"或"三螺旋"作为篇名，同时将"高职""职业""校企""工学""学院为例"等作为并含项进行精确检索，再以"创业型高职"作为篇名，以"创业型职业"作为或含项进行精确检索，累计获得的学术论文将近80篇.

② 万由祥.试论创业型高职学校建设［J］.高等工程教育研究，2013（6）：172-175.

势，建立现代管理机制，提高区域经济社会服务能力[①]；平衡好学术和创业的关系，加强质量能力、服务能力和运作能力建设。[②]

第二方面，高职学校建立创业型大学的实践探索。这是本部分最主体的内容，又可以分为三大类：重要性与可行性研究、操作性研究、案例研究。操作性研究与案例研究有相似和交叉之处，但侧重点不同：前者主要是以客观的视角从总体上论述创业型高职学校如何运行，不一定以具体学校为案例进行检验证明；后者必然论及创业型高职的运行问题，但主要以"局中人"体验或"调研者"观察的视角进行论述，往往采取的是"以某学院为例"的体例。

重要性与可行性研究。首先，这是我国经济社会发展战略的需要，我国要建设创新型国家、加大高技能人才培养、构建终身学习型社会、开展"大众创业、万众创新"等，既需要高职学校发挥积极作用，又为其创造了适宜的舆论和政策环境。其次，这是高职学校自身发展的需要，通过实施创业型发展战略，高职学校能够促进系统变革，形成相对优势的竞争力；有利于促进产学研结合，将"产教融合、知行合一"的人才培养模式切实落实；有助于提高人才培养质量和社会服务能力，获得更高的社会认可。再次，基于在整个高等教育体系中的位置，使得高职学校具有较强的变革意愿；而且高职办学时间普遍不长，历史负担相对较轻，变革转型相对容易。最后，服务于地方经济社会发展的定位，使得高职学校与地方政府行业企业初步建立起了较为密切的关系，这使得其向创业型大学转型具备了良好的基础。[③]当然，高职学校还存在不少劣势，包括缺乏足够的社会认可和政策支持，缺乏创业的运行机制和制度支持，尚未形成创业的良好氛围，科研实力的短板，在科技研制、开发、转化及应用方面普遍水平偏低。与此相对应的是，高职学校的学生在成长为高级技术技能型人才方面，难以形成比较优势等。[④]在这些

① 张洁.国外创业型大学发展对建设教育服务型高职学校的启发［J］.浙江工贸职业技术学院学报，2012（9）：9-13.

② 邓志革，华金科.创业型大学及其对高职学校的启示［J］.当代教育论坛，2008（12）：31-32；李丽明.创业型大学对我国高等职业院校能力建设的启示［J］.中国电力教育，2010（36）：22-23.

③ 顾坤华，赵惠莉.高职学校向创业型大学转型的探索［J］.职业技术教育，2010（19）：15-16；张俊青，温宗胤.高职学校向创业型大学转型的可行性研究教育与职业［J］.2015（2中）：32-33；潘建华，姚燕芬.高职学校向创业型大学转型的生成条件与关键路径［J］.中国职业技术教育，2013（33）：86-87；袁明智，肖翠云等.创业型职业院校建设的分析与构想［J］.职教通讯，2014（20）：1-2

④ 高明.高职学校向创业型大学转型的对策研究［J］.职业技术教育，2014（34）：65；徐彦.高职学校构建创业型大学的路径探讨［J］.宁波职业技术学院学报，2013（2）：21.

问题当中，高职学校与行业企业、地方政府及其他社会组织始终难以形成密切合作关系，成为制约高职学校健康可持续发展的"瓶颈"。

操作性研究。对高职学校而言，建立创业型大学意味着一种战略性变革，从组织机构、管理体制、运行机制、办学模式，到专业课程设置、师资队伍建设、教育教学方法改革、办学绩效评价等，都会发生一系列深刻变化。首先需要政府给予相应的政策支持和措施保障，其次需要学校自身建立起有利于创业的体制机制，再次应该有系列具体措施，帮助具有创业潜质的教师兑现为创业能力，并通过他们培养出有意愿、有能力创业的学生。组织变革是形成创新型管理模式的基础性举措，创业型组织有利于打破高职学校的封闭状态，兼顾各相关利益者不同的利益需求，形成校、企、政多方联合的共同体，增强学校适应变化社会的能力。①建设创业型大学需要在学校管理和运行中引入市场机制，校企可共建区域技术培训和研发中心，创新科技成果并有效转化；发展非学历非全日制职业教育，形成多元化办学格局；逐步形成组织创业信念。②在大学生创业方面，政府可以提供"保姆式"服务：量身定做创业项目、提供小额贷款、给予用房用地等税收优惠。学校则提供创业平台及孵化政策：建立大学科技园或创业实习和孵化基地，配备必要公共设施等。③

为了应对生源、人才培养质量及社会声誉等多方面竞争态势，地方院校和高职学校同样需要确定创业型大学的战略定位，这必然需要相应的人才培养模式予以配合，从而使创业教育成为必须。④创业教育将推动高职学校实现五大转型，即由"传统型"向"创业型"转型，由"知识传承"向"创业实体"转型，创业教育由"业余"向"专业"转型，创业教育课程由"单一"向"多样"转型，师资队伍由"教学型"向"创业型"转型。⑤创业型大学需要建设与企业对接的科技园区，培养学生具有适应创业需求的知识结构、能力结构及相应素质。⑥此外，还需要对学生的职业道德培育、综合素

---

① 何向荣.创业型高职学校组织变革的理论和方法抉择［J］.中国高教研究，2015（5）：105-110.

② 徐彦.高职学校构建创业型大学的路径探讨［J］.宁波职业技术学院学报，2013（2）：22-23.

③ 王虹，李建萍.从战略高度到战术实处——"创业型大学"高职教育发展探析［J］.山东商业职业技术学院学报，2012（12）：36-37.

④ 马陆亭，陈霞玲.依托创业型大学建设开展创业教育［J］.高教研究与实践，2013（6）：3-5转14.

⑤ 赵惠莉，顾坤华.创业型大学视域下的高职学校创业教育研究［J］.南通职业大学学报，2011（12）：41-43.

⑥ 卿永，刘子秀.农科类创业型高职人才的培养模式研究［J］.中国农业教育，2002（1）：32-33.

质评价等方面做出相应调整，应注意把握教育观念的包容性、教育内容的时代性，凸显"以学生为中心"，要通过交往对话、情感沟通、平等待人等方式使教育取得实效。[①]

案例研究。我国有少数高职学校进行了创业型建设的实践探索，浙江义乌工商职业技术学院堪称突出代表，他们认为，高职办学应该紧密结合市场，跟踪经济动态，因此，学院在确定以创业为工作核心时非常顺畅。义乌市政府在学院内投资并建有的义乌创意园，已经成为地区性的创业集聚地。学院在获得政府拨款的同时，得到了来自社会行业企业的大量资助。学院形成了浓郁的创业文化，帮助创业学生解决各方面问题，毕业生创业率排名全国各高校之首。当然，科技实力仍是学校的薄弱环节。总体上，义乌工商职业技术学院已经具备了创业型大学的基本特征。[②]三门峡职业技术学院以创业精神作为沟通现实与愿景的桥梁，以"求效"精神作为办学特色的价值主题，以"求效"思维作为创业办学的动力，走出了一条具有自身特色的创业型大学之路。[③]浙江工贸职业技术学院、山东商业职业技术学院、武汉职业技术学院、深圳职业技术学院、齐齐哈尔职业技术学院（2011年升格为齐齐哈尔工程学院）、杭州职业技术学院、宁波职业技术学院、无锡职业技术学院、温州职业技术学院、江苏农林职业技术学院等也都进行了各具特色的创业型道路探索。

第三方面，高职学校建立创业型大学与地方经济社会发展的相互关系。高职学校向创业型大学转型，需要地方政府及社会积极支持，政府应向学校下放权力并提供必要的政策支持，与企业共同帮助学校打通科技成果转化的"最后一公里"。经历了创业转型的大学，社会服务的内涵、功能与领域将进一步拓展，大学也将由社会支撑机构发展为促进产业乃至经济发展的社会主要机构。[④]在国家批准武汉城市圈为全国"两型社会"建设综合配套改革

---

① 张好徽.创业型大学职业道德教育的若干思考［J］.黑龙江生态工程职业学院学报，2012（7）：56-57.

② 任颖，徐洁.创业型大学在中国的发展初探——以义乌工商职业技术学院为例［J］.继续教育研究，2014（12）：11-14；经京璐.浅谈高职学校创业服务体系的构建——以义乌工商职业技术学院为例［J］.中国人才，2011（7）：108-109.

③ 郑建英.求效：发展创业型大学的思考——以三门峡职业技术学院为例［J］.三门峡职业技术学院学报，2010（9）：1-4.

④ 徐彦.区域经济视域下高职学校向创业型大学的转型［J］.宁波大学学报（教育科学版），2014（7）：104-107.

试验区的背景之下，圈内高职学校应该积极探索创业型大学之路。要借助"三螺旋"理论，推进政产学合作，同时处理好教学与科研、学术文化与创业文化、行政领导与学术"心脏"等关系。[①]建立创业型大学学校行动至关重要，浙江工贸职业技术学院通过探索创业型发展道路，更好地服务于地方乃至区域的经济建设和社会发展。[②]创业型发展道路有助于高职学校更好地满足社会多方面期待，比如在"三农"建设方面，通过建立教育培训机构，依靠校办企业、技术服务及咨询团队、创业团队带动地方产业发展，促进农业向"依靠科技进步"的方向转轨。[③]

4. 简要评述

总体来看，我国对于创业型大学的研究已经初具规模。在内容方面，已经从早期对西方创业型大学理论的简单翻译，发展到了对其进行介绍性的、探究性的、论证性的研究，逐渐产生了越来越多的关于我国探索建立创业型大学的本土化理论和实践成果，尤其是对我国高校包括高职学校实践探索的案例研究。在方法方面，除了较多地运用案例研究外，也有少数学者开始尝试运用其他学科的理论模型开展研究。总之，对于创业型大学的研究明显呈逐年上升趋势，也逐渐成为我国高教研究领域的一个热点。

与此同时，我国对于创业型大学的研究还明显存在着多方面的不足，可以概括为以下三个方面。[④]

第一，学术界对创业型大学研究总体关注度尚不高，对高职学校探索创业型发展道路的研究更加薄弱。20世纪90年代，创业型大学理论在西方发达国家已得到普遍关注，我国直到2002年才出现最早的研究论文，每年产出的学术成果和迄今为止的学术成果总量不大。关于高职学校创业型发展的相关论文直到2008年才开始出现，迄今还没有看到相关的专门著作和学位论文。对于创业型大学理论本身，对于我国是否需要或者适合建立创业型大学，尤其是对于高职学校是否适合"创业型"发展，理论界存有不同观点，有的学

① 万由祥.论"两型社会"建设背景下的创业型高职学校建设［J］.湖北职业技术学院学报，2010（12）：26-29.

② 邱晓光.以服务为导向的创业型高职发展路径的探索［J］.浙江工贸职业技术学院学报，2013（36）：63-65.

③ 张莹，刘春媛.创业型大学（职业教育）为"三农"服务的策略研究——新时期职业教育促进"农业向依靠科技进步转轨"的新途径探究［J］.职业技术，2012（6）：113.

④ 胡荣华，何丽娟.国内创业型高职学校研究综述［J］.广东青年职业学院学报，2015（6）：5-10.

者持质疑态度，这很可能是导致总体学术关注度不高的重要原因。

第二，具有本土特色的创业型大学理论建构远未形成，关于创业型高职学校的理论建构尤其显得零星而松散。我国理论界现有主要研究方式是将西方创业型大学理论的基本观点，照搬到我国大学建设当中。根据我国大学包括高职学校创业型发展道路自身特点开展的探索研究，还非常缺乏，适切性与可行性论证、基本概念界定、操作路径实施、宏观政策支持等，均非常欠缺，更谈不上形成完整的基础理论体系。

第三，具有足够说服力的案例及实证研究还非常少，关于高职学校建设创业型大学的探索尤其如此。目前，我国高等院校在领导决策层面明确提出建立创业型大学的学校屈指可数，更多大学是通过建立二级创业学院的形式来显示其对于创业型大学的意愿。还有一些声称探索创业型发展道路的学校并无实质性的行动，而是将原来服务经济社会发展的行为改称为创业型行为，显现出其从观念到行为的犹豫。这种实践行为的缺乏，直接导致理论研究缺少足够的案例及实证支撑。对于个别真正采取了创业型发展道路的大学，又缺少从政策到舆论的足够支持和理论层面的深度挖掘。

当然，对于理论研究而言，不能等到实践非常成熟之后才取得进展，有时恰恰相反，需要通过强化理论领域的研究探讨，来推动观念层面的转变，进而推动实践层面行为的进展。我国关于建立创业型大学包括创业型高职学校的理论和实践领域，都还存在足够的空间等待填充。

2.2　理论工具

2.2.1　新制度主义

制度主义对于分析和解释现实问题曾经发挥过积极作用，20世纪七八十年代，其价值被西方社会科学领域"重新发现"并得到广泛应用，由此形成的分析范式被称为新制度主义。到20世纪90年代，该范式逐渐遍及经济学、政治学、社会学乃至整个社会科学研究领域，被作为分析路径用以研究诸多公共管理改革现象。新制度主义并非一个单一理论，而是诸多相近流派汇集形成的理论集合，多位理论家试图对这些理论集合进行相对分类以更为便利地理解、掌握和应用。迄今为止，得到理论界最广泛公认的是豪尔和泰勒的"三分法"，他们将新制度主义划分为理性选择制度主义、历史制度主义和社会学制度主义三大流派，三大流派在世界观、研究设计、时间视域以及对制度的界定、制度的作用、制度创设及演进等多方面都存在明显区别，同时又表现出相通之处。[①]（表2-1）

表2-1　新制度主义三大流派的主要特征

	理性选择制度主义	历史制度主义	社会学制度主义
科学世界观	方法论个体主义；为实现最大化利益的策略性行动者	修正过的利己主义；行动有共同的协议所约束或形构	整体主义；建构主义；群体认同；共同的经历
典型的研究设计	假设例证的偶然性；大规模的数量检测	历史社会学；案例研究	关于文化、认知联结的案例研究
时间视域	短期	长期	长期
对制度的界定	规则；程序	正式和非正式规则	规范；规格；文化
制度在人类行动中的作用	中介性变量；对背景的约束与机会的提供	中介性变量；逐渐增大的约束与机会	重要的自变量；文化约束
偏好的形成	外在于决策模式或对决策的理论解释	内在性的；由制度的影响所创设	由行动者所置身其中的制度构建
制度的创设	分配冲突；减少交易成本；解决集体行动的困境	委托性的；自我强化和潜在的膨胀	演进式的；由新的事件或解释所引起的偶然性突变
制度的演进	交易过程；演进式选择	路径依赖的持续过程与意外后果	编造关于共同经历的神话及其认知/记忆过程

在科学世界观方面，历史制度主义和社会学制度主义都强调宏观政治环境对个体行动的影响，"制度代表了一种策略性运行的环境，行动者很少有能力独立于这种背景而设置优先权"[②]。两者的区别在于：前者认为，

①〔美〕马克·阿斯平沃，杰拉德·施耐德.政治科学的制度主义转型及其对欧洲一体化的研究〔A〕//何俊志，任军锋，朱德米.新制度主义政治学译文精选〔C〕.天津天津人民出版社，2007：312.
②〔美〕马克·阿斯平沃，杰拉德·施耐德.政治科学的制度主义转型及其对欧洲一体化的研究〔A〕//何俊志，任军锋，朱德米.新制度主义政治学译文精选〔C〕.天津天津人民出版社，2007：313.

"制度不但塑造了行动者的策略，而且还塑造了他们所追求的目标"[①]；后者将合法性作为一个重要概念，认为文化是人类行为背后最为重要的驱动力量，有助于解释在跨越空间和没有相应功能需求的情况下所出现的组织形式的类似性。理性选择制度主义将政治看成个人实现自身利益最大的场所，他们同意方法论上的个体主义，认为每个个体人都是理性的，但这种理性都是有限的，如果没有统一规章制度的约束，自以为是的众多个体理性集中到一起，有可能导致集体困境。理论界曾经有人提出的"综合谬误"概念与此相似。事实上，三者在最为基本的假设上有着共同的基础，即制度影响着个体的行动。

如何对制度概念进行界定？理性选择制度主义基于对理性人的假设，将制度界定为"对理性构成限制的规则集合体"[②]。历史制度主义认为，制度是组织中的正式与非正式的规则、规范、程序和惯例，要将观念纳入制度之中。社会学制度主义对制度做了最为广义的理解：正式的规章制度、规则规范、规定程序等显然属于制度，具有象征意义的认知模式、道德模范、观念体系等也是制度，甚至将文化也纳入制度范畴。三者都把制度理解为某种限制和机会。[③]

在制度的起源与变迁问题上，理性选择制度主义认为制度起源于功利，是建立在理性人算计基础之上的，制度变迁是在偏好稳定和制度失败的世界中发生的。历史制度主义认为，制度是因为权力争斗或者因为偶然的重大事件，或者是在自然状态中产生的，注重从相对宽广的社会背景来看待制度变迁，认为是捆绑在一起的因果变量造成了制度的"均衡断裂"或渐进式变迁。社会学制度主义坚持"合法性机制"，认为制度的产生是因为它为组织或其参与者提供了社会合法性或社会适应性，并非提高了组织效率，社会学制度主义把制度变迁的焦点集中在组织文化上，主要从过程导向、功能主义和种群生态主义来审视制度变迁的过程。在制度与行为的关系方面，理性选择制度主义倾向于基于个人利益需求基础之上的"算计途径"，社会学制度主义倾向于形成同构现象的文化途径，历史制度主义兼顾两种途径，认为"路径依赖"是制度存续的主

①〔美〕马克·阿斯平沃，杰拉德·施耐德.政治科学的制度主义转型及其对欧洲一体化的研究〔A〕//何俊志，任军锋，朱德米.新制度主义政治学译文精选〔C〕.天津天津人民出版社，2007：313.

②〔美〕B.盖伊·彼得斯.政治科学中的制度理论："新制度主义"（第二版）.上海：上海世纪出版社，2011：47.

③〔美〕马克·阿斯平沃，杰拉德·施耐德.政治科学的制度主义转型及其对欧洲一体化的研究〔A〕//何俊志，任军锋，朱德米.新制度主义政治学译文精选〔C〕.天津天津人民出版社，2007：330.

要方式。同时，三者都承认环境和个人之间彼此的相互影响。

在特定的社会科学理论或现实问题上，新制度主义三大流派都表现出令人信服的强大解释力和检验功能，但同时，在另外一些问题上又表现得相对乏力。因此，近些年一些学者开始尝试采用三大流派的合理内核，探索一种综合性的解释范式。马克·阿斯平沃和杰拉德·施耐德搭配运用新制度主义三大流派的相关观点，对欧洲一体化进程既整合又分化的现象进行了分析研究，进而对三大流派未来的变化趋势提出了改进建议，从而为学界、也为本研究更好地运用新制度主义分析和解决问题提供了积极借鉴。[①]（表2-2）

表2-2　目前的研究实践和未来可能出现的研究实践

问题	理性选择制度主义	历史制度主义	社会学制度主义
何种制度重要	现在：主要是正式制度 未来：扩展至非正式规则和文化实践	现在：欧盟和民族国家层面上的所有决策制度 未来：文化的作用	现在：身份、共同的经历和相关符号、神话等 未来：组织性的制度而不仅仅是国家层次上的制度
制度与策略间的关系	现在：对权力潜在影响的探测 未来：制度的策略性利用	现在：制度的限制性影响 未来：制度随着时间变化而被吸收的过程	现在：以民主为基础的规范、价值、差异性反应 未来：非民主性规范的交叉性共享
是何种因素导致制度的出现和变迁	现在：依赖于选择性模式及交易成本 未来：作为一套议价过程的制度创设	现在：功能性需求，但同时受习惯、惯例和惯性的影响 未来：行动者的选择和初始行动的重要性	现在：与身份和共同的解释有关 未来：外在压力和打击的影响
意图性行为的作用	现在：行动者是充分理性的 未来：扩展至有限理性的行动者	现在：意图性行为对某种制度的创设作用重大 未来：意图性行为是如何受到历史限制的	现在：意图性行为的缺乏 未来：组织对外在压力的适应过程
历史的作用	现在：历史只影响短期互动 未来：制定历史影响的模型构建	现在：限制性的、结构性的作用 未来：长期的内在化影响	现在：在两段有外力激发的变迁之间，认知连接的强化 未来：社会学影响的交叉效应

①〔美〕马克·阿斯平沃，杰拉德·施耐德.政治科学的制度主义转型及其对欧洲一体化的研究〔A〕//何俊志，任军锋，朱德米.新制度主义政治学译文精选〔C〕.天津天津人民出版社，2007：332.

2.2.2　资源依赖理论

在组织研究当中还有一个重要理论与新制度主义理论并驾齐驱，这就是资源依赖理论。该理论于20世纪40年代开始萌芽，到70年代趋于成熟。特别是经杰弗里·菲佛（Jeffrey Pfeffer）等对资源依赖的概念内涵及其理论体系进行了明确界定和系统阐述之后，资源依赖理论越发受到社会普遍关注，并越来越多地被运用到各种组织变革的研究当中。[①]

何谓资源依赖？简而言之，任何组织都会因为对生存资源的需求而形成对外部环境和组织的依赖，为了保持自身生存发展的自主性，组织必须想办法降低这种依赖，并且努力寻求可以获得稳定资源尤其是关键资源的方法。对此进行分解可以形成四个相互关联的基本观点。第一，组织最重要的目标是生存，而不是人们通常所想象的"发展"。第二，组织必须依靠各种资源来维持生存，但一个严峻的实事是：没有组织能够掌握自身生存所需要的一切资源。第三，组织为了获取所需要的资源，必须与占有该资源的其他组织进行互动，这些其他组织共同构成外部环境。第四，组织是否能够从其他组织获得资源，取决于组织与其他组织进行控制与反控制的能力，这也决定了组织的生存基础。能够提供资源的环境要素可能会提出回报要求，组织很大程度上不得不满足这种要求，这就会形成对环境要素的依赖。主要有三个要素决定着组织对环境或者其他组织的依赖程度，即组织所需资源对于自身生存的重要程度；环境要素或特定组织对于组织所需关键资源所拥有的处置权；获得其他可替代资源的难易程度。所有组织都会面临获取生存资源的现实需求，因而组织之间可能形成相互依赖，这些依赖关系可以分为共生性依赖和竞争性依赖。所以，从资源依赖理论的角度定义，组织的发展实际上就是一个不断地控制对环境因素或外部组织的依赖关系、努力保持自主生存的过程。

资源依赖理论并不像字面所反映的那样是一种被动的理论，实际上其反映的是组织对外部影响的主动应对，组织不是完全被动地顺从环境、受环境的制约，而是能够发挥主体能动性作用，削弱、消除或控制对环境的依赖。组织应对资源依赖的方式主要有两种，其一是适应环境，其二是控制环境，

---

①〔美〕杰弗里·菲佛，杰勒尔德·R·萨兰基克.组织的外部控制：对组织资源依赖的分析〔M〕.闫蕊，译.北京：东方出版社，2006.

让环境适应组织，本书称之为"选择性适应"和"控制性适应"。所谓选择性适应是指通过变化或者选择来适应环境，或者组织本身可以发生变化，或者组织可以选择环境的不同部分作为关注焦点，适应环境的潜力就大大增加。所谓控制性适应是指改变或者控制环境，让环境来适应组织，组织能够参与战略多元化、完全吸收环境（如合并）、部分吸收环境（如合作）或者企图影响组织活动的指导规则（合法化）的活动。

由于资源对组织生存具有重要作用，因而，获取与利用资源的能力会直接影响到组织及其内部各部门之间的地位关系。那些在社会网络中居于优势地位因而更有能力驾驭环境、获取资源的组织，会在相互依赖中表现出更强的竞争力。同样，在一个组织内部，那些对维持组织的资源贡献最多的部门和个人就会获得更多权力和控制力，而这必然将影响到组织主要领导职位的选拔和任期。反过来，当权者一般都有自己的习惯偏好，也都会倾向于选择和自己相类似的人，如此一来，组织的领导者和管理人员又可以影响和指导组织的结构和活动决策，其目的是为了使组织更加符合环境的要求。因而，环境影响着组织内部，而组织内部结构和组织所采取的行为对消除环境的依赖性同样具有重要作用。

2.2.3 科学研究模型

科学研究模型是D.E.司托克斯在纠正"布什范式"的基础上提出来的。所谓布什范式指的是万尼瓦尔·布什关于基础研究和应用研究关系的认知范式。第二次世界大战结束之前，罗斯福总统委托时任美国联邦政府科学研究发展局主任的万瓦尼尔·布什开展研究，帮助为战后加强国防、疾病防治、科学研究、人才培养等国家战略提供应对建议。布什和课题研究委员会经过研究提出了他们的核心主张：联邦政府应该像战争期间那样在战后长期持续支持大学开展基础性研究。[1]布什的观点集中体现在他的两句名言当中，第一句是"基础研究的实施不考虑实际结果"，第二句是"基础研究是技术进步的先驱"。[2]根据这两句名言，布什形成了关于基础研究和应用研究之间关系的线性范式：所有基础性研究终究会引向对应用技术的研究甚至开发，

---

① 〔美〕V.布什，等.科学——没有止境的前沿［M］.范岱年，等译.北京：商务印书馆，2005.
② 〔美〕D.E.司托克斯.基础科学与技术创新——巴斯德象限.周春彦，谷春立，译.北京：科学出版社，1999：2-3.

继而以某种设计工艺或者具体产品的形式投入生产或经营环节。这一观点所包含的弦外之音是：对基础科学研究的投入是能够获得经济回报的，因为这种研究终将导致技术的发明创造，最终转化为实际产品投放市场，通过交易兑现为经济价值。布什及课题委员会的主张大部分被美国联邦政府采纳，在长达50多年的时间里，布什范式在美国及世界基础科学研究领域产生了广泛而深远的影响。

然而，D.E.司托克斯发现，布什范式将基础性研究和应用性研究简单视为线性关系，与现实中科学研究与技术创新的真实情况相距太远。他花费极大功夫，对大量科学研究及发明事实进行了广泛而深入的考察研究，最终极其有力地指出：科研过程中的认识世界和知识应用的目的是可以并存的，而且，技术开发也能够反过来促进基础科学研究的发展，从而无可辩驳地揭示出了布什范式的局限性。在此基础上经过深入研究，D.E.司托克斯提出可以用一种立体模型对布什过于简单的线性范式进行弥补和纠正，于是，构建了科学研究的象限模型。科学研究模型清楚地显示出，纯基础研究和纯应用研究及其两者之间的关系并非是单向的、线性的、平面的，而是双向的、多元的、立体的。在科学研究当中，既存在纯基础研究，也存在纯应用研究，还存在由应用引起的基础研究。在两者的相互关系当中，既存在纯基础研究为纯应用研究奠定基础的现象，也存在纯应用研究激发并推进纯基础研究的现象。与布什范式相比，科学研究的模型不仅在理论推演方面更加周全严谨，也为越来越多的实践所证明，的确显示出更加令人信服的力量。

2.2.4　界面管理理论

界面管理由英文单词interface和management组合而成。"界面"最初是工程技术用语，指的是机械、仪器、设备零部件之间的接触面；后来概念外延扩大，也用来指代人与机器之间的交互面，被运用于人机工程与计算机技术领域。因为这一概念较好地反映了不同单元或要素之间的结合状态或联结关系，因此被引入经济管理领域，成为一个与经济管理相伴而生的问题。第二次世界大战以后，界面管理开始作为一个理论问题受到关注，其内涵和外延不断得到拓展。20世纪70年代，随着战后重建完成、生产力逐渐恢复，德国、日本、英国、法国等老牌工业化国家重新参与国际竞争。早已习惯了国际霸主地位的美国开始承受到竞争压力，又不得不面对与苏联开展军备竞赛和由于欧佩克的石油限产造成的世界性能源危机。美国政府和企业及理论界对科技成果的转化能力开始重视和研究，结果发现，科研成果商业化过程的阻碍主要来源于部门化造成的阻隔，这种阻隔即是"界面"。为了衔接这种阻隔，强化部门之间的联系和配合，必须增进对界面及界面管理问题的认知和把握，于是，产业界和理论界不约而同地表现出共同的研究热情。这些研究很快蔓延到了德国、英国、法国等国家，而且得到了各国各种基金会和工业界的支持。到20世纪90年代中期，界面管理引起了我国学者的注意。如今，界面管理已经成为企业管理领域的一个热点话题。

简而言之，所谓界面管理即"交互作用的管理"[1]。随着应用及研究的扩展和深入，越来越多的学者不再将界面管理局限在经济管理领域，而是扩大成为反映各种类型、各种层级系统之间相互作用关系的概念，自然物体之间的界面关系反而成为其中极小的组成部分。社会领域界面管理的基本观点认为，界面是伴随社会分工自然产生的正常现象，在同类或不同类的系统与系统之间，在系统内部各子系统之间，在子系统内部各组成要素之间，不可避免地都会存在界面。界面的存在既有利于各系统、子系统及构成要素发挥其独有的功能，又自然会妨碍不同的系统、子系统及构成要素相互之间的信息、能量、资源等的传递交流，从而影响到系统、子系统及构成要素运行效率和效益。所以，任何系统、子系统及构成要素的功能要得以正常实现，不仅仅需要其本身功能的正常发挥，还必须对相互之间的界面进行有效管理。界面管理由此成为一个重要的问题。可见，界面管理是一个具有广泛包容性的概念，包括了物与物之间、人与物之间、实体与虚体及其相互之间，甚至包括关系、场域之间相互联系、相互影响、相互作用等关系。

2.3　分析框架

对相关基础理论的综述及对相关理论工具的介绍，直接有助于本书基本理论的构建和分析框架的形成。作为分析组织产生、持续及变革的有效工具，新制度主义和资源依赖理论同样被很多学者用来分析大学组织变革。在

---

① 官建成，靳平安.企业经济学中的界面管理［J］.经济理论与经济管理，1995（6）：67.

创业型大学理论之于我国高职学校或者说我国创业型高职学校建设的适切性研究中，新制度主义、资源依赖理论和大学研究的科学模型（基于对科学研究模型的改造构建而成）及界面管理理论一道，共同构成了一个完备的理论解释与分析框架。（图2-1）

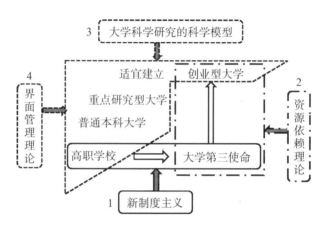

图2-1　理论解释分析框架

诚如亨利·埃茨科维兹所言，创业型大学是大学服务社会的"第三使命"的产物，而大学"第三使命"的形成与高职教育直接相关，这就将创业型大学与高职教育紧密联结在一起。

由于技术环境"效率机制"的作用，当社会生产力发展需要更高技能劳动者的时候，在各国政府干预之下，高等职业学校首先担负起这一历史性责任。当高职学校在服务经济与社会发展过程中取得实效的时候，制度环境的"合法性"机制开始发挥作用，其他本科大学纷纷启动相应变革，最终使服务社会正式确立为大学新的功能。由此可以认定，高职教育在世界范围的兴起对现代大学功能变革产生了深刻影响。

处于全球化、信息化、知识经济冲击之下的当今世界，由于受到国际竞争加剧、公共事务扩展、新公共管理理论兴起等多方压力，多国政府不约而同采取了大力压缩高等教育财政拨款的政策。原本高度依赖政府资源的大学受到直接影响，很多大学通过学术资本主义转向从市场渠道争取更加多元的资金来源，从而走上了创业型大学的道路。向创业型大学转型不仅使大学摆脱了财政困境，而且将大学服务社会的"第三使命"带入新的境地。

在D.E.司托克斯科学研究模型的基础上，可以改造构建一个"大学科学研究的模型"，将所有大学大致分别划分到四个象限当中。根据对基础性研究和应用性研究的不同侧重和倾向，可以进而把四个象限中的大学大致归并为两大类：适宜建立创业型大学的大学和不适宜建立创业型大学的大学。由于办学属性天然倾向于应用性研究，高职教育类学校理所当然地在适宜建立创业型大学的象限之中拥有了自己的位置。

综合发达国家创业型大学的成功经验可知，向创业型大学转型需要同时处理好内外双重关系：一方面，必须妥善处理好校内各部门之间的利益关系；另一方面，必须妥善处理好学校与产业、政府等外部相关利益者之间的关系，实质就是设法弥合内部与外部的各种"裂口"。这与我国高职学校所秉持的"产教融合、知行合一"的人才培养模式完全一致。创业型大学弥合"裂口"的成功法宝关键就是界面管理，因此，界面管理也能够充当我国创业型高职学校建设的有效"黏合剂"。

第 3 章

高职学校与创业型大学的纵向关联

研究我国创业型高职学校建设的适切性，或者说研究创业型大学理论及实践对于我国高职学校建设的适切性，本质上就是寻求并证明两者之间密切直至重合的关联。通过考察创业型大学及其理论兴起与发展的来龙去脉，考察大学服务社会功能演化的前世今生，考察高职学校与创业型大学在大学体系当中的相对坐标，我们可以发现，在基本功能、办学宗旨以及核心特征等多个方面，高职教育类学校与创业型大学的确既是相通的，又是相融的，甚至存在很大程度的重合。从第3章到第5章，将依次从纵向、功能及横向三个维度呈现高职学校与创业型大学之间的这种紧密关联。

本章主要从历史的维度考察高职学校与创业型大学之间的纵向关联。在短短二三十年的时间里，仿佛是忽然之间，创业型大学及其理论迅速兴起，并迅速波及世界各大洲多个国家，原因何在？任何社会现象的爆发必然有其内在的深层根源，创业型大学及其理论的勃然兴起同样如此，畅游于世界高等教育历史的长河当中，我们不难发现其中的端倪。首先，高等职业类教育在世界范围内从兴起到蓬勃发展；其次，服务经济社会发展被确立并广泛接纳为新的大学功能且持续强化；最后，进入新的历史时期，创业型大学应运而生。这三个可以各自相对独立划分的历史阶段前后相续，串成了一条长长的演进链条。前后相续仅仅反映了彼此在时间上的衔接，但史实演变绝不会是简单的"仅此而已"，其内在逻辑在于：正是因为在足够漫长的历史演进中经过了充分的能量积蓄，所以才会在短时间内爆发出今天的创业型大学现象。麻省理工学院等世界名校从赠地学院几经波折演变为典型创业型大学，极为代表性地为这一历程做出了生动注解。

3.1 创业型大学研究兴起与发展的图谱

现实当中，在很多情况下，往往是由于某种观点或者理论的"提醒"，人们才会普遍意识到或者更深刻地认识及理解某种已然存在的事实。创业型大学及其理论正是经历了这样一种显现过程。20世纪末期，部分学者开始抛出"创业型大学"的概念并进行相关理论构建的时候，大部分人才惊奇地意识到，原来一些大学的显著变革可以如此进行认知、解读和把握；事实上，这种现象已经存在了半个世纪之久。创业型大学研究的兴起，促使人们更加客观理性地梳理和研判当下大学与其历史状态之间的联系和差别，从而有可能更加客观理性地规划和把控大学的未来。

3.1.1 创业型大学研究的发端

创业型大学与大学"第三使命"——服务社会的功能紧密相连，简而言之，前者是后者的直接产物。在美国乃至世界高等教育发展历程中，有两部具有里程碑意义的法案历史性地推动了大学服务社会功能的确立、实现和提升，一部是《莫雷尔法案》（*Morrill Land-Grant Colleges Act*，1862，后文将论及），一部是《拜杜法案》（*Bayh Dole Act*）。尽管这只是美国的两部法案，但因其对美国大学的深刻影响进而影响了其他国家的大学，实际上产生了世界性的影响。

创业型大学及其研究的兴起和《拜杜法案》直接相关。在《拜杜法案》颁布之前，美国联邦政府规定，政府资助的科研项目专利权归政府所有，这一规定以及复杂的审批程序导致此类专利技术极少能够实现向企业领域的转移。据统计，从1978年至1980年，在美国联邦政府持有的近2.8万项专利中，仅有不到5%的专利进入产业界开发应用，其他超过95%的专利都被束之高阁，政府投入的研发资金高达300多亿美元，回报却少得可怜。经过"二战"之后的经济复苏，再度强大的德国和日本对美国经济构成挑战，美国国内又面临政界、实业界和大学三方压力，不变革则意味着退步。1980年，国会终于通过了《大学与小企业专利程序法案》，该法案由美国国会参议员Birch Bayh和Robert Dole提出，故又称"拜杜法案"。《拜杜法案》彻底改变了传统，明确规定联邦政府资助获得的科研专利权可以归私人（部门）

所有；法案为大学提供了从知识产权许可中获利的机会，由联邦政府资助的研究，大学除了通过发表文章和会议演讲等方式传播之外，还被要求转让技术。[①]这一规定将政府的财政优势、大学与科研机构的研发优势及产业界的转产优势及能力充分结合起来，大大刺激了私人（部门）、大学等争取政府资金、投身科技研发的强大动力。继《莫雷尔法案》规定建立"赠地大学"或"赠地学院"以更直接地服务于地方经济社会之后，《拜杜法案》将大学服务社会的功能再次以法律的形式推进到新的阶段，事实上，《拜杜法案》也是在向大学"赠送"，不过，这一次赠送的不是土地，而是知识产权。《拜杜法案》为创业型大学的兴盛扫清了障碍、拓宽了通道，当然，也直接刺激了关于创业型大学研究的平地兴起。

严格来说，最初的理论活动其实算不上对创业型大学的专门研究，而是理论界围绕《拜托法案》在大学所引起的反应进行的调查研究。由于麻省理工学院（MIT）在历史上杰出的创业行动，所以首先进入研究人员的视野。1981年，对麻省理工学院四个学部的66位研究人员的访谈调查显示，大多数教师已经认识到了知识的商业导向及产业开发的价值，部分人采取了商业化的行动。[②]基于1986年对剑桥现象的实证研究，有学者认为，大学与工业的紧密合作关系成为推动区域战略发展的核心。[③]所谓剑桥现象指的是，英国政府采取扶持政策，希望剑桥大学能够像麻省理工学院那样广泛开展通过高科技成果转化更直接服务社会的创业行动。1989年，对美国主要研究型大学的997位生命科学家进行的问卷调查显示，许多科学家表现出对从事商业活动日益浓厚的兴趣。[④]之后，又有学者对大约1000位美国大学的研究人员开展访谈和问卷调查，又对306位企业的工程技术管理人员进行调研，得出结

①〔美〕亨利·埃茨科维兹.麻省理工学院与创业科学的兴起［M］.王孙愚，等译.北京：清华大学出版社，2007：159-162.

② Roberts E.B.，Peters D.H.Commercial Innovation from University Faculty［J］.Research Policy，1981，10（2）：108-126.

③ Segal N.S.Universities and Technological Entrepreneurship in Brhain：Some Implications of the Cambridge Phenomenon［J］.Technovation，1986，4（3）：189-204.

④ Louis K S，Blumenthal D，Gluck M E，et al.Entrepreneurs in Academe：An Exploration of Behavion among Life Scientist.［J］.Administrative Science Quarterly，1988（10）：110-131.

论：双方的合作关系对于推动大学研究和工业技术都非常有利。①这些调查研究虽然是初步的，但足以反映出《拜杜法案》对大学科研人员及企业科研人员产生了确凿无疑的影响。

在此期间，真正能够称得上创业型大学研究的是一份关于麻省理工学院的深入调查报告。1997年，波士顿银行经济部发布《MIT：创新的影响》研究报告，宣称麻省理工学院的师生已经在美国50个州建立了4000多家公司，这些公司吸纳了数量惊人的就业人口，其雇员总数仅1994年即达110万人，年销售额则是同样高到惊人的2320亿美元。如果将这些公司作为一个独立国家看待的话，它们将是世界第24位经济体。（当然，经过了21世纪第一个10年的发展之后，由其校友创办经营的公司年收入总和已经超过2万亿美元，若将其看作一个独立的经济体，在全球排名至第11位。②）麻省理工学院之所以能够在推动经济发展方面产生如此巨大的世界性影响，除了关联软件、制造业或咨询类知识密集型企业使其处于时代最先进的技术前沿之外，也和其始于建校之初的优良传统有着密不可分的紧密联系。事实上，麻省理工学院是最早受益于《莫雷尔法案》的"赠地学院"之一，其服务经济社会发展以及自身开展创业行动的传统由来已久，后文我们将看到麻省理工学院这种传统及其所培植的创业基因的巨大作用。

3.1.2　创业型大学研究的系统理论化

在西方国家，对创业型大学的研究启动和推进得非常迅速，《拜杜法案》颁布之后没过几年，便有学者提出了"创业型大学"的概念，开始探讨其实践意义及学术内涵。来自美国、英国、加拿大、澳大利亚等国家实业界、管理领域、教育及教育研究领域的若干学者不约而同地投入该命题的研究当中，很快基于不同视角进行了较为系统的理论化构建，形成遥相呼应的局面。这种现象或许并非偶然，但足以反映出无论是在实践领域还是在理论领域，创业型大学都已经蓄势已久，所以一经法律推动即被点燃，《拜杜法案》

---

① Lee Y S. "Technology transfer" and the Research University：A Search for the Boundaries of University-Industry Collaboration.［J］.Research Policy，1996，25（6）：843-863；Lee Y S.The Sustainability of University-industry Research Collaboration：an Empirical Assessment.［J］.The Journal of Technology Transfer，2000，25（2）：111-133.

② 充满创意的"工厂"——美国麻省理工学院创新创业模式揭秘［J］.管理，2015（7）：65，66.

实际上扮演了导火索的角色。对于创业型大学的普遍研究在综述部分已经进行了全景式的扫描（详见2.1.2.1），此处主要选择三位产生最重要影响力的代表性人物，对他们的研究成果和观点进行更加详细的介绍，他们三人的主要观点，在很大程度上构成了本书所遵循的基本依据，所以，我们将在多处多次引述他们的相关主张。

1. 亨利·埃茨科维兹的研究

"创业型大学"的概念最早是美国教育社会学家亨利·埃茨科维兹提出来的。1983年，他在《美国学术界的创业科学家和创业型大学》一文中第一次提出了创业型大学的概念。① 1989年，发表了《学术界的创业型科学：模式转换的案例》一文，研究了创业型大学的模式转换问题。② 1996年，在阿姆斯特丹召开的关于"三螺旋"的第一次国际学术研讨会上，他与荷兰阿姆斯特丹大学的劳埃特·雷德斯多夫共同编写了《大学与全球知识经济》一书。③ 全书收录了来自美国、英国、法国、德国、澳大利亚、荷兰等十多个国家十几位学者的14篇论文，按照建立以知识为基础的体制、技术与研究体制的协同发展、三重螺旋模式的运行和知识经济中的大学四个部分汇编而成。该书比较全面地反映了在20世纪末，人类社会面临知识经济的冲击而采取的应对策略。其中以比较多的篇幅反映了大学所受到的冲击及通过建立创业型大学的方式进行的应对，并阐释了创业型大学的内涵。1998年发表《资本化知识：工业与学术的新结合部》，专门探讨了创业型大学。2002年出版《第二次学术革命：麻省理工学院与创业型科学的兴起》，归纳了研究团队、有商业潜力的研究基础、知识产权转移组织机制、组建公司的能力、学商整合的新组织模式等创业型大学兴起的主要因素。④

在创业型大学研究方面亨利·埃茨科维兹有一项最重要的建树，他的所有相关研究几乎都是围绕此建树进行学术阐述，这就是著名的大学—产业—

---

① Henry Etzkowitz, Entrepreneurial Scientists and Entrepreneurial Universities in American Academmic Science［J］, Minerva 21, no.2/3（1983）：198-233.

② Henry Etzkowitz.Entrepreneurial Science in the Academy：a Case of the Transformation of Norms［J］.Social Problems, 1989, 36（1）：14-29.

③〔美〕亨利·埃茨科维兹，〔荷〕劳埃特·雷德斯多夫.大学与全球知识经济［M］.夏道元，等译.南昌：江西教育出版社，1999.

④〔美〕亨利·埃茨科维兹.麻省理工学院与创业科学的兴起［M］.王孙愚，等译，北京：清华大学出版社，2007：159-162.

政府的"三螺旋"理论，最终，这些研究成果集成到了他的专著《国家创新模式——大学、产业、政府"三螺旋"创新战略》当中。[①]古代米索布达米亚的人们发明了三螺旋状的农业提水装置，20世纪50年"三螺旋"被运用于生物学领域，亨利·埃茨科维兹和雷德斯多夫赋予"三螺旋"新的内涵，用以分析大学、产业和政府之间在知识经济时代的新型互动关系。该理论的核心观点主张，大学、产业和政府之间是密切合作的关系，它们各自发挥自身优势为所处其中的社会创造价值。三者之间既保持足以产生相互作用的必要联系，又保持防止过度干预的必要距离（可以想象，这是一种类似豪猪取暖的微妙关系）。在这种全新的关系体系当中，政府不再是能够发挥统筹作用的单一组织，大学、产业和政府三方也不再是互不相干的关系，而是三方密切相关且紧密互动，任何一方都有可能成为互动体系中的参与者、组织者甚至领导者；更加明显区别于以往的是，每种社会组织在运行过程中都可以部分地起到其他组织的作用，表现出其他组织的部分特性，三者相互作用、互惠互利、重叠交错，形成一股持续的创新源流，把彼此推向前进。"三螺旋"模型（triple helix model，TH模型）对传统创新方法提出了挑战，即不再单纯强调从科学发明到面向技术应用与产品制造，而注重直接面向市场不断变化的需求，随时启动科技研发做出应对。在该书中，亨利·埃茨科维兹列举了十几个国家十几所大学的创业行动，并且较为详细地介绍了七八种创业行动的主要方式，有力显示出：创业型大学建设已经成为世界性趋势。

继1996年阿姆斯特丹第一届国际"三螺旋"大会之后，截至2016年已经连续举办了14届，大学—产业—政府"三螺旋"产生了日益广泛的影响，亨利·埃茨科维兹由此被誉为"三螺旋之父"。与在理论建树方面的意义相比，大学—产业—政府"三螺旋"在实践方面受到更为热情的关注，不仅仅是高等教育领域，包括产业领域和政府部门，越来越多领域的人们将其视为当下时代处理官、产、学三方关系的法典，同时遵循为建设创业型大学的重要现实路径。

2. 伯顿·克拉克的研究

其研究开始于对20世纪后期大学困境的观察。"全世界的大学已经进入一

---

① 〔美〕亨利·埃茨科维兹.国家创新模式——大学、产业、政府"三螺旋"创新战略〔M〕.周春彦，译.北京：东方出版社，2006.

个看不到尽头的令人感到混乱的时期。由于在20世纪最后25年间全球大学的困难有增无减,高等教育丧失了他可能一度具有的稳定状态。……经济和社会中以知识为基础的企事业创造了一个日益扩张和迅速变化的专业劳动力市场,指望大学提供合格的毕业生。政府指望大学在解决经济和社会问题方面为社会做更多的事情,但是同时他们在财政方面出尔反尔,成为不可信赖的赞助者。……被卷入知识生产浪涛的大学,甚至最富有的大学感到要涵盖全部新旧的领域,非它们力所能及。"[①]伯顿·克拉克希望找到一些成功摆脱困境的大学,通过介绍它们的做法为其他大学提供借鉴。他带领科研团队对多个国家高教同仁精心推选的五所典型大学进行了多案例研究,1998年编著成《建立创业型大学——组织上转型的途径》一书,认为这是一种对实践进行"适切的理论化"的研究。[②]经过对五所大学持续十几年的变革历程进行深度研究,他发现它们表现出高度类似的变革特征。他将这五所大学统一概括为"创业型大学",将它们表现出的共同特征提炼成创业型大学建设最少需要同时具备的五个要素:一个强有力的驾驭核心,一个拓宽的发展外围,一个多元化的资助基地,一个激活的学术心脏地带,一个一体化的创业文化。[③]伯顿·克拉克特别强调这五个要素的共时性特征:"大学转型的五个要素相互作用。每个孤立的要素几乎毫不重要。"[④]

他对五个要素进行了阐释。"强有力的驾驭核心"意味着对欧洲大学忽视管理传统的扭转,要求大学寻找一种更有组织的解决方法,这必然要求大学加强在学校和学系层面的控制权力,但又不能破坏崇尚理性、寻求真理的传统学术价值观,至于具体形式则可以根据学校实情而有所差别。"拓宽的发展外围"使大学能够突破自身边界,与校外组织和群体联结起来,使大学能够将学科优势和校外产业联结起来,这种由校外办事处、研究中心等全新的非

---

① 〔美〕伯顿·克拉克.建立创业型大学——组织上转型的途径〔M〕.王承绪,译.北京:人民教育出版社,2000:导言1.

② 〔美〕伯顿·克拉克.建立创业型大学——组织上转型的途径〔M〕.王承绪,译.北京:人民教育出版社,2000:导言3.五所案例大学包括:英格兰的沃里克大学、荷兰的特文特大学、苏格兰的斯特拉斯克莱德大学、瑞典的恰尔默斯大学及荷兰的约恩苏大学.

③ 〔美〕伯顿·克拉克.建立创业型大学——组织上转型的途径〔M〕.王承绪,译.北京:人民教育出版社,2000:3-7.

④ 〔美〕伯顿·克拉克.建立创业型大学——组织上转型的途径〔M〕.王承绪,译.北京:人民教育出版社,2000:177.

传统单位构成的大学发展外围，包含着巨大的组织创造性。除了政府资助，这些大学通过研究委员会等更加强有力地争取补助和合同筹措经费，尤其重要的是，大学通过工厂企业、地方政府、慈善基金会、知识财产版权、校园服务等多种渠道，实现了真正的财政多元化，增加了特别需要能够自行处理的资金，为大学形成一个革新定位的特性奠定了扎实基础。大学不能因为创业而"失去灵魂"——大学最本质的特征和追求，"学术心脏地带"就是大学对传统理性、学术价值、真理殿堂进行坚守的处所，创业型大学并不机械地否认和排斥信念体系的合理改变，但要求新管理理念与传统价值观的和谐统一。大学文化是大学的秉性和象征，大学个性彰显和声誉确立皆有赖于此，对创业型大学而言，整合的创业文化无疑是坚实支撑。①

　　从这五所大学启动创业型变革到伯顿·克拉克对它们进行考察为止，经历了十多年的时间，虽然时间不长，但成效显著。那么，这种变革是否具有可持续性？对其他大学是否具有借鉴价值？为了检验这两个问题，伯顿·克拉克同他的学术团队对五所大学进行了又一个十年的跟踪研究，并且增加考察了非洲、拉丁美洲、澳大利亚及美国等另外十几所类似大学的变革，又总结提炼出几条新的经验，对创业型大学理论进行了检验、丰富和完善，写入2003年的新作《大学的持续变革——创业型大学新概念和新案例》中。他指出，创业型大学之所以能够进行持续不断的变革，并且为以后的进一步变革奠定基础，有赖于三种强大的动力：加强相互作用的动力，累积的动量的动力，以及其中最为强大的动力——具有雄心壮志的集体意志的动力。伯顿·克拉克认为，当转型的诸因素相互连接成为一种新的基本组织特性时，这些因素就变成可持续性的因素；当转型的要素累积的渐进的所得产生永恒动量时，它们就变成可持续性的因素；更为重要的是，转型和可持续性的要素不仅是意志的结果，更是大学构筑意志的手段，驱动大学变革并非当时的需求本身，而是对那些自然生长的意志的行动形式，从内部唤起的反应。②培育形成这三种持续动力的创业型大学，就已经形成了"持续的原动力和稳

---

①〔美〕伯顿·克拉克.建立创业型大学——组织上转型的途径［M］.王承绪，译.北京：人民教育出版社，2000：3-7.

②〔美〕伯顿·克拉克.大学的持续变革——创业型大学新案例和新概念［M］.王承绪，译.北京：人民教育出版社，2008：115-120.

定的变革状态"①。

和大学—产业—政府"三螺旋"一样,伯顿·克拉克提出的"五要素"迅速成为建设创业型大学的基本路径和衡量基准,两本内容连续的姊妹篇著作成为创业型大学研究的经典之作。"创业型大学"概念及理论提出之后,迅速成为新的历史阶段教育理论界认知、解读高等教育的具有深刻影响力的新范式,也成为很多大学推行改革创新的行动指南。伯顿·克拉克和亨利·埃茨科维兹一道,被公认为创业型大学理论的重要奠基人。

3. 希拉·斯劳特的研究

希拉·斯劳特、拉里·莱斯利从学术资本主义的角度广泛而深入地探讨了大学创业问题,产生了深远影响。其《学术资本主义:政治、政策和创业型大学》和《学术资本主义与新经济:市场、政府和高等教育》是论述学术资本主义或创业型大学的两本经典性著作。

在第一本著作中他们宣称,"我们将院校和教授为获取外部资金而进行的市场或类似市场的活动称为学术资本主义"②。他们首先运用全球化理论解释了高等教育体制逐步以获取全球市场份额的国家策略为中心的现象,随即基于资源依赖理论等展开论述,因为这是学术资本主义的起点,"国家政策的变化和州政府资助份额的减少引发了院校内的学术资本主义"③。因此,学术资本主义在很大程度上是政府政策导致的结果,在他们所考察的澳大利亚、加拿大、英国和美国四个国家当中,除了加拿大倾向性尚不够明显,其他三个国家都成功地制定了推动学术资本主义的国家高等教育研发政策。学术资本主义绝不是少数几所大学偶然性的孤立行为,而是当今世界范围大学整体的一场倾向性变革,或可称之为学术市场性再造运动。与很多人的想象不同的是,学术市场性不仅仅出现在科学、工程、技术、经济、管理等貌似和市场距离很近的领域,也同样出现在社会科学和人文科学所包括的几乎所有领域。由于和市场需求的靠近以至对接,大学人才培养规格随之发生显著变化:越来越以知识为基础的用人单位越来越需要全面素质人才支撑发展,

---

① 〔美〕伯顿·克拉克.大学的持续变革——创业型大学新案例和新概念〔M〕.王承绪,译.北京:人民教育出版社,2008:239.

② 〔美〕希拉·斯劳特,拉里·莱斯利.学术资本主义:政治、政策和创业型大学〔M〕.梁骁,黎丽,译.北京:北京大学出版社,2008:198.

③ 〔美〕希拉·斯劳特,拉里·莱斯利.学术资本主义:政治、政策和创业型大学〔M〕.梁骁,黎丽,译.北京:北京大学出版社,2008:66.

它们希望员工能够有创新能力与创业精神，能够掌握领先的科技研发与创造成果，与大学最为密切相关的是，企业期待大学能够源源不断地培养出这样的人才。

除了对学术资本主义这种总体趋势的面上反映，通过切实数据和大量访谈，希拉·斯劳特还剖析了学术资本主义可能会对大学产生的深刻影响，当然，既有益处，也有弊端。一方面，大学有可能由此获得更加优越的资源环境：增进大学对经济社会发展的贡献，加强大学与政府、企业等社会组织的联系，提高大学及学者的声誉，补充科研经费及教学仪器设备，促进大学招生、就业等工作，为提高大学的教学科研等能力创造更理想的条件等。另一方面，学术资本主义也可能使大学面临新的威胁：对常规的教学、科研及管理时间的占用，对学术资源的耗费和冲击，教学和工作人员的流失，反过来加剧政府对学校拨款的减少、很可能会遇到的资金损耗和法律纠纷等。学术资本主义已经是一种不可回避也无可逆转的事实，大学管理者需要更加高超的艺术来回应这种挑战，但如何维持大学学术传统与创业趋势的平衡，希拉·斯劳特实际上表现出了担忧的情绪。

在第二本著作当中，希拉·斯劳特主要以美国公立大学为例阐述了学术资本主义的实现方式，包括"新的"知识传播路径、边界组织和合作网络，他的这种框架与亨利·埃茨科维兹的"三螺旋"如出一辙。所谓"新的"知识传播路径即学术资本主义，这是相比较于公共产品知识系统而言的。公共产品知识系统很少甚至根本不考虑经济价值，因为其立足的基石主要是在学科框架内运行的基础科学研究，这基本上是一个封闭的知识系统。学术资本主义知识系统则完全不同，其立足的基石是为了应用，无论是从事基础科学研究、基础技术研究抑或直接是应用技术研究，科学都被安置于商业领域之中指向获取经济价值，大学、科研人员、企事业单位在这方面拥有的期待是相似的。希拉·斯劳特等学者担心，这种知识系统由于具有促使大学自身营收的能力，有可能导致政府等社会组织给予高等教育的公共支持下降。所谓边界组织即高校为了建立与外界的合作及联系而设立的组织机构，等同于伯顿·克拉克所说的拓宽的外围，这种组织机构形式多样，包括校企合作办公室、专利授权办公室、技术转让办公室、经济发展办公室、对外联络办公室、商标授权办公室、筹资办公室等。所谓合作网络即高校与行业企业、政府部门、其他社会营利或非营利组织等为了解决共同面临的问题而搭建的交流与合作平台，具体形式可以包括高峰论坛、大学—产业—政府联席会议、创新创业创造联盟等，这种网络有利于大学充分利用新模式经济所提供的市场机遇。希拉·斯劳特最终表达的观点是，不赞成学术资本主义对大学从教学到研究再到管理的渗透，认为市场逻辑不适合高等教育，未来大学应当设计新的组织结构和激励方式，但这些新的方式和组织是什么，他并未给出清晰的图景。

3.1.3　创业型大学研究的图谱分析情况

关于创业型大学的研究在西方高等教育领域已经形成了"丛林"状态。除了上述几位产生最广泛影响的研究者以外，还有大量学者参与其中，从不同的视角、以多样的方式诠释着对创业型大学的理解。我国一些学者运用知识图谱可视化、聚类分析等方式，力图形象地展现创业型大学研究的全景。这里归纳整理相关学者一些跨时段的学术成果，综合起来之后能够获得西方创业型大学研究情况的总体概貌。

李培凤以创业型大学为主题，以2004—2013年为时间段，在美国SCI-E（科学引文索引扩展版）和SSCI（社会科学引文索引）数据库检索到英文文章478篇，通过图谱分析反映出以下概况。全球至少有59个国家开展了创业型大学研究，其中美国贡献最大，共发表文章146篇。欧洲国家最活跃，欧盟委员会已发出几个直接倡议，积极推动大学向工业转移技术，英国、德国、西班牙、瑞典、意大利、荷兰和比利时等国家正在开展此类实践。美国、英国与其他国家的合作最为频繁。发表论文数量位居前列的领域有：商业与经济学科领域发表289篇文章，居第一；管理学学科领域发表210篇文章，居第二；商业学科是116篇，居第三；经济学科为60篇文章，居第八等。教育等领域近些年对创业型大学的研究呈突增态势。管理学对其他学科领域的研究发挥了重要作用。478篇文章分布在100个期刊上，表明创业型大学研究得到了更多学术期刊的聚焦。关于工业与企业变革、小企业经济和技术转移等倾向跨学科研究的领域得到较为集中的关注。在被引频次高的文献当中，伯顿·克拉克、亨利·埃茨科维兹和希拉·斯劳特等人的成果均位居前列，足见其对创业型大学研究与实践具有重要的影响力，这也是本书对这几个人的成果进行重点介绍及借用的首要原因。从引文关键词聚类可看出，当前依然活跃的研究前沿方向包括问责、治理、衍生公司决策、科学为基础的创业、延伸的工作、学术人员的创业主义、大学的激励等。[①]

　　彭绪梅以创业型大学为主题，以1990—2007年为时间段，在美国SCI-E（科学引文索引扩展版）、SSCI（社会科学引文索引）、AHCI（艺术与人文引文索引）及ISTP（国际科学与技术会议）四个数据库，检索到219篇文章，在多维尺度分析与聚类分析的基础上进行了知识图谱分析。通过对被引频次最多的前几十位作者相关文献进行聚类分析，可以根据其关注领域及热点划分为三大学术群体。学术群体一的研究领域主要集中在大学专利管理、大学技术转让、大学与产业创新的关系以及技术管理、创新网络等方面。学术群体二的研究领域主要集中在"三螺旋"、知识动力学、制度发展、产学关系、高等教育创新等方面，亨利·埃茨科维兹、伯顿·克拉克、希拉·斯劳特都处于这一群体。学术群体三主要集中在人力资本、金融资本、风险投资、创业教育、创业动力学等方面。三大主流群体主要分布在美国，显示其研究实力最为雄厚、研究思想最为活跃。其中，学术群体一活跃度最高；学术群体二研究人员最多，尤其是"三螺旋"受到的关注度遥遥领先，前景被看好；学术群体三也吸引着相当数量的研究者。[②]

　　王雁根据《美国新闻与世界报道》2005年度大学排名、美国佛罗里达大学研究中心的《一流研究型大学排名2003》、NSF《学术R&D经费2002》、AUTM《授权调查报告2002》、上海交通大学高教所《世界大学排行2003》等，选取了美国100所研究型大学，首先统一使用2012年财务年度的数据进行因子分析，然后对其中前90所大学进行聚类分析，根据学术研究导向和创业能力导向将这些大学分为四类。第一类创业一型大学总共12所，这些大学基础科研实力雄厚，同时由于紧密对接经济社会需求因而具有特别突出的创业能力，是典型的创业型大学，大致属于亨利·埃茨科维兹所定义的创业型大学。麻省理工学院、斯坦福大学、威斯康星大学等都属于这一类别。第二类创业二型大学总共16所，与第三类学术研究型大学相比，这些大学在学术研究能力方面处于劣势，但是在创业方面却明显居于优势，属于有潜力的创业型大学，大致相当于伯顿·克拉克所概括的创业型大学。乔治亚技术学

---

① 李培凤.基于三螺旋创新理论的大学发展模式变革研究［D］.太原：山西大学经济与管理学院，2015：8-16.

② 彭绪梅.创业型大学的兴起与发展研究［D］.大连：大连理工大学公共管理与法学学院，2008：6-12.

院、南加利福尼亚大学、佛罗里达大学等是这些大学的代表。它们一般都具有灵敏的市场感知和把握能力,能够通过科研技术的商业化转化摆脱和预防财政及发展危机,有的学校通过教学培训来摆脱困境,从而建立了另外一类创业型大学发展模式。第三类大学有7所,是典型的学术研究型而非创业型大学。哈佛大学、耶鲁大学、普林斯顿大学都属于这一类别,它们具有世界一流的科研实力和能力,但并不"钟情"于创业。第四类普通研究型大学有55所,这类大学与前三类大学相比,无论是在学术研究方面还是在创业能力方面均表现平平。纽约大学、波士顿大学等属于此类。由以上分析可见,创业型大学和研究型大学并非简单的等号关系,两者的区别首先在于是否具有创业意愿,其次在于开展行动所形成的创业特征。通过以上比较可以看出,对于创业型大学而言,其最突出的特征不是听任学校顺其自然地发展,而是能够对国家宏观政策和利益格局调整做出最敏锐的反应;不是被动承受外部组织施加的压力,而是能够在与政府和企业组织形成的"三螺旋"结构中发挥积极甚至主导作用;不是将追求科研实力雄厚放在首位,而是能够充分发挥科研及技术资源优势,通过科研成果商业化实现经济价值。因此,以上所说的创业二型大学呈现出强劲的创业势头,它们有些创业因子甚至超过了创业一型大学,具有不可忽视的潜力。[①]

3.1.4 创业型大学概念及内涵解析

一方面,越来越多的研究者意识到从20世纪中期以后,尤其是20世纪80年代以后,世界范围内多国大学呈现出的高度类同的显著变化,越来越多的研究者也越来越认同用"创业型大学"对这种变化进行概括,并热情洋溢地投身研究。另一方面,对于究竟什么是创业型大学,迄今为止在理论界并没有形成一个统一定义。实际上,大多数研究者没有对创业型大学进行明确定义,他们更多的是从各自视角有所侧重地对创业型大学进行描述性概括。读者从这些视角与侧重各异的概括能够觉察到,这些研究者对于创业型大学的理解具有实质上的共通性,他们在很大程度上形成了默契。这有助于本研究对创业型大学内涵进行领会把握并对其进行尝试性定义。

---

① 王雁.创业型大学:美国研究型大学模式变革的研究[D].杭州:浙江大学管理学院,2005:159-181.

如上所述，美国当代著名教育理论家亨利·埃茨科维兹和伯顿·克拉克基于各自及其团队的研究成果，分别提出了创业型大学的概念，被公认为两种有所区别的创业型大学理论的重要奠基人；希拉·斯劳特、拉里·莱斯利提出了本质与大学创业一致的学术资本主义理论，也产生了广泛影响。亨利·埃茨科维兹、伯顿·克拉克、希拉·斯劳特成为研究创业型大学不能绕过的三个标杆。他们对于创业型大学的界定和理解无疑具有本源意义上的依据及参照价值。

亨利·埃茨科维兹最早提出了创业型大学的概念，并指出了创业型大学产生的时代性背景："大学最初使命的'内在逻辑'已经从知识传承（教育）拓展到还包括知识的创造（科研）以及所创造的新知识商业的应用（创业）。"[①]他进行了持续研究，但始终没有给出一个明确定义，而是通过很多描述性语言表达他对创业型大学的理解。1996年，在《大学与全球知识经济》一书中，亨利·埃茨科维兹说："经常得到政府政策鼓励的大学及其组成人员对从知识中收获资金的兴趣日益增强，这种兴趣和愿望又加速模糊了学术机构与公司的界限，公司这种组织对知识的兴趣总是与经济应用和回报紧密相联的。"[②]此后，他研究的聚焦点逐渐发生转移，他和阿姆斯特丹科技学院的罗伊特·雷德斯多夫教授一道，在生物学领域"三螺旋"概念的基础上提出了大学—产业—政府"三螺旋"理论，表达他们对大学和产业、政府之间在知识经济时代形成的新型互动关系的认识。对创业型大学的持续研究，被亨利·埃茨科维兹安置于他的大学—产业—政府"三螺旋"理论的框架之内来进行。在代表性著作《国家创新模式：大学、产业、政府"三螺旋"创新战略》中，亨利·埃茨科维兹对"作为三螺旋推进器的创业型大学"[③]进行了集中研究，但他仍然没有为创业型大学下定义，而是归纳出了"四根柱石"和"五个标准或特征"。亨利·埃茨科维兹认为创业型大学由"四根柱石"支撑：学术带头人能够形成和实施自己的战略构想，具有通过授予专利、颁发许可和孵化等方式进行技术转移的组织能力，在管理人

---

①〔美〕亨利·埃茨科维兹.国家创新模式：大学、产业、政府"三螺旋"创新战略［M］.周春彦，译.北京：东方出版社，2006：32.

②〔美〕亨利·埃茨科维兹，〔荷〕劳埃特雷德斯多夫.大学与全球知识经济［M］.夏道源，等译.南昌：江西教育出版社，1999：228.

③〔美〕亨利·埃茨科维兹.国家创新模式：大学、产业、政府"三螺旋"创新战略［M］.周春彦，译.北京：东方出版社，2006：52.

员、广大师生当中普遍存在着创业精神，能对大学资源进行合法控制。①亨利·埃茨科维兹又提出了创业型大学五个方面的标准或特征：知识资本化、相互依存性、相对独立性、混合形成性、自我反应性。②总之，亨利·埃茨科维兹认为，大学创业活动将教学、科研与服务经济社会的"第三使命"结合起来，为此，大学必须与政府、产业界以及其他社会组织紧密结合起来，采取灵活多样的方式进行积极互动，这构成了他研究创业型大学问题的"主旋律"。

与亨利·埃茨科维兹不同，伯顿·克拉克对创业型大学动因的认识更多表现出外在与被动的色彩。伯顿·克拉克的研究最早是基于欧洲五所案例大学，后来又将研究范围扩大到非洲、南北美洲及大洋洲等国家的十几所大学。这些大学所面临的共同背景，是由于受到20世纪七八十年代世界经济危机的影响，多国政府不约而同地缩减对高等教育的财政支持；与此相反的是，社会又在像洪水一般倾倒对于大学的无穷无尽的需求，使得大学疲于应付、捉襟见肘。这些具有更强自主意识的大学不同程度地采取了极其相似的手段，即通过开拓市场渠道扩充办学经费和资源，结果不仅摆脱了困境，而且呈现出充满生机与活力的可持续发展的健康姿态。伯顿·克拉克对这种行为的首肯溢于言表，将这些大学统称为创业型大学，并坚定地认为它们所选择的是"现代大学自力更生的道路"③。和亨利·埃茨科维兹相同的是，伯顿·克拉克也没有给创业型大学做明确定义。在两本姊妹篇式的代表性著作中，他主要是通过案例研究连续而充分地展现出：要转变成为创业型大学，一所大学所应选择的路径、所应发生的组织变革及所应形成的典型特征，即一个强有力的驾驭核心、一个拓宽的发展外围、一个多元化的资助基地、一个激活的学术心脏地带、一个一体化的创业文化，并且特别强调了五个要素的共时性特征。④在后来的研究中他又补充道，创业型大学之所以能够进行

---

①〔美〕亨利·埃茨科维兹.国家创新模式：大学、产业、政府"三螺旋"创新战略〔M〕.周春彦，译.北京：东方出版社，2006：31.

②〔美〕亨利·埃茨科维兹.国家创新模式：大学、产业、政府"三螺旋"创新战略〔M〕.周春彦，译.北京：东方出版社，2006：51-52.

③〔美〕伯顿·克拉克.大学的持续变革——创业型大学新案例和新概念〔M〕.王承绪，译.北京：人民教育出版社，2008：240.

④〔美〕伯顿·克拉克.建立创业型大学——组织上转型的途径〔M〕.王承绪，译.北京：人民教育出版社，2000：3-7.

持续不断的变革，并且为以后的进一步变革奠定基础，有赖于三种强大的动力：加强相互作用的动力、累积的动量的动力以及其中最为强大的动力——具有雄心壮志的集体意志的动力。[①]培育形成这三种持续动力的创业型大学，就已经形成了"持续的原动力和稳定的变革状态"[②]。可以看出，伯顿·克拉克所理解的创业型大学更多着眼于大学的"变革"行为。他认为，当今世界大学所面临的普遍特征是变化迅速，其中很多变化给大学带来压力甚至困境，若干国家少数有前导意识的大学率先表现出变革魄力，它们发起整体的冒险转型应对时代挑战，甚至敢于开展组织特性等实质性变革，以便为未来发展赢得更加光辉的前途。只有这种顺应时势、勇于变革的大学才可能摆脱被动，成长为更加主动的大学、成为更加自治的大学。"如果大批大学需要从事创业导向的艰苦工作，那么我们对五所大学的个案分析所提出的相互联系的要素，可以看作是对不断增长的大学力不胜任的这一全球性问题的回答。"[③]"自我界定的、自我调节的大学能提供很多东西，尤其是使它们在困难的环境中重新建立一个学术共同体的能力。以这种大学为方向，创业的反应在带路。"[④]

在对创业型大学动因的理解方面，希拉·斯劳特与伯顿·克拉克具有较大的相似性，他从资源依赖理论的角度出发，认为政府财政支持的缩减迫使大学转而走向创业型发展道路，但希拉·斯劳特对外在资源依赖问题的揭示和阐发比伯顿·克拉克更为聚焦，所下功夫更多，在伯顿·克拉克的研究中这仅仅是一个背景而已。不过，希拉·斯劳特的研究视角与亨利·埃茨科维兹和伯顿·克拉克都表现出了很大的不同，他和拉里·莱斯利将关注点聚焦于"学术资本主义"之上，并以此命名他们的著作。他们解释了这样做的理由，也明确表达出了对"创业"的概念不太赞赏的观点，"我们决定使用学术资本主义，另一部分原因是其替代语——学术创业主义或创业活

---

① 〔美〕伯顿·克拉克.大学的持续变革——创业型大学新案例和新概念［M］.王承绪，译.北京：人民教育出版社，2008：115-120.

② 〔美〕伯顿·克拉克.大学的持续变革——创业型大学新案例和新概念［M］.王承绪，译.北京：人民教育出版社，2008：239.

③ 〔美〕伯顿·克拉克.建立创业型大学：组织上转型的途径［M］.王承绪，译.北京：人民教育出版社，2000：157.

④ 〔美〕伯顿·克拉克.建立创业型大学：组织上转型的途径［M］.王承绪，译.北京：人民教育出版社，2000：182.

动，似乎只是学术资本主义的委婉语，不能完全表现利益动机向学术界的侵入。"①"比起像学术创业主义这样的用语，学术资本主义似乎更能抓住利润动机向高等教育的渗透。"②也就是说，希拉·斯劳特研究的同样是创业型大学问题，不过他们不喜欢用这个概念，当然，也就不能期待他们对创业型大学给出任何定义。但希拉·斯劳特高度概括了何谓学术资本主义："我们称院校及其教师为确保外部资金的市场活动或具有市场特点的活动为学术资本主义。"③沿希拉·斯劳特的逻辑可以认为，院校及其教师采取市场活动或者具有市场特点的活动以确保外部资金，这样的大学即为创业型大学。显然，希拉·斯劳特和拉里·莱斯利研究的聚焦点在于大学的"营利"行为，他们以此为基点构建起了自己的理论体系，包括大学外部压力的驱使、大学内部由被动到主动的应对以及由此可能产生的利弊影响等。

将亨利·埃茨科维兹、伯顿·克拉克及希拉·斯劳特等人的研究稍加比较即不难看出，尽管研究视角及侧重点有所差别，但在对创业型大学内涵的认知和理解方面他们彼此相融相通。在亨利·埃茨科维兹对创业型大学的理解当中，大学—产业—政府"三螺旋""四根支柱"和"五个要素或标准"是最具代表性的概括，在伯顿·克拉克的理解当中，最具代表性的概括则是"五要素""三动力"，而希拉·斯劳特和拉里·莱斯利的核心关键词显然是"学术资本主义"。对他们的研究观点进一步抽象整合可以概括为这样三个方面：知识资本化或知识产业化、统一意志支配的大学整体行为、大学与外界的自主互动。所谓知识资本化或产业化，指的是大学将知识作为资本要素或者直接作为商品投入应用或交换，获取多元化的资金、信息、人力以及其他各种必要资源。所谓统一意志支配的大学整体行为，指的是大学在统一思想指导之下作为一个整体开展行动，"我们集中研究的'创业'反应是一种整个大学的能力"④，大学有意识、有规划、有措施、有步骤地整体采取创业型行动，反

---

① 〔美〕希拉·斯劳特，拉里·莱斯利.学术资本主义：政治、政策和创业型大学［M］.梁骁，黎丽，译.北京：北京大学出版社，2008：8.

② 〔美〕希拉·斯劳特，拉里·莱斯利.学术资本主义：政治、政策和创业型大学［M］.梁骁，黎丽，译.北京：北京大学出版社，2008：199.

③ 〔美〕希拉·斯劳特，拉里·莱斯利.学术资本主义：政治、政策和创业型大学［M］.梁骁，黎丽，译.北京：北京大学出版社，2008：8.

④ 〔美〕伯顿·克拉克.建立创业型大学：组织上转型的途径［M］.王承绪，译.北京：人民教育出版社，2000：179.

之，下意识的、偶然性的、随机的、局部的行为则不在此列。所谓大学与外界的自主互动，指的是大学需要与政府、企业以及其他社会组织等进行知识与资金及其他多种资源的交流、交换，所以，大学必须是开放的，但这种互动与开放不能破坏大学本身的独立性、自主性，反而要求更加促进和强化。在所有创业型大学当中，这三个方面都不可或缺且密不可分、相辅相成，它们共同规定着创业型大学的内在特性，使创业型大学作为一个特别的群体在整个高等教育体系当中凸显出来。其中，知识资本化或产业化是创业型大学的本质特征，既规定着创业型大学的行动目标，又彰显出创业型大学的行动结果，其他两个方面是实现这一本质特征的措施、条件及保障。反观几位代表性学者的研究，都无一例外地包括了三方面内容又各有侧重：亨利·埃茨科维兹搭建起了大学与外界进行互动的"三螺旋"框架，伯顿·克拉克以组织变革为主线串联起大学的创业型行动，希拉·斯劳特和斯莱利则直奔大学创业活动的核心要素——以学术资本主义来统领他们的研究。

除此之外，国外一些学者及我国学者王雁、王胜军等也都专门研究过创业型大学问题或在相关研究中有所涉及，并分别从各自角度对创业型大学的概念及其内涵进行了阐述、解释。[①]（表3-1）

表3-1　有关创业型大学的概念界定

年份	作者	定义	年份	作者	定义
1983	亨利·埃茨科维兹	创业型大学开拓新的资金来源，如通过专利、研究合同与私人企业结成伙伴等方式	1990	斯迈尔	把创业型大学的"创业"定义为直接参与研究商业化的行为
1997	希拉·斯劳特	创业型大学是指高校在变化的情势下采取一些企业的运作方式，如大学的使命和管理组织具有企业特征，确立了市场性的数量化的指标；为获得外来资源参与市场的盈利活动；课程设置等倾向于满足企业的需要；与产业界合作成立合作研究中心，进行技术转移、开办衍生企业	1998	伯顿·克拉克	创业型大学就其自身而言，就是要寻求在如何进入商业界和与商业界联合方面进行创新。它寻求在组织特性上做出实质性转变，以便为将来取得更有前途的发展态势。创业型大学寻求成为"站起来"的大学，成为能按照他们自己的主张行事的重要行动者

① 王军胜.创业型大学视角下民办本科高校转型路径研究［D］.天津：天津大学管理与经济学部，2013：14.

年份	作者	定义	年份	作者	定义
1998	卢朴克	创业型大学意味着自身成为一个企业形式组织，教授、学生正以某种方式成为创业者；大学和其外部环境相互作用，与地区之间的关系遵循企业模式	2002	科尔比	作为创业文化的核心，创业型大学有能力创新、识别和创造机会，采取团队工作，敢于冒险和面对挑战
2003	亨利·埃茨科维兹	如同大学训练学生并将其送出校门、走向社会一样，创业型大学是一个天然的孵化器，提供支持教师和学生开创新的风险事业的组织结构；智力的、商业的以及致力于商业的结合	2003	杰卡伯等	创业型大学是商业化的（进修课程、咨询服务等），大学延伸的相关活动也是商业化的（专利、技术许可和衍生企业等）
2004	舒伯乐	创业型大学必须训练未来的企业家，培育他们的创业精神；必须以企划的方式运营，建立孵化器、技术园等创业组织，并使学生参与其中，帮助学生和毕业生创建事业	2005	王雁	创业型大学：发展高科技，催生新产业，以提高国家和地区的竞争力与经济实力为目标；它与工业界、地区政府、国家政府建立新型的关系；更直接地参与研究成果商业化活动；争取多样化的资金来源；教学和研究方面更注意面向实际问题；大学自身的运营方面更强调创新
2006	横山	创业型大学是追求创业和市场导向的大学，其创业文化是局部实现的；一所转型初期的大学发展创业活动以作为公共资金投入不足的补充，并作为应对市场瞬息万变形势的灵丹妙药；创业型大学寻求创新以适应内部和外部的变革	2007	科拉多	创业型大学的基本特征在于采用像企业一样的组织形式和管理技术，与杰出的、高质量的、竞争性的企业合作，在这个前提下大学与其他企业没什么两样，因此能够采用同样的方式处理相关的问题

当用三个方面的框架进行考量时就会发现，这些各有侧重的阐释基本上可以纳入该框架当中，这意味着对创业型大学的概念尽管尚缺乏众望所归的界定，但在其所应包含的根本内核及属性方面，不同学者能够达成基本的默

契。根据这些理论研究者的理解及阐释，结合个人体悟，特将创业型大学定义如下：以明确的统一意志为指导，大学在坚持并强化自主性的同时与外部环境积极互动，实现知识与资金、信息、人力及其他资源的交流、交换，作为整体开展知识资本化或知识产业化的行动，以直接创造经济价值的形式更好地服务社会和自身，这样的大学即为创业型大学（图3-1）。可见，本书所说的创业型大学是对亨利·埃茨科维兹、伯顿·克拉克及希拉·斯劳特等人所研究的创业型大学的整合，这种整合将各种类型、各个层次的大学（高等学校）都涵盖在内，而不是仅仅局限于某种类型或层次，所以，在创业型大学体系当中，既包括研究型大学，也包括教学研究型大学或研究教学型大学，以及教学型大学和高等职业类学校等，从而形成了不同层次的创业型大学。在三大基本特征方面，不同层次的创业型大学彼此之间的主要区别即在于学术创业能力和程度，然而，这一点究竟如何明确区分，经典作家没有给予量化的解答，实际上他们没有涉及这个问题。本书同样也没有涉及，而只是笼统地指出不同层次大学之间会存在学术创业方面的层次差异。事实上，不同层次的大学在学术创业之间的差异，就像它们彼此之间的学术差异一样，这种差异很难予以量化，但是又能够非常明确地辨识出来。

图3-1　创业性大学概念示意图

3.2　从高职学校到创业型大学的演变脉络

理论界在短时间内迅速形成的研究热潮，使高等教育领域较快地接纳了"创业型大学"的概念并逐渐形成越来越清晰的印象。唯物辩证法告诉人们，任何事物都不是凭空产生的，必然与既存事物存在着传承与革新的关系。同样，对于创业型大学的"横穿出世"也应予以认真客观的分析，创业型大学绝非一种孤立的实践，而必然与此前大学的实践沉淀有着紧密联系。况且，大学很早即被视为"底部沉重的社会组织"①，其在人类社会历史长河中每一个可以明晰辨别的发展段落，都会经历渐进累积式的漫长演化。通过历史视角的纵深考察可以发现，创业型大学的形成确非一日之功，其本身是大学服务社会的"第三使命"的产物，而大学服务社会功能的形成则与高等职业教育的蓬勃兴起有着不可分割的联系。或许，正是因为有了这种历史实践领域的长期累积，才使得对于创业型大学的关注和研究在临界点骤然"喷发"。下面，将按照前奏、萌芽、诞生、兴起四个阶段，梳理从高职学校到创业型大学的漫长演变脉络。

3.2.1　前奏——高职教育的兴起

必须客观地承认，如果没有服务社会的大学功能的确立，如果大学一直传统地固守在几乎与现实世界"井水不犯河水"的樊笼里，创业型大学的出现是不可想象的。今天，人们已经习惯于将20世纪之初威斯康星思想的形成作为大学服务社会"第三功能"确立的标志；而在更早些时期，高等职业教育在世界范围的兴起已经为这一天的到来储备了力量，法国、德国、英国、美国等老牌资本主义国家充当了先行者。

回视历史极易发现，社会生产力推进的需求直接驱使了高职教育的兴起。19世纪，多个早期资本主义国家的工业革命都已得以广泛深入的推进，经济领域的手工作坊式劳作逐步被机器大生产取代。与此相应，简单重复模仿式的劳动力已难以满足生产需求，日益现代化的大机器工业呼唤具有必要理论基础的高层次技术工人。到19世纪中期以后，第二次工业革命的启动将

①〔美〕伯顿·克拉克.自主创新型大学：共治、自治和成功的新基础〔J〕.王晓阳，等译.清华大学教育研究，2000（4）：8.

这一要求进一步强化。然而，不协调的是，整个教育领域对于这种社会性的人才需求反应迟缓：高等教育领域显然对这种"功利性"呼唤置若罔闻，低级层次的职业技术类学校又缺乏回应的能力。当市场的力量不能自动完成供需对接的时候，政府担负起了适度干预的责任。

　　然而，与生产力发展次序不相吻合的是，高职教育不是首先在工业革命发源地——英国发轫，而是在晚了几十年的法国。1789年资产阶级大革命洗礼的不仅仅是法国的政治秩序，教育改革和发展也作为社会事业的重要组成部分被提上议事日程，政府各部门不甘落后，纷纷设置归属自己管理的专门学院，军事学院、矿业学院、炮兵学院、农业学院、兽医学院、商业学院和行政学院等很快在各地涌现。与中世纪大学主要包含文、法、神、医四大科相比，这些专门学院发生了重大变革，它们的主要目的是培养技术型人才，课程结合特定学科领域或者特定职业开设，以传授新兴实用性科学和技术为主。这些类型各异的专门学院成为法国高等职业教育的主要机构，并被统称为"大学校"。到第二次世界大战之前，法国已经形成了大学与大学校并行的双轨制高等教育体系。大学校的卓著功勋是历史性的，它们培养的大批实用型、专家型人才在法国现代化大生产中发挥了中流砥柱的作用，更直接推动了其工业化进程，而且在后来多变的政局中也没有受到太大干扰。法国技术教育史学家阿兹这样评论："这个世界上没有一个地方能够像法国那样，即便是在1814年和1815年这样的大灾难时期，也为工业、海军、陆军、公共工程的设计和建设事业培养了人才。"[①]1799年，拿破仑通过"雾月政变"成为法国的最高统治者，他特别支持职业技术教育的发展，1794年创立的巴黎多科技术学院因为提供了大量军事科学技术和工业方面的指挥人才，被拿破仑誉为"能下金蛋的母鸡"，达到荣耀的顶峰并成为大学校的卓越代表。拿破仑还组建了其他几所大学校，包括1808年移到圣苏尔的特种军事学校，1810年恢复的巴黎高等师范学校——至今在世界高等教育界享有盛誉。拿破仑时代以后，无论是复辟王朝还是第二帝国、第三帝国时期，法国支持职业技术教育的传统一直得到了延续，比如1820年建立了巴黎高等商科学校，1829年建立了中央工业学校，1826年里昂商会建立了拉马蒂尼埃职业学校

---

　　① 〔英〕安迪·格林.朱旭东校.教育与国家形成：英、法、美教育体系起源之比较［M］.王春华，等译，北京：教育科学出版社，2004：158.

等，法国的职业教育包括中等职业教育教育均获得长足发展，成为西方早期发达资本主义国家发展职业技术教育的典范，对德国、英国等其他国家产生了直接影响。

德国的高等职业教育产生于19世纪初。为了适应国家的工业化进程，德国学习巴黎的做法开始建立自己的多科技术学院，1815年建成维也纳多科技术学院，1825年建成卡尔斯鲁厄多科技术学院，此后的许多单科技术培训实体纷纷效仿，合并成立多科性质的技术培训院校。1864年，德国技师协会和多地技术学院的院长一道，起草并发布了推动多科技术学院发展的历史性声明，史实证明这份声明的推动作用是显著的，到19世纪末，名目繁多的技术学院在德国各地发展起来。多科技术学院成为德国早期高等职业教育阵营的主力军。驰名世界的德国柏林工业大学的前身，就是18世纪后期和19世纪20年代建立的3所职业技术学院，即1770年建立的矿冶学院、1779年建立的建筑学院和1821年建立的职业学院。多科技术学院倒也真是名副其实，开设的科目既有应用性的工程学、建筑学，也有基础性的农业学、力学和化学，还有哲学和其他普通基础课程，学院既为工业服务，也为国家政府部门输送人才。德国多科技术学院模式对19世纪英国城市大学的建立和发展产生了一定影响。

作为世界第一次工业革命的发源地，英国长期沉浸在世界老大的美梦当中。直到经历了1851年以及此后的几次世界工业博览会，法国、德国等科学技术的迅速发展使英国意识到自己的落后，猛然警醒，这才开始效仿法国和德国发展高等职业技术教育，以期促进本国科学技术的崛起，维护"日不落帝国"的世界威望。1868年，英国成立了科学教育特别委员会，1881年又成立皇家技术教育委员会，1889年颁布第一个国家性的《技术教育法》，系列措施强化着政府对职业技术教育的干预。英国的高级科学技术教育主要有三种形式。一是新兴城市大学的兴起，通过模仿和移植德国的多科技术学院，1890年前后英国此类学校迅速兴起，首先是对曼彻斯特欧文斯学院的改造，继而是帝国理工学院落成等，到19世纪末，这些技术类学院逐渐发展成为独立的大学或大学学院。当时比较著名的有阿姆斯特朗自然科学学院（1871）、利兹大学的约克夏科学学院（1874）、伯明翰的梅森科学学院（1880）、诺丁汉的大学学院（1881）等。二是伦敦大都市同业行会于1880年成立技术教育协会和伦敦技术学院，由协会和学院资助的夜校迅速发展，

1881年建立的芬斯布雷技术学院成为当时的著名教育机构，为其他学院所效仿。1884年，南肯辛顿又建立了中心技术学院。三是一种集成性的成果，即相继诞生了一大批多科技术学院，比较早的是基督教徒富商昆丁·霍格1880年创建的摄政街多科技术学院。到19世纪末，同类多科技术学院在伦敦已经建成8所。多科技术学院得到了教会、同业行会、政府的广泛支持，到1900年时，一提到高等职业技术教育机构，人们马上就会想到多科技术学院，两者几乎已被视为同义名词。

美国高等教育一方面受到英国传统的影响，另一方面又很快形成了自身的鲜明特色。1824年，纽约成立了闰斯尔多科技术学院，但这类学院在当时并未受到应有的重视。作为美国高等教育的两个伟大革新，赠地学院和社区学院的崛起发挥了至关重要的作用。1862年，当工农业迅速发展提出了对专门技术人才的迫切需求时，美国总统签署了《莫雷尔法案》，美国的实用主义开始在大学中盛行。法案规定，按照每位国会参议员和众议员人均3万英亩的标准拨付土地给各州，以土地所得作为长久性资金来源，各州兴办农业和工艺学院。这样的大学和学院被称为赠地大学和赠地学院，前者开创了在高等教育中开展职业教育的先例，后者使职业教育成为美国高等教育的重要组成部分。①1870年威斯康星大学第一个设立工学院，开设土木、机械、采矿、金属等学科。1890年，国会又通过第二个《莫雷尔法案》，决定向最初创办的赠地学院提供资金支持，标准是每年每校15000美元。在两个《莫雷尔法案》的推动之下，赠地学院和赠地大学快速发展，一方面，有69所赠地学院建立起来，另一方面，一些大学获得资助后有侧重地加强农业和机械工业教育，这使得美国高等教育在短时间内获得长足发展。麻省理工学院、康奈尔大学、加利福尼亚大学、威斯康星大学等都是现今世界闻名的高等学府，如果追溯它们的发展历史很容易发现，它们的"前世渊源"都是早期的赠地学院或赠地大学。1895年，赠地学院在校生总数为25000人，到1916年，已达到135000人，10年以后，又达到了40万人。

对美国高等职业教育产生深刻影响的还有19世纪末的"初级学院"运动。运动发起人是芝加哥大学的哈玻校长，他从1892年开始将把四年制大学分成各为两年的两个阶段，分别称为初级学院和高级学院。1902年，伊利诺

---

① 石伟平，匡瑛.比较职业教育［M］.北京：高等教育出版社，2012：53.

伊州乔利埃特通过在中学的基础上逐步增设大学课程，创办了第一所独立的公立初级学院。学生在完成初级学院的课程以后，既可以选择直接就业，也可以选择继续学习——即无须考试便可转入四年制大学的三年级。到1929年，这种初级学院达到400所。由于这些初级学院立足于为所在社区服务，后来被改称为社区学院。在不同的历史发展时期，社区学院的职能有所变化，创办初期其职能主要是实现转学教育，同时也部分地承担了使学生直接面向就业的教育。

3.2.2　萌芽——大学服务社会功能的确立

联合国经济合作与发展组织的教育研究与革新中心的报告曾这样指出："从历史上看，大学为社区服务的观念源自美国赠地学院创办的时代。"[1] 而赠地学院的创办与兴起，标志着高等职业教育成为美国高等教育体系的重要组成部分，由此可见，大学服务社会的功能源自高等职业类教育的兴起。通过前面的梳理可以看出，早于18世纪末期、晚于19世纪中期，世界上几个老牌资本主义国家都已经开始了高等职业教育的发展历程，也即开始了大学为社会服务的探索。但那个时候，无论是起步较早的法国、德国，还是启动较晚的英国、美国，都没有将服务社会作为大学的功能予以明确。比较而言，美国的探索虽然开始得相对较晚，但却富有创造性和突出特色，尤其是以联邦政府法案及其规定的切实措施形式予以推进，因而在短时间内产生了特别突出的效果。注重实用主义的思想传统推动美国高等教育继续前行，最终率先确立了服务社会的大学功能，并对世界高等教育领域产生了划时代的影响。

《莫雷尔法案》及赠地学院、赠地大学像宣言一样，仪式性地开启了大学服务社会思想及实践的序幕，"康奈尔计划"则充当了推广及散播的"催化剂"。康奈尔大学是1865年基于政府赠地和私人捐资建立的公私合作的大学，由企业家埃兹拉·康奈尔和学者安德鲁·怀特联合创办。康奈尔的意愿是"建立一所使所有人可以学到任何想学的知识的大学"，这成为大学的校训。以校训为核心理念，理事会于1865年通过了《康奈尔大学章程》，首任校长怀特于1866年向校董事会提交了《关于大学管理委员会的报告》，章程

---

① 转引自朱国仁.高等学校职能论［M］.哈尔滨：黑龙江教育出版社，1999：121.

和报告及相关文书实际上制定了大学创建初期（1865—1868年）的发展规划，被称为"康奈尔计划"。其主要精神包括以下几个方面：第一，自由教育与实用教育紧密结合的办学理念；第二，基于多学科"通用课程"体系的有限选修制度；第三，积极开展科学研究，主动为经济社会发展服务；第四，规范大学内部管理体制和运行机制，为实施有效的制度管理奠定基础；第五，注重大学与地方政府和社会的联系等。[①]"康奈尔计划"并非一份简单的"菜单"，而是一个系统而协调的战略性规划，对美国封闭保守的传统高等教育产生了强烈冲击。在多方面的深刻影响当中，一种浓重的"经世致用"思想成为凸显的标签，这种思想使康奈尔大学具备了极强的辨识度，更重要的是推动了大学的快速发展：仅仅二十几年即成为一所著名大学，人们将它与哈佛大学相提并论，1900年作为创始成员加入了著名的美国大学协会。"康奈尔计划"的成功给反对者以有力回击，无可辩驳的事实证明，服务社会不必然阻碍学校的发展，反而会为其注入更加顽强的生命力。这种精神由怀特传递给他的继任者——康奈尔大学的第二任校长查尔斯·肯德尔·亚当斯。亚当斯毕业于康奈尔大学历史系，他不仅是怀特的得意弟子，同时也是其"钦点"的校长候选人。他不负众望，继承了怀特的大学事业和治校理念，将"康奈尔计划"逐步实施和推进。亚当斯带领着康奈尔大学走过了稳步发展的阶段之后，于1892—1903年前往威斯康星大学担任校长，这无疑为威斯康星思想的形成埋下了伏笔。

《莫雷尔法案》颁布以后，成立于1848年的威斯康星大学成为赠地大学大家族当中的一员，大学忠实地贯彻法案精神，坚持立足本州经济发展需要，着重培养当时最为需要的农业和机械工艺人才。从19世纪70年代到20世纪20年代是威斯康星思想从孕育到形成的经典时期，四位大学校长前后相继地完成了这一进程。第五任校长约翰·巴斯科姆（1874—1887年任职）被誉为"威斯康星理念的真正创始人"，因为他在道德哲学和民主教育方面造诣颇高，特别强调大学在道德教育和社会精神进步方面无可取代的重要作用；他重视大学对区域发展的服务功能，认为教育工作者理应成为所在州的"服务员"。他把理论和思想年复一年地传播给广大师生，深刻影响了威斯康星

---

① 朱鹏举.美国康奈尔计划发展研究——大学服务职能的视角［D］.保定：河北大学，2014：85-89.

大学办学指导思想的形成，并为之奠定了深厚的哲学基础。第六任校长托马斯·钱伯林（1887—1892年任职）富有远见卓识和行动魄力，他推行大刀阔斧的改革，努力使大学教育突破校园围墙，通过行动宣扬大学教育应该是"为社会"的公共教育。他的努力卓有成效，短短五年时间，威斯康星大学即由一所传统小学院转变为初具规模的现代化大学。亚当斯离开康奈尔大学后，接任了威斯康星大学的第七任校长，他带去了康奈尔大学的治校经验，将大学服务社会的思想继续贯彻到威斯康星大学。第八任校长查尔斯·范海斯（1904—1918年任职）无疑是威斯康星大学一位名垂青史的杰出校长，他首先是威斯康星大学的杰出毕业生，更是巴斯科姆价值观的精神传承人。在1904年的就职演说中，范海斯宣称："教学、科研和服务都是大学的主要职能。更为重要的是，作为一所州立大学，它必须考虑每一项社会职能的实际价值。换句话说，它的教学、科研、服务都应考虑到州的实际需要。"[①]正是在范海斯担任校长的14年时间里，威斯康星大学踏上了改革与行进的快车道，大学迅速走向巅峰，著名的威斯康星思想也于此间形成并广为人知。范海斯本人关于大学服务社会的诸多阐述构成了威斯康星思想的主要内容，包括他关于大学负有向广大民众传播知识的责任的阐述，关于大学必须服务于州及其公民的阐述，关于大学应该及如何创造性工作的阐述等。各位大学校长的理念及行动一脉相承，使得威斯康星大学服务社会的实践犹如奔腾的江河滚滚向前，最终成为世界典范。大学探索出的三种极富特色的实践模式也为世人所津津乐道，即通过专门成立大学推广教育部，或通过实力雄厚的大学农业院系，或通过专家资政及参与行动等方式提供服务活动。在最后一种方式中，大学教授帮助制定州的各项重要法律法规并在州的委员会中行使管理职能等。

在19世纪后半期，威斯康星大学在服务社会方面的影响力尚不及康奈尔大学，但进入20世纪以后，30多年的持续推动使其获得长足发展，迅速成为世界典范。威斯康星思想（Wiscosin Idea）最早出现于1912年，公共图书馆管理员查尔斯·麦卡锡出版了一本反映威斯康星办学理念的专著《威斯康星思想》。他始料未及的是，这一概念一经提出即迅速得到社会多个领域的认可和采纳，被视同为威斯康星大学办学模式和办学思想的代名词，并被理论

① 肖海涛.大学的理念［M］.武汉：华中科技大学出版社，2001：67.

界公认为大学服务社会功能确立的标志。

3.2.3　诞生——早期的创业型大学

亨利·埃茨科维兹认为，从中世纪到19世纪，大学的主要功能是传播知识并为少数职业比如律师、医生、教会人员提供专业训练。19世纪以后，大学经历了两次根本性转变，一是发端于德国兴盛于美国的第一次学术革命，使得"研究"确立为大学的重要功能，孕育并形成了研究型大学模式；二是始于20世纪中期的第二次学术革命，赋予大学服务于经济与社会发展的新使命，创业型大学模式由此诞生。[①]如上前文所述，理论界所公认的大学社会服务功能确立于20世纪之初，因此，亨利·埃茨科维兹所谓的第二次学术革命，实际上指的是大学的"创业功能"，而不是指社会服务功能。对于两者之间关系，准确的表达应该是：大学的社会服务功能于20世纪之初确立，到20世纪中期衍生出了创业功能，因而诞生了创业型大学。有鉴于此，本书提出："大学的创业功能实际上包含在社会服务功能当中，是其更直接的表现方式，即大学本身可以直接采取市场行为创造经济价值，服务经济与社会发展，而不仅仅是间接地发挥辅助性作用，因此可以认定：创业型大学实现了对大学服务社会功能的提升。"后文将专门论述这一问题（详见4.2）。因此，我们将20世纪中期视为最早的创业型大学诞生的时间，而不是大学服务社会功能确立的时间。根据亨利·埃茨科维兹等学者的研究结果可以看出，麻省理工学院是世界上第一所创业型大学。实际上，简要回顾历史即可发现，其成长历程非常典型地反映了一所大学从注重发展职业教育到服务经济社会发展，最终到转变为创业型大学的完整过程。

罗杰斯兄弟关于建立一所应用型技术学院的提案几经挫折之后，1861年4月10日，麻省州长代表立法机关签字批准了麻省理工学院法人地位的方案，同意建立麻省理工学院。此时的批准可谓恰逢其时，因为次年美国国会恰好通过了《莫雷尔法案》，筹建中的麻省理工学院搭乘上此股"东风"：麻省议会批准将赠地的3/10给予麻省理工学院，这为其建立提供了一份较为丰厚的财政援助。罗杰斯希望将学生培养成为工程领域各行业的领军人物，

---

①〔美〕亨利·埃茨科维兹.麻省理工学院和创业科学的兴起［M］.王孙禺，等译.北京：清华大学出版社，2007：12-20.

而不仅仅只是技术人员，所以，麻省理工学院的课程设置除了有面向工业发展的专业课程，还开设了足量的普通科学与人文课程。学校进行了教学方法的大胆改革，建立了美国历史上第一个物理学实验室，并陆续建立了其他领域的实验室，他们也组织学生进入海军船舶厂等企业开展实践训练。经过了几年的艰难发展，到1868年时，麻省理工学院已经成为一个成功的典范。此后，同样位于波士顿地区的已经世界闻名的哈佛大学数次提议：将麻省理工学院与其校内的劳伦斯技术学院合并。但麻省理工学院不想成为哈佛大学的附庸，麻省理工学院的校友及在校师生也大部分表示反对，最终，麻省理工学院在实现与哈佛大学平等合作的前提下，坚持了自身的特色发展道路。到20世纪初，麻省理工学院还仅仅是一所高等技术学院，但是，它已经成为一所美国乃至世界上著名的工程技术学院。

从20世纪初到20世纪中期，借助于同战争相关的军方研究项目，借助于学校自身像致力于应用技术研究一样致力于基础科学研究，麻省理工学院完成了向理工类研究型大学的转变，与此同时，在这一过程当中，它也完成了向创业型大学的转变。麻省理工学院从建校之初就奠定了学校文化中的创业基因，罗杰斯特别强调"有用知识的价值"，麻省理工学院的校训确定为"手脑并用"。建校早期即与爱迪生、贝尔等著名的工业家建立了密切联系，且已经开始了创业活动，1886年，学校1885级校友阿瑟·D.利特尔建立了美国最早的工商业咨询机构——利特尔咨询实验室；万尼瓦尔·布什在20世纪20年代初，参与创办了多家公司，其中包括日后大名鼎鼎的雷神公司。创校最初几十年就培养了大量工业界的领袖人物，包括近代伟大企业家、通用汽车公司的卓越领导者——阿尔弗雷德·斯隆等人。20世纪20年代前后，麻省理工学院与哈佛大学的合作被迫终止，麻省议会也中断了财政支持，为了解决这一深重的财政危机，麻省理工学院发起了"技术计划"，通过为工业企业提供咨询技术等服务换取企业的资助，并努力保持基础研究和工业技术研究的平衡。计划初期，学校一年签订的合同数量达到了204个，合约价值达到120多万美元，学校获得的年费达到了近25万美元。但1939年，由于多重困难的阻碍，麻省理工学院宣布技术计划失败。尽管如此，其设立的工业合作研究部却在与企业合作方面积累了大量经验，学院源于技术计划的工业联络项目成为美国第一个且至今规模最大的大学产业界合作项目。麻省理工学院还开展了大量的教师参与工业咨询工作，尤其以电气工程和化学工程专业的教师为主，在经历了广泛而持久的争论之后，学校确立了重要的"五分之一"原则，允许教师一周内可以有一天时间用于为企业提供咨询或者技术服务等工作。在与工业企业开展合作的过程当中，麻省理工学院于1932年通过了学校的专利政策，学校的专利权获得承认，这极大地刺激了学校及教师投入应用研发的积极性。第二次世界大战期间及战后"冷战"对峙时期，麻省理工学院均作为最重要的合作大学之一，高度紧密地参与了国防研究委员会和科学研究与发展局的大量军事研究开发项目。麻省理工学院仅在战争时期签订的合同总金额即高达1.17亿美元。美国联邦政府在第二次世界大战期间推行的与大学之间的项目合同制，战后没有发生太大变化。这样，第二次世界大战本身以及此间世界科学技术的迅猛发展，愈发大大刺激了麻省理工学院在基础研究及应用技术研究方面的兴趣，最终促使它完成了向研究型、创业型大学的转变。

斯坦福大学是继麻省理工学院之后较早转变为创业型大学的美国另外一所著名研究型大学。其创业基因根植于建校伊始创始人利兰·斯坦福提出的办学理念，"通过对人类和文明施加影响来促进公共福利"，"目的是让新大学成为不分宗派、男女同校、价格亲民的大学，通过教授已经改变美国的传统人文和技术与工程科学，培养既有文化素养、又有实践技能的毕业生"①。作为第一任校长，戴维·斯塔尔·乔丹奠定了斯坦福的创业基因并使其成为传统，乔丹不赞同将学生"圈养"起来使他们与世隔绝，就像旧教派学院所做的那样，他认为大学生活是未来生活的"演练场"，主张应当让学生为未来生活做好排练。从此以后，创业、致用、实践、生活成为斯坦福大学教育的关键词，被一代一代传承至今。毕业留校并先后担任工程学院院长、电机工程系主任、教务长的弗雷德里克·特曼是忠实践行斯坦福大学办学理念的杰出代表。后来成为惠普公司创始人的戴维·帕卡德和威廉·休利特永远记得，他们的创业起始于1939年帕罗阿尔托的一个普普通通的车库，那时他们还只是在校学生，是老师特曼鼓励他们成立了一家小电子公司，没想到后来竟然驰名世界，甚至，他们创业的车库也被称为"硅谷"诞生地而受到"膜拜"。同样，当瓦里安联营公司于1951年在大学附近建立研发实验室的时候，也没

① Stanford University Archives.A History of Stanford［EB/OL］.http://www.stanford.edu/home/stanford/history.2022-3-31.

有想到后来竟然发展成为世界上赫赫有名的斯坦福工业园及大学科技园，这也是世界上最早的大学科技园。特曼的行动清晰、坚决而持续，"卓越塔尖"运动成为标注1955年特征的关键词，这一次特曼追求的是精益求精，一批优势学科因此获得长足发展，一批杰出的科学家、工程师及大批优秀的学生被陆续吸引到斯坦福校园。大学通过竞争性研究合同、接受捐赠、投资等获取办学经费，在通过专利和技术许可进行技术转移方面，更是很早就成为领袖和标杆，这种技术转移带来了可观的财源。20世纪50年代，斯坦福大学工程学院发起了独一无二的研究生"荣誉合作项目"，帮助在职的工程师通过晚间进修获得高级学位。到60年代，这一合作项目通过远程传输蔓延到学校以外，并在以后发展成为远程教育的先驱。1967年，斯坦福大学商学院率先开设创业教育课程，此后逐步形成日趋完善的创业教育课程体系。大学建立了综合性的研究和教学单位、专门的研究中心以及跨学科的研究项目，还实施了针对本科生的资助计划。通过鼓励教师和学生兼职、为教师和学生创业提供服务、建立利益分配制度、建立大学科技园、建立科研管理办公室、技术转移组织等方式，积极鼓励老师和学生创业。20世纪60年代前后，斯坦福大学已经成为名副其实的创业型大学，并持续至今。七八十年代，依托斯坦福雄厚的科技实力形成了闻名遐迩的世界高科技重镇"硅谷"，特曼因在促进斯坦福大学与新型科技企业的联系方面发挥了重要作用，被尊称为"硅谷之父"。实用创新的原则和理念贯穿于大学整个发展历程，成为其最重要的精神图腾，无论是教授、研究员还是其他技术人员，或者是仍在争取学分的在校学生，创造技术、发明专利、开办公司、参股入企、担任兼职等，在斯坦福大学早已习以为常。

3.2.4 兴起——创业型大学成为世界现象

继麻省理工学院和斯坦福大学成为创业型大学之后，20世纪80年代以后，美国更多大学向创业型大学的转变或多或少地受到了《拜杜法案》的刺激。创业型大学的本质特征是学术资本主义或学术产业化（详见3.1.4），学术资本主义的一种重要实现方式是大学研究成果的专利申请及其技术转移，美国国会于1980年通过的《专利商标法修正案》（《拜杜法案》），积极促进科研成果的商业化。法案规定，即便是由联邦政府资助的科研成果，如果该成果主要由大学、非营利机构或者小企业完成，那么后者完全有权利将成果申请专利、获得知识产权，也可以将技术成果进行商业转让以获得合法收益；也允许企业进行独家技术转让。《拜杜法案》及其随后的其他系列辅助法案（如《史蒂文森·怀德勒技术创新法》《联邦技术转移法》《国家竞争力技术转移法》），为美国大学的技术商业化提供了制度保障，大大刺激了大学尤其是研究型大学专利申请和授权许可的活动。由大学产生的专利在美国所有专利中的比重，从1975年的1%增加到2010年的2.5%；1975—2010年，研究型大学的专利数量与研发支出的比率翻了两番，由1975年的每10亿美元57个专利增加到2010年的221个专利。[①]在这种利好环境的刺激之下，美国的创业型大学如雨后春笋般涌现出来。进入21世纪，美国至少有450所大学和学院拥有创业项目。美国商务部与国家创新和创业咨询委员会开展了一项为期两年的活动，旨在了解高校如何一步步地培养学生、教师、校友和社区中的创新、商业化和创业活动。2011年，142所大学向商务部部长提交了一封信件，重申了在校园和他们的社区中推进创新创业行动的承诺。国家创新和创业办公室与大型研究型大学、州立大学、社区学院、传统黑人学院以及联邦研究实验室的领导人展开了一系列的讨论，以期对他们所进行的创新、商业化和创业的多样化尝试有更充分的了解。讨论的结果认为："创新创业型大学是美国大学在助推创新和创业方面最具新意、最有趣和最成功的案例的汇总。"[②]《创建创新创业型大学——来自美国商务部的报告》一书，集中探讨了阿肯色浸礼会学院、亚拉巴马州立大学、佐治亚理工学院、亚利桑那州立大学、洛雷恩县社区学院、普雷里维尤农工大学、南加利福尼亚大学等多所高等学校的创业行动特征。

同样是在20世纪七八十年代，欧洲一些大学启动了向创业型大学转变的历程。1979—1981年，撒切尔夫人刚刚执政三年，英国沃里克大学被削减的政府拨款已达到10%，这引发了沃里克大学的变革。沃里克提出了"省一半赚一半的政策"，成立了沃里克制造业集团，商学院开始举办工商管理硕士项目、组织行政官员培训，会议中心承接各种营利项目，学校建立了科学园区和工业发展办公室，这些措施配合大学内部的经费分配和管理，激发院

---

① 美国商务部创新创业办公室.创建创新创业型大学——来自美国商务部的报告［M］.赵中建，卓泽林，译.上海：上海科技教育出版社，2016（前言）：3-4.

② 美国商务部创新创业办公室.创建创新创业型大学——来自美国商务部的报告［M］.赵中建，卓泽林，译.上海：上海科技教育出版社，2016：21.

系的积极性。到90年代时,沃里克大学建校仅仅30年,却因为创业型行动跃升为英国的十佳大学。脱胎于"皇家技术学院"的苏格兰斯特拉斯克莱德大学,脱胎于恰尔默斯技术学院的瑞典恰尔默斯大学,脱胎于地方师范学院的荷兰约恩苏大学,脱胎于特文特技术大学的荷兰特文特大学等经历了类似的转变历程,成为代表性的创业型大学。21世纪前后,创业型大学的队伍进一步扩大,非洲、南美洲的一些国家和澳大利亚等国的若干大学陆续加入其中。经历了七八十年代的政治动荡,脱胎于技术学院的东非乌干达的马凯雷雷大学在1990年时深陷困境。在迫不得已的情况之下,大学发动了"静悄悄的革命",实施了多元化的筹措资金战略,发动了需求驱动的学术变革,在学校内部实施了分权的和参与的管理方式,多管齐下,多措并举,到21世纪初,马凯雷雷大学已经成为一所特征明显的创业型大学。智利天主教大学、澳大利亚莫纳什大学,法国、西班牙、芬兰、印度、新加坡、以色列、加拿大、巴西等很多国家的大学实现了向创业型大学的转型。简而言之,世界多国已经形成了创业型大学的"丛林"现象。

本部分内容可简要图示如下(图3-2):

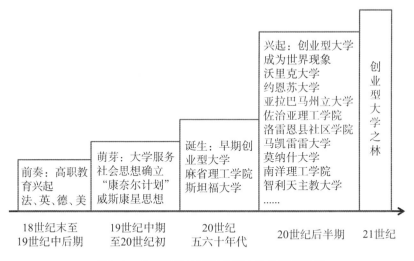

图3-2 从高职学校到创业型大学的演变脉络

最后,有两点需要补充说明。第一点,本章内容对从高职学校到创业型大学的演变脉络进行了梳理,并不在于说明现今所有的创业型大学都是从高职学校演变过来的。事实当然并非如此,这也不是本书所要表达的真实意图。梳理这种演变脉络在于说明高职教育类学校和创业型大学存在着历史上的渊源关联，两者分别占据前后相续的特定历史阶段并遥相呼应。第二，虽然今天的很多创业型大学前身未必是高职学校，但与此同时，的确存在若干像麻省理工学院这样的典型创业型大学，它们属于前身源自赠地学院之类的高职教育类学校。因此，这种历史性的详尽梳理能够无可辩驳地告诉人们：高职学校和创业型大学之间，绝非简单的时间前后相续的关联关系，而是必然存在着其他更为内在的关联，这就引出了第二个层面即功能方面的关联，将在下一章详尽论述。

第 4 章

高职学校与创业型大学的功能关联

通过创业型大学孕育与兴起的脉络可以看出，高等职业教育类学校与创业型大学存在一种久远的渊源关系，这种渊源关系在创业型大学理论兴起与发展的图谱当中也得到了些许体现。一方面，世界范围高职教育的兴起主要是基于产业发展的现实需要，当高职教育的发展达成相当规模及影响力的时候，世界高等教育的格局及其功能极其"张扬"地发生变迁：无论是原有的专科层次的高职学校"上升"为职业技术大学，还是原有的综合性大学凸显出对职业技术教育的青睐，总之，大学服务经济与社会发展的"第三使命"诞生了。所以，完全有理由认为，高职教育在世界范围的兴起影响了现代大学的功能变革。另一方面，随着极具全面性、深入性的全球变革的加速铺开，社会对大学强化服务要求的持续加码与政府支持资源的减少构成深刻矛盾，若干秉持服务社会理念的大学主动开启了经由市场行动开拓资源渠道、推动自身变革发展的进程，从而导致了创业型大学的诞生，也将大学服务社会发展的"第三使命"推进到新的层面和阶段。大学服务社会的功能既像一座桥梁，使得高职学校与创业型大学在不同的时空遥相呼应，又像一个巨大的充满吸引力的磁场，使得两者汇聚到相同的时空形成交集。

4.1　高职教育对现代大学功能变革的影响[①]

如前文所述，从18世纪末期至19世纪中后期，法、德、英、美等老牌资

---

① 秦惠民，解水青.高职教育对现代大学功能变革的影响——基于国际视角的新制度学解读［J］.中国高教研究，2014（2）：17-21.

本主义国家率先由政府推动了高等职业类教育的发展，大约一个世纪之后，随着历史的浪潮滚滚向前，高等职业教育在这些世界上最早的发达国家也经历了一个快速发展的过程。几乎处于大致相同的历史时期，这些老牌资本主义国家的高等教育体系发生了一次深刻变革，即大学整体担负起了服务社会的"第三使命"，这种现象不是孤立、偶然地出现在哪个国家、哪所大学，而是作为"类现象"遍及世界发达国家。或许，任何同期出现的社会现象都会有其内在联系或逻辑关联，以上两种现象亦是如此。运用组织社会学的新制度主义理论进行分析不难发现，正是高等职业教育在世界范围的出现和兴起，引发了现代大学的深刻功能变革，使服务社会继教学和科研之后被确立为大学体系新的功能。（图4-1）当然，与此同时，高等职业教育也成为世界高等教育体系的新的组成部分。

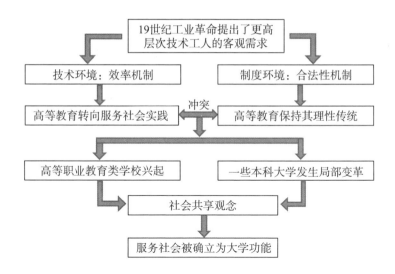

图4-1　高职教育对现代大学功能变革的影响示意图

4.1.1　高职教育兴起改变了现代高等教育体系的结构和功能

高职教育到底对现代高等教育体系产生了怎样的整体影响？让我们继续对高职教育进入20世纪之后的快速发展进行梳理。这种梳理将使我们更加清楚地看到，高职教育的全球兴盛大多是政府干预的结果，这和当初高职教育的开始崛起情形是完全一样的。

美国高职教育的发端虽然在早期发达国家当中属于滞后者，但却因其鲜明的特色而成为典型。赠地学院和初级学院在短时期内的快速发展为美国高等教育体系积蓄了力量,到第二次世界大战以后,这股力量持续迸发,推动其高等职业类教育进入一个迅速壮大的黄金时期。1950年美国高等教育委员会发布《为美国民主服务的高等教育》报告,这成为一个标志性事件,报告采取了一个貌似很小的举动,即规定将全国的"初级学院"统一改称为"社区学院",然而,其深刻的意义却在于从基本概念层面奠定了职业教育的重要性,使高等职业教育获得了"名分",拥有了合法地位。由此,社会学院与赠地学院一道,作为高职教育主要承载主体再次实现大的发展,仅仅10年的时间,一个范围不断扩大、结构不断完善、功能不断强化的高职教育系统在全美范围基本形成。10年似乎成为美国职业教育重大发展的固定周期,20世纪60年代,《职业教育法》的颁布(1963)与修订(1968)再次掀起职教发展的高潮,其主要目的在于不断扩大受教育者的范围,前者使得所有各州不同年龄的人们都有机会接受职业教育和培训,后者则将关注的目光瞄准失学者、失业者,努力帮助他们经过培训之后重新获得合适的职业。联邦政府的系列措施取得了显著成效,社区学院在校生数在又一个10年里几乎翻了两番,由66万人增至250万人,《职业教育法》也被誉为"二战"后美国最重要的职业教育法律。当1970年开启了新的十年时,美国经济陷入"滞胀"状态,马兰德提出"生计教育"计划,以解决日益严重的失业问题。生计教育包括四种模式:一是以学校为基础的模式;二是以企业为基础,把劳动和学习协调起来的模式;三是以农村、住宅为基础的模式,为低收入家庭成员提供更好的就业机会;四是以家庭为基础,为家庭妇女、儿童和行动不便人员设计的再训练课程等。生计教育试图把职业教育与普通教育融合,并贯穿人的一生,这是美国职业教育思想的重要转变。以此为基础,美国于1972年、1976年再次对《职业教育法》进行修订,进一步扩大了职业教育的覆盖范围。随着1980年所带来的新阶段,当第三次科技革命势不可当地对全球发起冲击时,美国已经以一个成熟的高职教育体系迎接其所应担负的历史责任。

就政府基于社会对高级技术人才的迫切需求而进行的专门干预而言,其他发达国家高职教育的发展与美国的情形非常相似。19世纪后半期,肇始于英国的工业博览会已经发展成为万国博览会,其他发达国家也竞相承办,以展示自身在工业与科技方面的雄厚实力并促进与其他国家的交流。1867年的万国博览会在巴黎举办,法国政府借此形成深刻认识,即发展职业类教育对于技术产业具有非常重要的意义；作为具有中央集权制政治传统的帝国，法国没有任由职业教育自由生长，而是继续通过中央政府强化统一管理。20世纪五六十年代，大批大学技术学院和高级技术员班在法国开办起来，这些高等职业类教育伴随着、推动着战后经济的复苏乃至腾飞，其本身也理所当然获得快速发展。和法国一样，由于对高级应用型技术和管理人才的迫切需求，战后经济的复苏和高等职业技术类教育的发展在西方资本主义国家成为普遍现象。联邦德国紧锣密鼓地打出"组合拳"，1968年决定建立三年制高等专科学校；70年代实施"高等学校区域化"计划，很快成立了70多所高等专科学校；作为德国制造业重镇的巴伐利亚州经历了"二战"炮火的轰击之后，再度恢复为繁荣的工业中心，并向世界贡献了富有特色的教育形式，即校企合作的职业学院。多科技术学院及晚些时候的城市大学是英国高等教育的一大特色，英国政府通过强化制度建设来推进其持续发展，《高等技术教育报告（珀西报告）》《技术教育白皮书》《1964年产业训练法》等无不发挥了重要促进作用。在19世纪中期前后，高等职业类教育在加拿大、意大利等国家开始萌发，同样在"二战"以后获得巨大进展。

通过对历史的梳理显而易见，高等职业类教育在20世纪之后的快速发展和19世纪中后期兴起时极其相似，即都是各国政府进行干预的结果，政府干预的背后则是经济与科技竞争提出了对更高层次技术人才的强烈需求。回视历史不得不令人钦佩的是，各国政府显示出了足够的智慧，它们的干预大都采取了灵活的两手策略，其一，对原有的本科大学进行局部改造，让它们部分地承担起高技术人才的培养任务；其二，更为主要的是，在原有本科大学之外鼓励和扶持建设新的教育类型，主要开展高层次技术人才的培养培训，这才有了高等职业类教育在世界范围的普遍兴起。正是从这个角度来看，高职教育不是高等教育自身逻辑发展的产物，而是高等教育在应对政府要求其满足经济社会发展需求时产生的"衍生物"[①]。高职教育的兴起，一方面，延长了职业教育体系的链条——或者将原有的中等职业教育自下而上地提升到高等职业教育层次，或者独立建立的高等职业教育自上而下地与原有的中等职业教育实现了对接，另一方面，又对现代整个高等教育体系产生了深远

---

① 秦惠民，解水青.高职教育对现代大学功能变革的影响——基于国际视角的新制度学解读［J］.中国高教研究，2014（2）：18.

影响：首先改变了高等教育的整体结构，进而又引导性地促使高等教育整体功能发生了深刻转型。

4.1.2 现代大学服务社会功能变革由消极应对向自觉把握的转变

从欧洲以及世界最早的博洛尼亚大学诞生至今，大学组织的历史演化已近千年，抛却具体大学实体的兴衰更替，从大学组织的整体而言，期间发生的历史性功能变革主要有两次（稍有别于亨利·埃茨科维兹所提出的两次学术革命，详见前文3.2.3部分内容）。第一次变革发生于19世纪早期，著名教育改革家威廉·冯·洪堡倡导以知识学术为目的，竭力主张大学应该坚持"教学与科研相统一"，并最终确立为柏林洪堡大学的基本原则，现代大学由此开启了从知识保存、传承机构向同时进行知识生产和创造机构的转变历程，科研被逐步接纳为大学新的功能。第二次变革发生于20世纪初期，威斯康星大学经历了历代校长秉持共同理念的持续建设，一直到范海斯校长高调宣称教学、科研和服务都是大学的主要功能，终于被理论界将相关理念统一冠之为"威斯康星思想"，这一概念的提出成为重要标志，标志着西方大学开始向同时进行知识应用的机构转变，到20世纪后期，服务社会已经被多国大学普遍接受为新的重要功能。

如此说来，现代大学的两次革命性变革似乎主要是其本身自主选择的结果，但倘若稍加追问"大学为什么会做出这种而不是别种选择"则会发现，事实并非如此简单。透过表象向深层窥探，不难发现社会和政府在背后发挥的"中介"和"逼迫"作用，社会变化已经对高等教育提出了功能变革的迫切要求，"这个社会似乎越来越依靠越来越大的受过高深训练的经济发展和福利所需要的专业人员群体"①。在很大程度上，这种日益强化的社会性要求对大学总体形成了持续冲击。然而，作为"底部沉重"的社会组织，大学在长时间里以足够的"坚韧"抵制着这种冲击。非常富有戏剧性的是，大学对待功能变革从消极应对向主动把握转变的发生，竟然受到了高等职业教育兴起的推动，尽管有人或许对此心存疑虑，但这种疑虑将在耐心梳理其间变化的过程中自然消解。我们能够惊喜地看到：高等职业教育的世界性兴起及发

---

① 〔荷兰〕弗兰斯·F·范富格特.国际高等教育政策比较研究［M］.王承绪，译.浙江：浙江教育出版社，2001：4.

展壮大明显产生了诱导性的示范作用，不管这种诱导是"有心栽花"，还是仅仅是"无意插柳"。

威斯康星思想萌生于美国，美国自然成为大学服务社会功能变革的代表性国家，然而回视美国大学的历史无疑会令人惊异：因为早期大学的价值选择却与此抵触。早在美国第七任总统杰克逊执政时期（1829—1837），公立教育即被赋予了服务社会的要求，但并未得到积极回应。后来，一些具有贴近社会思想的大学校长较为大胆地进行了尝试，比如潘塔在密歇根大学、怀特在康奈尔大学、亚当斯在明尼苏达大学，他们采取多种措施力图让大学参与社会实践，但在当时，他们的行为被视为背离大学理性传统而受到指责。至于此后较长的历史时期，服务社会根本没有进入更多大学的行动视野也就不足为怪了。甚至到19世纪70年代时，很多老牌大学仍然固守传统，置国家急需发展实业的迫切需求于不顾。大学的"坚韧""顽固""沉重"由此可见一斑。促使大学逐渐发生转变的，一方面来自实业界的持续抨击，一方面来自政府对大学变革的政策诱导，还有非常重要的一方面，即高等职业类教育的诞生与兴起产生了示范效应。19世纪后半叶，美国联邦政府颁布的"赠地法案"在全国引发赠地学院、赠地大学运动，这种着力于推动当时主要的社会生产方式——农业发展（后来也转而推动工业企业发展）的新型高等教育迅速兴起，在较短的时间内极大地提高了农业生产率。改革的成功使情况开始发生根本性转变，一方面坚定了政府通过大学促进经济社会发展的意志，另一方面促使传统大学对待服务社会的态度由排斥逐渐转向接纳。20世纪初，美国又促使企业与大学合作培养人才、建立科学实验室，到1921年，有526家公司建立了依赖大学教学和科研的各种研究机构。第二次世界大战之后，大学在与生产结合的道路上越走越顺畅，以大学为中心的教育、科研和生产联合体不断建立，进而形成了依托大学的高科技密集区——大学科技园区。以斯坦福大学为中心的"硅谷"，以哈佛大学、麻省理工学院为依托的128号公路的迅速崛起，都是大学成功服务社会的典型代表。

把眼光从美国转向其他发达国家，完全可以看到极其类似的现象。政府对大学加强与经济结合进程的干预、高职教育对大学服务社会进程的影响都显而易见，多个国家大学的类似进程较为集中地出现于20世纪后期。面对战后新的历史时期和历史特点，法国政府坚守的信念是："在经济和职业结构发生重大变化的时代，一个国家要保持竞争的姿态，对其普通人民进行高水平的教育训练是必要的"①。20世纪七八十年代，为了通过大学变革保障在科技和工业方面的优势地位，法国政府同时采取了两方面举措，其一，大力发展短期技术大学；其二，在大学当中引进短期技术大学的职业教育理论，以此实行高等教育课程改革。是的，你没有看错，法国政府竟然引进职业教育理论对大学部门进行改革！而法国远非采取此种措施的唯一国家。德国经典大学因高度重视科研、恪守学术规范、不问现实功利而闻名于世，然而，当时实业界寻求实用科学与技术的压力促使这些大学在不知不觉当中发生微妙变化，它们开始探究如何将自身的学术成果付诸实践应用。在这一方面，德国居于专科层次的职业技术类高等院校显示出独特优势。经典大学竟然出乎意料地放低身价，与这些专科院校展开竞争，它们希望能够满足社会劳动力市场的需求，能够转型成为帮助企业解决现实问题的大学，这种变化真是前所未有。英国的多科技术学院和城市大学获得进步和提升，1963年的政府改革方案《罗宾斯高等教育报告》发挥了显著作用。与法德相似，英国政府也通过"两手"政策探讨高等教育如何为社会服务：一是将10所高级技术学院升格为大学，以此获得提升的不仅是办学层次，更为重要的是职业类大学服务社会的综合能力；一是对综合性大学进行改革，使其专业结构、课程设置、科学研究等各方面都能够更加适应科学技术进步和社会生产发展对人才的新要求。澳大利亚和日本在高等职业教育领域形成了各具特色的体系。20世纪后半期，澳大利亚联邦政府通过颁布《沃克报告》《默瑞报告》《马丁报告》《康甘报告》等文件，实现了对高等教育为国家经济改革和发展服务的干预，这些政策显然产生了显著效果，形成了大学、高等教育学院、技术与继续教育学院的三级高等教育体系，也切实推动了经济社会发展。日本于20世纪80年代提出"技术立国"理念，其既有办学传统得以变革和获得新的发展，很快形成了四年制大学、短期大学、高等专门学校和专修学校四类高等教育机构，"这些高等教育机构都是以培养不同层次的专门技术人才为主"，这既使得日本迅速跻身世界高等教育强国之列，也促进了其国民经济的崛起。②

---

①〔荷兰〕弗兰斯·F·范富格特.国际高等教育政策比较研究［M］.王承绪，译.浙江：浙江教育出版社，2001：154.

② 王迎丰."技术立国"理念与日本高等教育强国之路［J］.现代物业（中旬刊），2013（9）：58.

　　世界发达国家高等教育演变历程充分显示，大学功能变革从根本上受到了经济社会发展对高层次技术技能人才需求的推动。但在实践逻辑当中，从需求到供给之间不但没有形成"立竿见影"的直接联系，甚至大学整体表现出了对社会客观需求的"顽强"抑制，大部分大学并没有显示出试图改变的意愿，极少数主动开始探索服务社会的大学反而一度受到指责。破除僵局的是各国政府，各国政府大多采取两方面措施推动变革，其一是通过政策诱导促使大学内部局部开展高技术人才的培养；其二是更为主要的措施，即通过政策扶持推动了一大批专门从事高技术人才培养院校的诞生。少数大学变革的成功与大批新生职业技术教育类院校的成功逐渐产生示范效应，更多的大学开始转变与世俗社会之间的关系，两者之间从不接洽转变为主动接近与开展合作。当更多大学在服务社会的过程中获得实效，既帮助社会解决了诸多生产生活问题，又反过来提高了自身办学水平及社会声誉的时候，外部压力变成了内部动力，大学开始"主动把握"并越来越热衷于向社会提供各种服务。所以，回视当初威斯康星大学公开宣扬威斯康星思想的举动，虽然早已被普遍接受为大学服务社会功能确立的标志，但综合考量，其行为更接近于一种倡导性的"先声"，而远远不能代表大学已经普遍将服务社会"悦纳"为其自身的功能。可见，大学组织功能的深刻变革也不完全是大学自身逻辑发展的结果，更多是高等教育应对政府要求其满足经济社会发展客观需求的产物。①

4.1.3　高职教育为大学功能变革提供了合法性逻辑及实践基础

　　以上两方面分析显示出大学功能变革经历了一个曲折的过程，从社会客观需求的提出到大学教育供给的满足之间甚至存在着排斥以及冲突。大学为什么不能从一开始就致力于高技术人才的培养培训？各国政府为什么要通过政策扶持一种新型的高等职业类院校的萌生？传统本科大学普遍接纳并主动开展为社会服务的进程为什么发生在高等职业类教育兴起之后？两者之间是否存在着以及存在着怎样的逻辑与实践联系？从经济效率与效益的角度衡量，以上演变过程显然是不够经济的，为什么历史的演变过程没有以更加经

　　① 秦惠民，解水青.高职教育对现代大学功能变革的影响——基于国际视角的新制度学解读[J].中国高教研究，2014（2）：19.

济的方式得以达成？新制度主义理论为此提供了一种较为合理而完备的理解思路：面对社会客观需求传统大学置若罔顾，作为"试错机制"的高等职业类教育充当了"探路者"的角色；当高职教育实践取得成效的时候，做"壁上观"的传统大学开始变革行动，因此，高职教育又为大学变革提供了合法性基础，并且发挥了催化剂的作用。

4.1.3.1 社会环境提出的客观要求引发高校功能的普遍变革

新制度主义理论特别关注的社会问题是同类组织之间的趋同现象。如前所述（详见2.1.1部分），尽管新制度主义存在着理性选择制度主义、历史制度主义、社会学制度主义等不同流派，但其在基本观点上是内在相通的。新制度主义承认社会环境对于组织和个人的限制以及提供的机会，认为环境和组织及个人之间存在相互影响。新制度主义着重从外部环境影响的角度研究组织变革问题，认为是特定社会环境的影响导致了同类组织间的趋同。[①]

抛开本科大学与高职学校之间的具体差别，用新制度主义理论考察，从高等职业类教育在世界范围的兴起到后来现代大学普遍发生功能变革，用一句话简要概括就是：社会环境对人才需求规格的变化影响并引发了高校组织间的趋同现象。进而言之，首先，高等职业类教育的兴起使世界高等教育体系发生了重要的结构性变化，高职学校作为一种新的高等教育类型丰富了高校"大家庭"，和本科大学一道共同承担起实施高等教育的社会责任，故两者属于同一部类和性状的社会组织。其次，站立于高等教育体系的顶端俯瞰，高职教育兴起和本科大学功能演变同属于高校组织的变革范畴，将这种变革紧密联系在一起的内在要素在于，高职学校和本科大学都呈现出服务社会的价值取向，与此相关的是人才培养方向也都倾向于具有实践技术技能的应用型人才。由此完全可以认为，两者出现了组织功能上的趋同现象，这种趋同现象在其各自领域内部也都普遍存在。当然，细究起来，高等职业学校和本科大学在人才培养规格和社会服务层次上显然存在差别，这是由学校办学层次及其相应资源所决定的；但这种差别也是组织趋同现象之内的具体差别，否定不了组织趋同的总体变化。

4.1.3.2 技术环境和制度环境的矛盾破解促使高职教育兴起

新制度主义所说的社会环境有其特定含义，总体上包括技术环境和制

---

① 周雪光.组织社会学十讲［M］.北京：社会科学文献出版社，2003：72.

度环境，两者均须从广泛的视角进行解读。所谓技术环境是从技术的角度看待组织运行，包括组织外部的资源与市场、组织内部将投入转化为产出的技术系统等。技术环境遵循的是"效率机制"，要求社会组织能够满足社会在增进效率方面的要求。制度环境指组织生存于其中的社会的法律制度、社会规范和文化观念等因素，即支撑社会生活稳定化和秩序化的、被普遍接受的符号体系及其共同意义。制度环境遵循的是"合法性机制"，要求社会组织能够满足社会在维护特定秩序方面的要求。如果分别考察，技术环境和制度环境都有其合理性；但如果将两者结合在一起，则对同一组织的要求有可能不一致甚至形成矛盾、冲突、背离。如何应对这些可能形成冲突的环境要求呢？很多组织会采取一种雷同的重要对策，就是把实际运作和正式结构分离开来，一方面按照环境要求建立新的结构，另一方面可能遵循另外的规则保证组织的运行效率。[①]在实际的社会组织运行当中，真实情形往往比这种简要概括又要复杂得多。

高等教育组织的趋同性变革正是经历了这种技术环境与制度环境形成矛盾冲突、继而逐步消解的过程。当社会生产力持续发展将各国经济提升到一定层次的时候，社会高等教育系统即被前所未有地置于矛盾的环境当中：一方面，技术环境期待高校培养出能够贴近现实生产需求的适应性人才，以满足社会在提高经济效率方面的需求；另一方面，制度环境则怀揣另外的期待，即期待大学能够固守其原有的理性传统和教书育人等功能，如果脱离了这些传统和功能，大学很可能将遭受到"不像大学"的指责。这绝非单纯的逻辑推演，事实正是如此。比如在20世纪后半期的法国，希望适应劳动力市场需求已经成为一股强大的社会力量，这对当时的高等教育政策产生了深刻影响，"要求一定的课程'职业化'和大学教师与工业之间建立连续的、更紧密的联系。前者引起了一些问题，因为职业化要求多学科的课程，而这在以学科为基础的大学中难以实现。后者引起了学者的抱怨，保护高等教育不受工业的影响似乎是法国的传统。"[②]在澳大利亚，情况与此相似，"一些学术团体担心过于强调与商业相应的应用研究，以至于高等教育传统的基础研究每况愈下。同样，有人担心强调了与职业相应的学习领域会损害普通的'学

① 周雪光.组织社会学十讲［M］.北京：社会科学文献出版社，2003：64-108.

② ［荷兰］弗兰斯·F·范富格特.国际高等教育政策比较研究［M］.王承绪，译.浙江：浙江教育出版社，2001：146.

术'教育。"①面对这种"两面夹击"的尴尬境遇,高等教育组织难以周全应对,因而在较长时间里,拖延战术成为不二选择,大学宁可因罔顾社会现实要求而招致指责,也不主动采取措施发起自我变革。

如果市场本身不能完成需求与供给的平衡,政府就会出面进行统筹协调。在大学应对社会需求启动变革的过程当中,各国政府就充当了这种角色,而且表现出高超的智慧。既要满足技术环境对效率的要求,又要满足制度环境对合法性的要求,怎么办?政府采取"两分法"予以应对:一方面,为了尽可能保持原有大学体系的稳定和传统,政策引导部分大学划拨出局部区域进行变革,从而部分地满足经济发展对科技和人才的需求;另一方面也是最主要的方面,为了能够足够应对经济与社会需求,政府采取另起炉灶的"增量"办法,另外建立起新的高等职业教育体系,从而巧妙地规避了对原有大学体系形成大的冲击。史实证明,这种做法无疑取得了巨大成功。比如在法国,为了应对"市场理论"的客观要求而对高等教育进行改革,这也成为高教政策最为引人瞩目之处,"这种改革本质上是增添型的。它包括增建新的、高度专业性的院校,这类院校属于全国的高教系统,但严格来说独立于大学之外。"②无独有偶,在国家第三级教育未来委员会建议之下,澳大利亚于20世纪60年代大力创办高级教育学院,这样就无须对原有大学系统进行扩展,而且有效缓解了来自政治和社会要求高等教育满足经济发展需求的压力。德国集中建立高等专科学校(后升格为应用科学大学)、职业学院,英国大力发展多科技术学院(后升格为技术大学),加拿大举办社区学院、职业学院等,其做法及实质异曲同工。这些措施既充满想象力又富有实效,在很大程度上满足了经济社会发展对高等教育提出的客观要求,又在很大程度上保持了原有大学系统的整体稳定性,同时,促进了高职教育在全球范围的兴起。

---

① 〔荷兰〕弗兰斯·F·范富格特.国际高等教育政策比较研究〔M〕.王承绪,译.浙江:浙江教育出版社,2001:41.

② 〔荷兰〕弗兰斯·F·范富格特.国际高等教育政策比较研究〔M〕.王承绪,译.浙江:浙江教育出版社,2001:148.

4.1.3.3　高职教育的成功形成了大学功能变革的共享观念

以上描述的大学功能变革内在发生机制是什么？或者说，为什么高等职业类教育服务社会的实践取得成功能够对原本的大学体系产生影响，进而使大学体系发生类似变化？新制度主义理论对此进行了揭示，该理论认为，虽然社会组织能够对技术环境和制度环境的矛盾性要求进行协调，但最终促使组织功能趋同的是社会共享观念，即社会对某种现象形成一致性的共同认识。社会共享观念虽属观念领域，其形成却不是理论推演的结果，而是因为在实践领域已经有组织此前曾经在这种观念指导下取得过成功。这个从实践到观念再返诸实践的过程，也是新制度主义理论在实践当中的逐级表现过程：特定组织最初遵循技术环境的要求追求效率，取得成功后会受到其他同类组织的模仿，这样原来的技术环境就成为同类组织的"制度环境"，发挥起"合法性"的作用，进而形成"共享观念"。新制度学派曾用不同城市在不同时期采纳公务员制度来说明这个道理。[①]可见，在纵向时空领域，存在着技术环境向制度环境转化的趋势。[②]

高等职业教育的兴起及成功实践，导致了社会共享观念的形成。对高等教育系统来说，最初通过主要发展高职教育来应对经济领域对科技与人力的需求，满足了技术环境的"效率"要求，尽管这种做法是在受到政府的干预之后发生的。当高职教育与社会实践的结合取得成效的时候，政府和高校的努力获得社会认可，通过高等教育满足经济对科技与人力的需求拥有了"合法性"，被视为理所当然，更多高校采取了模仿行动，原来面临的技术环境转变为同类组织的制度环境。以上实践逻辑逐渐获得越来越多的社会支持，进而形成社会共享观念，引导着越来越多的大学开启了功能转化的模式，最终演变成为社会普遍现象。当然，对于这种普遍现象应予正确理解：一方面，越来越多的甚至在数量上占据多数的大学实现了社会服务功能的转化；另一方面，仍然有相当一部分大学继续保留以教学和科研为主的功能，实现转化的大学也可能是部分地向应用性转变，转化与保留两者并不是"非此即彼"的完全对立和相互排斥的关系。

综上所述，正如很多其他历史事实往往会淹没在纷繁芜杂的表象之下

---

①　周雪光.组织社会学十讲［M］.北京：社会科学文献出版社，2003：92-93.

②　秦惠民，解水青.高职教育对现代大学功能变革的影响——基于国际视角的新制度学解读［J］.中国高教研究，2014（2）：20.

一样，高等职业类教育的兴起从表面上看是一个独立过程，但其产生和发展却导致了整个高等教育体系价值观念的变革和功能性拓展。①尽管很可能会令人惊讶，但是对历史进程抽丝剥茧的梳理已足以告诉人们：在现代大学系统发生深刻功能变革的进程当中，高等职业教育的确扮演了重要角色，充当了"实验田""探路者"甚至可以说是"救命稻草"和"催化剂"角色。尽管历史不能假设，我们仍然可以大胆设想，如果当经济社会急需适用性人才而本科大学能够直接承担起这一培养职责的话，各国政府或许没必要转而求其次：一方面"小试牛刀"地督促部分大学进行尝试性的局部变革，另一方面投入专门的公共财政去建立一种新型的高等教育体系，因为显然，这是一种不经济的做法。高职教育的出现，使政府和本科大学都暂时摆脱了社会可能的指责。而高职教育对于本科大学功能的拓展，实际上是起到了一种"引导"的作用，因为说得直白一点儿，其内在逻辑是这样的：原本没有认为由高校来承担的职责，高职教育却做到了，而且做得还不错，本科大学当然更能够做到。当然，由于综合实力的差距，高职学校和本科大学在服务社会的层次、范围、质量等各个方面同样存在较大差距。所以，实际上，两类学校在培养应用型人才方面形成了不同的角色分工。但无论如何，这并不影响高职教育对于整个高校组织的功能性变革所起到的重要作用。

4.2　创业型大学对大学"第三使命"的提升

以20世纪初期美国威斯康星思想的形成为标志，服务社会被确立为大学功能，"当产业与商业机会出现在大学研究中时，大学派生出促进区域经济社会发展的'第三使命'，发生了第二次大学革命。"②正如19世纪发生的第一次大学革命催生了研究型大学一样，第二次大学革命于20世纪中期开始催生出创业型大学。"大学在创新中起更为直接的作用，特别是当它涉及公司形成时。创业型大学培养准备创办自己的组织而不是为现存组织工作的创业型

---

① 秦惠民，解水青.高职教育对现代大学功能变革的影响——基于国际视角的新制度学解读〔J〕.中国高教研究，2014（2）：21.

② 〔美〕亨利·埃茨科维兹.国家创新模式：大学、产业、政府"三螺旋"创新战略〔M〕.周春彦，译.北京：东方出版社，2006（导言）：3.

人才，创业型大学也直接参与新公司新产业的形成发展。"①在亨利·埃茨科维兹、伯顿·克拉克、希拉·斯劳特等创业型大学理论奠基人的理解中，运用学术资源优势开展市场性营利行为，以至于形成了类似于企业化的运行模式，这样的大学才是创业型大学。

大学服务社会的"第三使命"是创业型大学滋生的土壤和孕育的母体，创业型大学是从大学"第三使命"中萌生的庄稼和诞生的孩童，两者"血脉相连"。大学"第三使命"的形成经历了由被动应对社会需求到主动把握的过程；由"第三使命"催生的创业型大学同样起始于对更多社会需求的应对，且曾经因为政府财政支持的缩减而面临滑向"困境"的危险。现象背后是资源依赖理论所阐发的机制在发挥作用，简而言之，大学"第三使命"及创业型大学的形成，都是大学对外部的资源依赖予以应对的产物。此外，由于创业型大学表现出与此前大学服务社会行为截然不同的主动性、创造性及灵活性，所以，在实践领域，创业型大学将大学"第三使命"提升到新的境地；在理论领域，创业型大学实现了对资源依赖理论的扩展。

4.2.1　创业型大学与大学"第三使命"的关联

综合第3章及本章以上内容可以看出，高职教育在全球范围的兴起影响到大学功能变革，促成了大学服务社会"第三使命"的形成；大学"第三使命"又促成了创业型大学的诞生，并且创业型大学在世界多个国家很快呈现出"丛林"现象。大学"第三使命"所以会催生出创业型大学，除了外部环境的影响和规制之外，在内部，是因为两者之间存在"血脉相连"的内在关联。接下来将对此进行详细剖析。正是这种内在关联的存在使创业型大学天然地传承着大学服务社会的"第三使命"，当然，也由于创业型大学培育形成了特殊的秉性，又进而将大学"第三使命"提升到了新的境地。（表4-1）

---

①〔美〕亨利·埃茨科维兹.国家创新模式：大学、产业、政府"三螺旋"创新战略［M］.周春彦，译.北京：东方出版社，2006（导言）：4.

表4-1　创业型大学与大学"第三使命"的关联及差别

	大学服务社会功能	创业型大学
产生根源	经济社会发展的客观需求	经济社会发展的更多复杂需求
启动动因	政府中"中介""推手"作用	政府的"中介""推手""施压者"作用
形成过程	"曲线救国"路线（总体上被动色彩更为浓重）	埃茨科维兹："三螺旋"；克拉克；五要素……（体现出自主性灵活性创造性）
主要内容	开展人才培养培训；参与解决生产生活问题；开展学术创业	以学术创业的形式——开展人才培养培训；解决生产生活问题；创造新的市场与学术增长点
社会影响	大学与社会建立起密切联系（从属性或参与性社会机构）	大学成为社会"轴心机构"（主导性甚至领导性社会机构）

4.2.1.1　产生根源的关联

归根结底，大学"第三使命"及其催生的创业型大学都产生于社会发展的客观需求，由于历史演进与社会发展阶段的差异，相较于大学服务社会功能的形成，创业型大学产生时所背负的社会需求远比以前繁重复杂得多。

从史实发生的角度衡量，高等职业教育在世界早期发达国家的兴起吹响了大学服务社会的号角，经历了一个多世纪的发展之后，大学服务社会的功能才于20世纪之初经由威斯康星思想得以确认。其时，大的社会背景为第一次工业革命的成功，在瓦解手工作坊的同时催生了现代的机器大生产形式，这种基于当时最高生产力水平的大机器生产基础上的劳动作业对工人提出了更高要求，反映到教育领域，即需要培养出具有更高技术能力的劳动者。当然，具体到不同的国家不同的阶段，这种要求有所差别。比如法国虽然注重全面发展，但更多的是围绕拿破仑为建立庞大帝国而对发展军工产业的需求。为了洗刷德法战争失败的耻辱，德国急欲提高综合国力，因而需求多元，包括工程学、农业学、力学、化学和建筑学等方面。英国为了保持其"日不落帝国"的威望，着重发展其拥有资源与基础优势的纺织机械、煤炭、钢铁产业等。早期的美国则侧重于发展农业和园艺业等。统合这些不同国家不同阶段的需求显而易见：是经济及社会领域的生产生活现实需求，构成了大学服务社会的前提。

创业型大学本身是大学"第三使命"的产物，当然地基于社会发展的客观需求，"19世纪上半叶，因美国经济社会发展迅速而引发的求学需求和对工程技术人才需求的增加，以及现有的教育机构无法满足这种需求的矛盾，构成了MIT诞生的外部环境"[①]。世界上最早成为创业型大学的麻省理工学院诞生于美国赠地学院创建时期，尽管学院打上了创始人罗杰斯兄弟个人意愿的烙印，但不得不承认：罗杰斯兄弟这种意愿实质上是对社会发展现实需求及趋势的精准且富有预见性的判断和把握。同样，斯坦福夫妇在创建斯坦福大学的时候，其所秉持的"为现实生活做准备"的办学理念，无疑也是对经济与社会时代呼唤的恰切回应。

但是，与大学服务社会功能确立之初不同的是，创业型大学背负了更多的社会期待。创业型大学形成于20世纪后半期，正值人类社会第三次工业革命或者说科技革命方兴未艾之际。原子能、电子计算机、空间技术、生物工程等完全颠覆了传统科学对世界的认知，成为第三次工业革命的主要标志，将人类推进到信息时代、数字时代以及知识经济时代，使全球化成为不可阻挡的潮流。这种前所未有的社会大变革对高等教育寄予了更多更高的期望，"除了教学、科研与社会服务的传统任务之外，人们期望大学提供建设和保持社会实力及繁荣的学术能力。大学过去主要的价值在于培养人力资本，教育公民和培养专业人员，而今天我们正不断从大学寻求知识资本，这里面当然包括受教育者，但也包括基础研究和用用研究、专业技术和经济的影响。"[②] "大学必须要承担起这个领导责任，发展新知识，教育公民，保护环境，使得我们得以在地球上继续生存。"[③]大学由此被前所未有地推向和拉向社会舞台的"聚光灯"下，既受到热切关注，又因难以迅速满足纷至沓来的多元需求而面临受到指责的风险。

4.2.1.2　启动动因的关联

社会产生需求与大学开始行动之间并非是直接相连的，大学服务社会与创业型大学形成都起始于被动"应约"，发挥桥梁作用的是各国政府。在前者中，政府扮演了重要的"中介"与"推手"的角色，更多实施了激励与

[①] 孔钢城，王孙愚.创业型大学的崛起与转型动因［M］.北京：中国社会科学出版社，2014：76.

[②]〔美〕詹姆斯·杜德斯达.21世纪的大学［M］.刘彤主译，王定华审校.北京：北京大学出版社，2005：28.

[③]〔美〕詹姆斯·杜德斯达.21世纪的大学［M］.刘彤主译，王定华审校.北京：北京大学出版社，2005：18.

诱导；到后者时，政府同时并且更多扮演了"施压者"的角色，更多采取了"逼迫"的手段。

大学服务社会功能的形成其实是起始于被动的。因为在很长的时间里，崇尚理性又"底部沉重"的大学对迎合世俗需求弥漫着抵触的情绪，担心会影响大学的形象以及传统。甚至到19世纪70年代美国亟须发展实业的时候，很多老牌大学仍固守传统，与工商界对人才的需求严重脱节。这种情况之下，各国政府运用了"另起炉灶"的策略，通过经济及财政手段的干预催生了高等职业教育的新类型，实现了对铁板一块的高等教育体系的突破。无论是美国的赠地法案、职业教育法以及"生计计划"等，还是英国的珀西报告、技术教育白皮书以及1964年产业训练法等，抑或是法国政府开办高级技术员班和大学技术学院，或是德国政府建立三年制的高等专科学校、职业学院以及"高等学校区域化计划"等，显然，都是政府在运用激励与诱导的政策手段，督促大学为社会服务的活生生的案例。具有较强主动性的康奈尔大学和威斯康星大学，在当时实际上是处于众多指责当中，只有在它们成功之后，才为其他大学所效仿。

创业型大学的启动最初也是被动甚至无奈之举。尽管开始有政府赠地及财政拨款的支持，但麻省理工学院的创业型大学之路并不像成功之后那样光彩夺目，而是经历了曲折甚至危机。如上所述，建校后几十年的岁月里，以及直到20世纪初期第一次世界大战前后，麻省理工学院数度面临财政危机，更不得不先后五次面对哈佛大学动议其合并的压力。虽然麻省理工学院最终保持了独立地位并与哈佛大学以对等身份开展合作，却在短短三年之后，于1917年因法院判决而终止。反复多次的波折使麻省理工学院意识到，仅仅依靠校友或者其他支持者的捐赠是远远不够的，学校必须寻求更加多样且稳定的资金来源，由此，麻省理工学院逐步强化了与行业企业的合作，强化了对教师市场行为的支持，强化了对政府专项资金的争取。

继麻省理工学院之后，斯坦福大学经历过类似的困境及应对。其他创业型大学大都形成于20世纪七八十年代全球性经济危机之后。诸多领域的理论家认为，20世纪80年代后期经济全球化的出现，致使很多工业化国家不约而同地采取了类似的对策，即压缩用于社会福利和教育职能的资金份额，而将更多的钱用于培育和提高企业竞争力。在对高等教育的投资方面，这些国家的政策制定者将可以自由支配的用于研究和培训的资金，向高等教育领域有益于生产项目的方面转移，包括有助于提高管理或者加强经济创新，期冀以此提高国家的经济及综合竞争力。[①]在承载着社会日益增加的期待的同时，几乎所有大学都在承受着这种来自政府的压力，需求与满足需求条件之间的失衡将大学推向两难境地，不寻求变革只能意味着边缘化、停滞或者萎缩、倒退乃至消亡。因此，大学创业功能的诞生，归根结底是第三次工业革命浪潮诱发的全球变革趋势施压于世界各国政府，各国政府又将这种压力转嫁到大学身上的结果。

4.2.1.3 形成过程的关联

大学服务社会"第三使命"的形成经历了从被动应对到主动把握的演变过程，创业型大学也是如此。前者走出了一条"曲线救国"路线，是一种由被动"引"出来的主动。后者要直接一些，部分具有创新意识的大学尝试采用"学术资本主义"策略应对困境；因而，一旦大学开始行动，即表现出较强自主性，是一种由被动"逼"出来的主动。

从高职教育兴起对大学功能变革的影响可以看出，大学"第三使命"的形成经历了典型的"曲线救国"路线。首先，大学因坚守对理性的求索而不情愿迎合世俗需求。其次，政府的干预催生了高等职业教育类型的诞生，高职教育的成功满足了制度环境对效率的追求，并丰富了高等教育结构体系。再次，很多大学逐渐采取了服务社会的行动，在整个高等教育体系，服务社会已经成为一种合法性机制。最后，服务社会作为大学的一项新功能被确立起来，成为社会性的共享观念，引发了整个高等教育体系的功能变革。这个一波三折的过程呈现出"西天取经"一般的戏剧性。[②]

创业型大学的形成也经历了由被动应对到主动突围的过程。屡经波折的麻省理工学院为了摆脱困境，接二连三打出了一套"组合拳"：发起持续20余年的"技术计划"，经过广泛讨论确立了激发教师积极性的咨询与技术服务工作的原则及政策（五分之一原则），借助世界大战紧密参与到军方的合同项目等，从而第一次较为彻底地摆脱了从建校以来反复遭遇的财政困扰。到20世纪七八十年代，美国因为全球性经济危机而财政吃紧、波及高等教育

---

① 〔美〕希拉·斯劳特，拉里·莱斯利.学术资本主义：政治、政策和创业型大学［M］.梁骁，黎丽，译.北京：北京大学出版社，2008：13.

② 秦惠民，解水青.高职教育对现代大学功能变革的影响——基于国际视角的新制度学解读［J］.中国高教研究，2014（2）：17-21.

的时候，麻省理工学院已经具备了抵御风险的足够能力。可以想象，如果不是创始人及其继任者始终坚守举办一所高质量工程大学的初心，以及与广大校友们同心协力开拓出了多元而稳固的资源渠道，塑造成了坚实的创业秉性，或许，麻省理工学院早已在历史的长河中消失了。为了在维持矛盾性平衡中维持自身生存，更多大学开始引入市场机制，通过学术资本主义路径扩充可持续发展的多元化资源。到20世纪末期，创业型大学的兴起已经成为世界现象。

关于创业型大学的形成路径，最典型的还是伯顿·克拉克和亨利·埃茨科维兹所做的概括。伯顿·克拉克经过多案例研究，归纳提炼了创业型大学的转型途径，即形成强有力的驾驭核心、拓宽的发展外围、多元化的资助基地、激活的学术心脏地带和一体化的创业文化等[①]，并且有赖于三种强大的动力：加强相互作用的动力，累积的动量的动力，以及其中最为强大的动力——具有雄心壮志的集体意志的动力。[②]亨利·埃茨科维兹指出了创业型大学由"四根柱石"支撑，即学术带头人能够形成和实施自己的战略构想，具有通过授予专利、颁发许可和孵化等方式进行技术转移的组织能力，在管理人员、广大师生当中普遍存在着创业精神，能对大学资源进行合法控制[③]；又归纳了创业型大学五个方面的标准或特征：知识资本化，相互依存性，相对独立性，混合形成性和自我反应性[④]，借此表达研究型大学向创业型大学的转型路径。尽管两人的概括不尽相同，但却相通地揭示出了创业型大学的基本机理：大学具有创业的整体意愿和控制能力，对内部组织结构进行相应调整，通过发挥学术优势与外部进行各种资源交换，大学通过企业化行为争取多元化的资金来源等。希拉·斯劳特对大学创业的概括则可精炼为学术资本主义。

4.2.1.4　主要内容的关联

因为创业型大学是大学"第三使命"的产物，其创业行动本身就是大

---

①〔美〕伯顿·克拉克.建立创业型大学：组织上转型的途径［M］.王承绪，译.北京：人民教育出版社，2000：3-7.

②〔美〕伯顿·克拉克.大学的持续变革——创业型大学新案例和新概念［M］.王承绪，译.北京：人民教育出版社，2008：115-120.

③〔美〕亨利·埃茨科维兹.国家创新模式：大学、产业、政府"三螺旋"创新战略［M］.周春彦，译.北京：东方出版社，2006：31.

④〔美〕亨利·埃茨科维兹.国家创新模式：大学、产业、政府"三螺旋"创新战略［M］.周春彦，译.北京：东方出版社，2006：51-52.

学服务社会功能的组成部分。更准确的表述为：创业型大学是大学"第三使命"在更高阶段的表现形式，创业型大学的创业行动丰富了大学服务社会功能的内涵，扩大了其外延，更因为其所衍生出迥异于此前形式的突出特征，而将大学服务社会的功能提升到一种新的境地。

大学如何服务于经济与社会发展？综合世界多国大学的做法，大致可以概括为以下五种方式。

第一，为特定产业或专业领域培养适用人才，大学因此必须对专业及课程、教育教学资源及方式方法等进行相应设置及调整。比如美国州立大学审批新专业时需要审查四个方面的问题：是否适应本区域需求、本州其他学校是否已经开设、潜在生源情况、市场需求情况。

第二，为社会成员提供形式多样的继续教育和培训，包括学历与非学历教育、全日制与非全日制教育、职业资格培训、专门技术培训、休闲教育等。教育与培训对象既可以是在职人员，也可以是无业人员；教育与培训内容既可以与职业相关，也可以与志趣爱好相关。

第三，帮助解决社会生活领域的若干现实问题，不厌其烦、不厌其精、不厌其细。美国和加拿大等国家的社区学院在这方面表现尤为突出。发展到今天，美国社区学院的社会服务职能日趋完备，几乎无处不在，涵盖了社区居民生活的方方面面。比如，鼓励社区组织使用学校的各种设施，向社区提供师资力量支持，致力于社区的生活水平、文体娱乐、卫生保健、公益事业、心理咨询、环境保护、发展规划、基层管理等几乎所有事情。美国著名高等教育家伯顿·克拉克·科尔为此由衷感慨道："两年制社区学院的发明是20世纪美国高等教育的伟大革新。"[①]同样，其他类型大学也在为社会提供着日益丰富的多种服务，比如康奈尔大学期待培养的学生进入社会需要的各个领域承担社会责任，让他们不仅能够适应社会，更能够改造社会。威斯康星大学将为全州服务视为天职，专门成立大学知识推广部向社会公众传播知识，探索了函授、学术辩论、讲座及研讨、流动图书馆等灵活多样的形式。很多其他国家的大学，也都根据法律法规要求担负起服务社会的使命。

第四，与政府机关、行业企业、民间团体等多种社会组织合作，联合

---

① Steven Bvint，Jerome Karabel.The Diverted Dream：Community College and the Promise or Educational Opportunity in American：1900–1985［M］.New York：Oxford University Press，1989.1.

研究、谋划、解决生产经营中的科学技术及管理等问题。这种服务形式在19世纪中后期零星出现，到20世纪上半叶，受到世界经济危机的刺激以及两次世界大战的推动，逐步形成规模。麻省理工学院等大学的率先尝试形成美国大学的传统，仅第二次世界大战期间，美国即有30多所大学和19家工业公司参与政府和军队上百个项目的研发及国家相关政策的制定。继1933年成立全国产学合作研究委员会之后，日本于1956年提出专项咨询报告《关于产学合作的教育制度》，1960年再次发布《国民收入倍增计划》，强调重视实业界和学校的合作，强化教育教学、科学研究和社会生产之间的有机联系。

第五，大学作为主体，直接开展市场性的或者类似市场性的活动，获取经济利益及相关综合效益。具体而言，此类活动包括提供市场需求的教育与培训、咨询与技术服务、专利转让、技术转移、建立企业孵化器、建立科技园区、创办公司、设立风险资本等多种方式。本书提到的所有创业型大学，无一例外都表现出类似的行为方式。

根据前文对创业型大学概念及内涵的解析可知，当大学试图以统一意志为指导，与外部组织开展自主互动，并且整体开展知识资本化或产业化的行动时，以上活动均存在向创业型行为转化的可能。显然，第五条内容所展示的则是确凿无疑的典型创业行为。与大学服务社会的常规行为相比，大学创业行为呈现出截然差别，这种差别不仅在于行为本身，更在于行为所蕴含的基本理念、价值诉求及引发的大学身份变迁：大学不再躲在幕后或者作为随从者的身份出现，而是以合作伙伴或者主导者、行为主体的身份登台亮相，明确表现出对经济利益的追求，呈现出类似企业化组织的明显特征。

4.2.1.5 社会影响的关联

大学服务社会的"第三使命"打破了传统大学"象牙塔"的超然形象，使大学与社会建立起日益密切的联系，把大学一步步推向社会舞台的中心。创业型大学更进一步，极大地拓展了争取社会资源的渠道尤其是自主性：大学在获取环境资源的同时，更能够自身创造所需要的资源，由此培育出新的秉性，也因此孕育着给社会组织结构及运行方式产生深远影响的可能性。

在人类高等教育史中，大学"第三使命"的确立无疑是里程碑式的。作为一名产生巨大世界影响的英国教育家，埃里克·阿什比对此的赞扬之情溢于言表："美国对高等教育的贡献是拆除了大学校园的围墙。当威斯康星大学的范海斯校长说校园的边界就是国家的边界时，他是在用语言来描述大学演变过程中的一个罕见的改革创举。"①在当下时代，如果我们说大学的服务范围已经涵盖了从尖端科技到日常生活的角角落落，绝非夸大其词。显然，大学早已经不是历史上的"象牙塔"，甚至也不是社会组织中附属性的角色，而成为社会生产生活的积极参与者。

经历一个半世纪的探索，大学服务社会的功能培育生成了创业型大学，大学发展愈加主动，爆发出似乎不可遏制、也无可逆转的力量。大学仍然在服务社会，却采取了全新的方式：直接创造财富。"我们已经进入了这样一个时代，即受教育者及其观念成为国家的财富，很明显，大学也成为财富的创造者。"②所以，创业型大学已经把大学"第三使命"带入新的境地。大学仍然在履行着育人、科研与服务的使命，"但创业型大学同时还是经济与社会发展的引擎，具有发掘大学科学发现的技术潜力为产业和社会发展服务的能力。向创业型大学的转变增强了大学的传统使命，正如新使命为传统使命所增强一样。"③正因如此，伯顿·克拉克极其慷慨地将大学称为社会"轴心机构"④，大学不仅仅成为像政府部门、行业企业一样的社会活动参与组织，甚至也经常能够发挥主导者、领导者的作用。经历一千多年的漫长历程，大学第一次呈现出迥异于自身的特征，这种空前巨变无疑将孕育出对社会结构及其运行产生深刻影响的新可能。

4.2.2　创业型大学对大学"第三使命"的提升

资源依赖理论着重从外部环境对组织影响的角度研究组织问题。其基本观点认为，组织最重要的目的是维持生存，获取和维持资源的能力是组织生存的关键⑤，组织必须与环境中的其他组织或者群体进行货币资源、物质资

---

①〔美〕德里克·博克.走出象牙塔——现代大学的社会责任［M］.徐小洲，陈军，译.杭州：浙江教育出版社，2001：73.

②〔美〕詹姆斯·杜德斯达.21世纪的大学［M］.刘彤主译，王定华审校.北京：北京大学出版社，2005：28.

③〔美〕亨利·埃茨科威兹.国家创新模式：大学、产业、政府"三螺旋"创新战略［M］.周春彦，译.北京：东方出版社，2006：32.

④〔美〕伯顿·克拉克.高等教育新论：多学科的研究［M］.王承绪，等译.杭州：浙江教育出版社，1988：41.

⑤〔美〕杰弗里·菲佛，杰勒尔德·R·萨兰基克.组织的外部控制：对组织资源依赖的分析［M］.闫蕊，译.北京：东方出版社，2006：2.

源、信息资源或者社会适应性等方面的交流。外部组织或者群体可能借此要求相应回报，这就使组织形成了对外部环境的依赖，这种依赖包括共生性依赖和竞争性依赖。这对任何组织来说都不可避免。若一味顺从环境，对每一种环境要求都做出回应，就会失去自主性，同样影响组织生存，所以，组织不得不通过"选择性适应"和"控制性适应"等途径管理或消除依赖。

通过资源依赖理论分析可以发现，大学生存就是一个不断地对环境资源产生依赖又不断企图摆脱依赖的过程，其中最重要的资源首推货币资源。在更大的视域范围以内，大学"第三使命"与创业型大学都是大学对外部环境的资源依赖进行应对的产物。在管理环境依赖方面，创业型大学明显表现出比此前大学服务社会行为更加突出的主动性、创造性及灵活性，所以，在实践领域，创业型大学将大学"第三使命"提升到新的境地；在理论领域，创业型大学实现了对资源依赖理论的扩展。（图4-2）

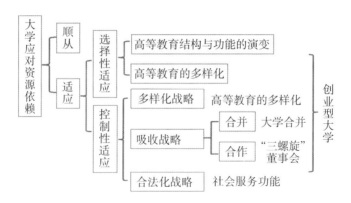

图4-2　从资源依赖理论视角对大学变革发展的解读

4.2.2.1　大学对外部环境的资源依赖及反应

资源依赖试图反映的是一种普适规律，大学确实没能独处其外，早在中世纪大学诞生的历史时期已经明显地表现出来。现代意义的大学起源于中世纪，大学的最初形式是自发组成的"行会"，赖以生存的资源最初是由学生提供的金钱或物资，满足的需要是生活中需要的知识和技能。所以，当时的大学大多集中在商业繁盛及对纠纷诉讼需求旺盛的经济发达城市，意大利波罗尼亚大学、法国巴黎大学如此，英国牛津大学、德国海德堡大学同样如此。随着一定规模的社会影响力的形成，大学吸引了政教合一的统治阶层即上流社会的关注，教会和世俗政权开始以颁发许可令、捐赠资金甚至自建大学等形式支持大学发展，神学也堂而皇之地登堂入室。"中世纪大学的基本目的是进行职业训练，培养社会所需要的专业人才，因此大学教育往往分文、法、神、医等四科来进行。"①一方面，大学获得了社会的支持；另一方面，大学实际上同时也开始受到控制。大学"将计就计"，借此争取到其他更多的资源：包括师生可以免除缴税和服兵役的义务；大学有权设立特别法庭，专门处理大学师生与"外人"之间发生的诉讼，而不必将诉讼移交至国家法庭；大学师生有权利自由迁徙到任何想去的地方而不受限制等。显然，中世纪大学鲜明的职业性是对资源依赖的反映，大学必须对环境的需求进行回应，以此换取维持生存与发展的必要资源。

资源依赖由此成为大学发展史上无可避免的现象。17—18世纪，由于文艺复兴和宗教改革运动的推动，欧洲人文主义思想得以广泛传播，人们勇于挑战传统权威、崇尚科学，思想观念更加贴近现实、注重世俗，自然科学领域取得一系列重大成果，社会生产力获得显著提高。这些社会环境的重大变化对欧洲各国高等教育产生冲击，那些满足社会尤其是统治阶层需求的大学能够争取到优厚资源，从而获得有利社会地位而快速发展，反之则备受冷落。

英国由于脱离罗马教皇而形成了国教派与非国教派的对立，反映到高等教育领域，非国教派所建立的学院常常遭到国教会的排斥，大多几年、十几年以后便难以为继，英国的高等教育仍然是牛津、剑桥的天下。法国虽然社会革命连续爆发、执掌政权更迭频繁，却对科学技术的客观需求不断上涨，因而创办了一大批高等科技专门学校和教育机构，包括著名的巴黎理工学校等，培养了众多高级科技人才，为其后高等教育的发展奠定了基础。德国开始出现以哈勒大学、哥廷根大学为代表的"新式大学"，这些大学敢于打破传统宗教教条的限制，大胆选用那些对更崇尚理性、有独立思考能力和独立见解以及富有冒险精神的学者到课堂授课，积极吸收最新的哲学和科学研究成果，这一切为大学注入了新的生机，也成为大学的突出特征。俄国建立了莫斯科大学，由于处于中央政府的直接管辖及扶持之下，这所大学始终有足够的发展资源，一直保持了俄国最高学府和世界著名大学的崇高地位。此外，独立战争之后的美国高等教育发展迅速，在一个多世纪的时间里新建立

---

① 吴式颖.外国教育史教程［M］.北京：人民教育出版社，1999：121.

了18所大学，而且开始出现州立大学，但这些大学随着联邦政府或者州政府支持的增加或减少而繁荣或衰退。

4.2.2.2 "第三使命"是大学对环境要求的能动回应

资源依赖理论认为，为了维持生存及未来发展的确定性和稳定性，组织必须管理对环境的依赖，基本途径包括顺从和适应。组织并不需要一味顺从环境需求，这会使组织的自治权和决定权受损，可能陷入长期受到威胁的被动局面，不符合组织长期利益。[①]所以组织应该能动地适应环境，方法包括两种。第一种：选择性适应：通过变化或选择来适应环境，组织本身可以发生变化，或组织可以选择环境不同部分作为关注焦点，适应环境的潜力就大大增加。第二种，控制性适应：改变或者控制环境，让环境适应组织，组织能够参与战略多元化、完全吸收环境（如合并）、部分吸收环境（如合作）或者企图影响组织活动的指导规则（合法化）的活动。

从中世纪大学诞生到18世纪，在受到外部环境制约、不得不满足其他社会组织要求的时候，大学虽然较为被动，但也能够部分利用外部环境错综复杂的关系争取自身发展的空间，这与资源依赖理论的基本观点相符合。历史车轮推进到19世纪，早于18世纪末期萌生的高等职业教育开始风起云涌；20世纪，大学服务社会功能得以正式确立并遍地开花，其时，大学本身的自主性较此前大大增强，因而对环境要求的回应表现出更强的能动性。

首先考察大学的选择性适应。当回顾中世纪大学时，其表现出来的职业性实质也是服务，但主要是为居于社会顶端的少数统治阶层服务，而与广大市民的生产生活无关，所以，当时的大学被称为"象牙塔"。尽管普通民众也会产生提高生产效率与生活品质的客观需求，但是，"组织必须从竞争性要求中选择出最为重要的要求，或者设法避免和消除这些冲突和要求，从而增强组织的决断力，并专心对付那些无法忽视的要求"[②]，所以，大学必须率先满足统治阶层的需求才能赢得维持发展的资源。经过18、19世纪的社会变革，随着高职教育兴起、大学将服务的视野逐步拓展到普通民众生产生活领域的时候，"服务社会"才名正言顺地被界定为大学功能，大学"围墙"也得

---

①〔美〕杰弗里·菲佛，杰勒尔德·R·萨兰基克.组织的外部控制：对组织资源依赖的分析[M].闫蕊，译.北京：东方出版社，2006：103.

②〔美〕杰弗里·菲佛，杰勒尔德·R·萨兰基克.组织的外部控制：对组织资源依赖的分析[M].闫蕊，译.北京：东方出版社，2006：105.

以打开。因为当此历史阶段，社会生产及民众生活均已成为国家政权的重要关切，对这些领域的服务同直接服务于国家政权一样，都可以为大学赢得资源。所以，尽管常常被裹挟在众多需求集合当中，大学仍然可以做出选择性回应。而且，不仅仅对需求的回应是选择性的，大学采取回应的方式也是选择性的，即高等教育体系选择在不同历史时期分阶段地、缓慢而明确地改变其结构及功能。所以，从广义的角度而言，大学发生改变的事实本身也是其实施选择策略的表现形式。

然后考察大学的控制性适应。在资源依赖理论看来，组织与其环境很难从实体的角度进行边界划分，组织或者其某些部分常常也是环境的构成要素，反之亦然。所以，与其说组织是一个具体的社会实体，不如说是通过整合足够的支撑条件来继续生存的过程。①控制性适应看似一个自相矛盾的概念，但用来概括大学为了适应环境而展开能动性行动的现象却极为恰切，这种现象可谓异彩纷呈。首先是多样化战略，从中世纪的"学生大学"与"先生大学"的并立，到18世纪末期职业类高等学校的萌生，再到19世纪科研功能的确立以及研究型大学的出现，直到20世纪服务社会功能的确立以及催生了创业型大学，高等教育从规模、结构到功能均发生深刻变化。多元化战略使高等教育日益呈现出复杂的多样性，以至试图对其进行准确分类成为一件非常困难的事情，但却各负其责地应对了纷至沓来的多种社会需求，可谓精妙。

继而是对环境的吸收战略，这在世界高等教育演化史中屡屡上演，基于竞争性依赖关系引发的校际分化与整合，基于共生性依赖关系触发的大学与行业企业、政府以及其他社会组织之间的合作案例不胜枚举。仅以美国为例，独立之后的美国高等教育发展迅速，很多地方都基于学区制自主举办高等院校。但是，这种模式主要是为了迎合殖民时代地方社区自治的传统，实际举办的学校大多规模极小，根本不利于吸引社会资源，因而条件很差、水平极低。后来，不得不采取学区联合和合并学区等办法，19世纪又扩大了州教育权，情况才有所改善。与通过所有权的管理依赖相比，合作战略因更加灵活的优势而更加普遍。②在这方面，美国做出了一个重要贡献：创造了

①〔美〕杰弗里·菲佛，杰勒尔德·R·萨兰基克.组织的外部控制：对组织资源依赖的分析[M].闫蕊，译.北京：东方出版社，2006：26.

②〔美〕杰弗里·菲佛，杰勒尔德·R·萨兰基克.组织的外部控制：对组织资源依赖的分析[M].闫蕊，译.北京：东方出版社，2006：161.

"董事会"制度，在不改变大学性质的前提下，通过"增选法"将可能产生重要影响的人员纳入决策机构。通常情况下，州长、副州长、议会议长等是公立大学当然的董事，另外会有大学、企业甚至学生家长代表，董事会成员由州长或议会任命或由公民选举。私立大学董事会成员由学校创办者、工商企业界人士或由校友选举产生，其中大部分为校外人士。具有公私合营性质的大学董事会构成也会体现出"公私兼顾"的特点。无论怎样性质的大学，董事会都充当大学与外界环境之间的"缓冲器"和"连通器"，为大学摆脱环境依赖、争取社会资源发挥着至关重要的作用。董事会制度和美国大学与其他社会组织合作的多种机制一起（譬如大学—产业—政府"三螺旋"），共同维持着大学在应对社会需求与推动自身发展之间的平衡。

最后，大学还会采取管理和消除依赖的一种合法性的高明做法，即通过法律和社会批准等方式使生存制度化，使自身嵌入生存环境中，有时，甚至直接参与到评价其活动的规则制定当中。比如大学服务社会功能的确立过程。虽然政府官员或出版传媒会代为传达社会对大学的需求，但实际上，究竟需要什么样的服务往往连社会本身都不明确。这一设想是由大学的探索实现的：美国众多赠地学院和赠地大学、大学初级学院、社区学院以及其他大学等的共同实践，在很大程度上"规定"了对社会的服务内容及模式，从而使大学较好地扭转了经济与社会发展要求其变革的被动局面。所以，当威斯康星思想得以确立的时候，服务社会被称为"大学的功能"，而不是"社会的需求"。

4.2.2.3 创业型大学将大学"第三使命"带入新的境地

资源依赖理论认为，组织行动受到环境的制约程度取决于组织对环境的依赖程度。有效率的组织是能够满足环境中组织的需求，并从环境中获得继续生存的支持的组织。[①]自中世纪大学产生以降，大学几乎一直处于一种不断协调和环境的关系、维护大学自治与学术自由的过程。到20世纪后半期21世纪之初，随着创业型大学在世界多个国家纷纷出现，大学获得了前所未有的自主性。

大学"第三使命"的形成是因为受到外部环境的压力，继而在政府干预

---

① 〔美〕杰弗里·菲佛，杰勒尔德·R·萨兰基克.组织的外部控制：对组织资源依赖的分析 [M].闫蕊，译.北京：东方出版社，2006：67.

之下逐步实现的，虽然大学最终也表现出了对环境需求的主动回应，但总体上被动色彩更为浓重。创业型大学的产生虽然也起始于对社会需求的应对，尤其是受到政府财政拨款缩减的压力，但总体上体现出了大学的自主性，其具体应对方式更是显示出前所未有的创造力和灵活性。创业型大学的行为是从大学服务社会的功能延伸出来的，因而是大学"第三使命"的组成部分；但其应对外部环境压力的主动性及创造力，尤其是典型的"创业行为"却又呈现出截然不同于以往的突出特征，"在一个共同的社会创新结构中，大学正日益成为领导性机构范围"[①]。因而，是对大学服务社会"第三使命"的提升。

换个角度来看，大学漫长的演化史就是大学不断对资源依赖进行管理的历史。为了争取到发展资源，大学动用了资源依赖理论所提供的选择性适应和控制性适应等几乎所有手段，使世界高等教育的结构体系与功能发生了巨大变化，大学成为与政府组织、行业企业及其他社会组织共同影响社会进程的社会轴心机构。创业型大学的出现，使得这一进程像突遇峭壁，呈现出的变化截然不同于以往而愈加深刻。从中世纪大学诞生到20世纪中期长达850多年的时间里，高等教育体系发生了巨大变化，但无论如何变化，大学始终是大学；从20世纪中期麻省理工学院率先成为创业型大学至今短短五六十年的时间里，创业型大学在世界多个国家纷纷出现，却使大学变得越来越像企业。这种变化无疑是颠覆性的。大学固然依旧在资源依赖理论的原则框架之内，通过顺应、选择、控制等多种手段获取生存资源，但其手段的创新程度竟然使得大学呈现出不同于自身组织传统的特征，这恐怕已经超越了资源依赖理论的原本设想，因而实际上既是对资源依赖理论的检验，又是对其扩展。

综上所述，大学的创业功能属于大学"第三使命"的组成部分，两者分别着眼于大学自身和大学对外的视角解读大学行为，但又远不仅限于此，实际上，创业型大学是大学"第三使命"一种高级的表现形式，这种理解应该更加恰当。一个奇怪的现象是，大学"第三使命"早已成为世人公认的常识，但对于创业型大学至今仍然存在争议甚至排斥和反对。或许对此应予理解，正如康奈尔大学、威斯康星大学当年扛起社会服务大旗招致反对一样，

---

① 〔美〕亨利·埃茨科威兹.国家创新模式：大学、产业、政府"三螺旋"创新战略［M］.周春彦，译.北京：东方出版社，2006（导言）：4.

创业型大学同样需要经历一个逐步树立门庭的过程。但持异议者同样也应该理解，当《财富》杂志评选出近80%的世界500强企业拥有或正在创建自己的企业商学院而饱受赞誉的时候，人们也应当理解大学采取企业化行动。企业在改变着大学的结构和运行方式，有理由相信：大学也会改变企业，进而，大学和企业将共同改变社会。

第 5 章

高职学校与创业型大学的横向关联

本章将主要从静态的视角考察和剖析高职学校与创业型大学之间的横向关联。第4章所论述的高职学校与创业型大学的功能关联，是在历史演化的过程中逐步产生并建立起来的，一旦服务社会成为大学的普遍功能，就在各种高等教育类型之间架起了相互贯通的桥梁，对于高职学校和创业型大学之间的关系而言同样如此。本章将从另外的视角深化探讨两者之间的这种横向关联，即通过基础性研究与应用性研究之间的复杂关系对高等教育领域所形成的体系划分，展示高职学校与创业型大学在理论及实践层面的重合度，从而进一步论证与检验高职学校建设创业型大学的适切性。

5.1 高职学校在创业型大学体系中的坐标

以上研究显示出，高等职业教育类学校和创业型大学的确存在较为密切的关联，但是，无论是基于历史视角的纵向关联还是基于逻辑视角的功能关联，高职学校和创业型大学都被分别归类于不同的高等教育坐标体系当中。要足以证明高职学校建设创业型大学的适切性，需要一种更加紧密的关联，在这种关联当中，双方能够共处于相同语境构成的特定体系，并且表现出较高的重合度。事实上，这一体系的确存在：当运用基础性研究与应用性研究的错综复杂关系考察整个高等教育领域时，能够大致划分出适宜建设创业型大学的大学和非适宜建设创业型大学的大学两个相对应的大学体系，而高等职业教育类学校因为天然倾向于应用性研究而在创业型大学体系中拥有了一席之地。

5.1.1　基础性研究与应用性研究的线性认知

19世纪初期以后，柏林洪堡大学率先确立了科研与教学相统一的原则，在本国及世界高等教育领域产生了深刻影响和示范效应，波恩大学、慕尼黑大学等均根据洪堡大学的精神建立起来，科学研究逐渐和教学一样被确定为大学功能，渐渐地，研究型大学作为学术高地凸显出来。通过到德国实地学习之后，1876年，美国建立了最早的研究型大学——霍普金斯大学，并逐渐形成了具有本国特色的研究型大学体系。然而，人们很快发现，美国的研究型大学和德国的研究型大学并不一样，德国的研究型大学几乎一边倒地倾向于基础性研究，而美国研究型大学在坚持学术理性的同时，更加突出地倾向于应用性研究。

洪堡理想中的以及根据他的理想所设计的科学研究，专门指的是对纯粹的知识及真理的追求，而无关甚至排斥现实中的实际应用。他"把大学看成社会道德的灵魂，是为了确保获得最纯粹和最高形式的知识。……它不是要确保掌握这种或那种知识，而是要在学习的过程中，确保记忆力受到锻炼、理解力得以提高、判断力得以纠正、道德情感得以升华，只有这样才能获得为从事任何专业——它是出于自由意愿和为了专业本身的理由，而不是为了糊口谋生——所必需的技能、自由和能力"①。在洪堡看来，能够在大学自治和学术自由的原则下开展纯粹的、自由自在的研究是大学最重要的职责，甚至国家也不能要求大学为国家的需要直接提供服务，相反，只需要大学能够达到自己的最高目标也就是在更高层次上实现国家的目标。所以，德国的研究型大学所坚守的是一种纯粹的研究，并不包含甚至排斥现实知识和应用性科学，以至于工程学之类的技术科目在19世纪以前不能列入大学课程，只能在专科学校传授。可见，德国的研究型大学追求纯理性的基础性研究，总体上是相对远离现实社会的。

美国研究型大学则非常不同。美国是信奉实用主义哲学的国度，无论是传承于英国殖民地时期的古老的经典大学，还是脱胎于德国的现代研究型大学，都被美国打上鲜明的实用主义烙印。丹尼尔·吉尔曼担任了霍普金斯大学的首任校长，他希望打造一所新式的研究型大学，这种大学能够集中注意力于增扩知识、加强对研究生的培养教育、鼓励老师以及学生大开研究之

---

① 〔美〕伯顿·克拉克.高等教育新论［M］.王承绪，等译.杭州：浙江教育出版社，2001：38.

风，而决不要纯粹学究式学院的陈腐规制。在就职演说中，吉尔曼提出："学术研究将是这所大学教师和学生的前进指南和激励器。知识的获取、保存、提炼和整理将是这所大学的主要目标。希望该大学作为一所致力于基础研究和应用研究的机构，履行对社会的重要职责，其结果将减少贫穷中的痛苦、学校中的无知、教堂中的偏狭、医院中的苦难、商业中的欺诈、政治中的愚蠢。"[①]他还主张，霍普金斯大学要"最慷慨地促进一切有用知识的发展；鼓励研究；促进青年人的成长，促进那些依靠其能力而献身科学进步的学者们的成长"[②]。显然，霍普金斯大学也倡导大力开展基础性研究，但同时更加关注将研究服务于现实社会。吉尔曼的办学理念奠定了霍普金斯大学的秉性并产生了深远影响，至于日后，霍普金斯大学培养出实用主义哲学大师杜威也就顺理成章了。霍普金斯大学的成功产生了示范效应，哈佛大学、耶鲁大学、普林斯顿大学、哥伦比亚大学等老牌大学不同程度地进行效仿，向新型研究型大学转变，而伯顿·克拉克大学等则几乎照搬了它的办学模式。

在更广阔的视域之内，德国和美国研究型大学的差别反映出不同的高等教育哲学观。现代意义上的大学从中世纪产生以来，其具体行为林林总总，起根本支配作用的是埋藏在深层的哲学观。对于多种多样的高等教育哲学观，著名教育家约翰·S·布鲁贝克曾经进行过精心梳理和归纳，被业界奉为权威并被频繁引用。他指出，20世纪的大学主要秉持着两种形式的高等教育哲学，一种是以认识论为基础，一种是以政治论为基础。认识论的观点认为，大学以用"闲逸的好奇"精神追求知识作为目的。也就是说，大学的出发点就是知识本身，是对真理的追求，是对理性的求索，是为了探求世界的奥秘，而无关乎人类的利益和现实问题，无关乎价值。政治论的观点与此很不相同，认为人们探讨知识及真理不仅仅是因为"闲逸的好奇"，而且还因为这些知识和真理能够对国家和社会发展产生深远影响。因为如果没有高等学府，人们将难以理解极其复杂的社会问题，更不用说解决了。因此，大学必须考虑价值问题。[③]分别受到认识论和政治论支配的大学在开展科学研究时，即会分别倾向于基础性研究和应用性研究。在高等教育的发展历程当

---

① 沈红.美国研究型大学形成与发展［M］.武汉：华中理工大学出版社，2000：32.

② 王廷芳.美国高等教育史［M］.福州：福建教育出版社，1995：175.

③〔美〕约翰·S·布鲁贝克.高等教育哲学［M］.王承绪，等译.杭州：浙江教育出版社，2001：13−15.

中，这两种各有倾向的研究曾经在不同的历史阶段、不同的大学甚至在同一大学不同的系科当中都发挥过支配性作用，而且都创造过各自的辉煌、都各有其拥趸者，反映出两者在适宜的环境当中都有其合理性。但通常这也造成了另外一种后果，即客观上形成了基础性研究和应用性研究的对立甚至排斥，或者至少是不够兼容，甚至那些既竭力倡导基础性研究又努力将其应用于实践的若干著名大学都经常面临兼顾两者的纠结，包括霍普金斯大学等。

那么，基础性研究和应用性研究究竟是一种怎样的关系？随着20世纪初"维斯康星思想"的确立，服务社会成为新的大学功能，一些大学仍然在坚守着纯粹理论研究的阵地，更多的大学则强化了应用性理论的研究和实践，到20世纪中期以后甚至出现了所谓的"知识产业"。"学术知识，特别是占优势地位的研究性大学所提供的知识，发展了工业生产上的奇迹，与此同时，也被用来减少发展生产时所引起的弊端。结果，政治论的高等教育哲学与认识论的高等教育哲学并驾齐驱，甚至压倒了认识论的哲学。"[①]在现实实践当中，基础性研究和应用性研究的关系比约翰·S·布鲁贝克所说的要更加复杂，绝不是简单的谁压倒谁的问题，两者之间的距离似乎在拉近，两者之前的界限似乎变得模糊，或者至少说似乎不像以前那么泾渭分明了。

受战时罗斯福总统委托，第二次世界大战结束以后，时任美国联邦政府科学研究发展局主任的V.布什提交了一份报告《科学——没有止境的前沿》，作为对战后加强国防、疾病防治、科学研究、人才培养等国家战略的建议方案。报告绝大部分建议为联邦政府所采纳，成为联邦政府在战后长期持续支持大学开展基础性研究的基本依据。报告表达了布什本人以及课题研究委员会的成员对于基础性研究的重要性及其与应用性研究之间关系的认识，可以视为美国理论界关于这一问题的代表性观点。报告认为，基础性研究是最纯粹的科学领域里的研究，"进行基础研究并不考虑实用的目的"[②]，基础研究所产生的是对于自然及其规律的理解，属于普遍性知识，但是，这种普遍性知识的可贵之处在于——能够提供现实方法以解答大量重要的实用问题。新原理和新观念产生于基础研究，多样化的生产发展途径得益于此，

---

①〔美〕约翰·S·布鲁贝克.高等教育哲学［M］.王承绪，等译.杭州：浙江教育出版社.2001：17.

②〔美〕V.布什，等.科学——没有止境的前沿［M］.范岱年，等译.北京：商务印书馆，2004：63.

新的知识、科学资本、未来储备萌生于此，一言以蔽之：那些能够运用于实际的知识甚至技术都必须从中提取，并最终获得解决现实问题的具体答案。报告尤其指出：基础研究是技术发展的先行官，这一点在当时时代比以往任何时候都更加确实。[①]显而易见，对于基础性研究和应用性研究之间的关系V.布什所构建的是一种线性模式，即基础性研究引起应用性研究与开发，再据此转移至生产制造领域。由此不难理解的言外之意是：对基础科学的投入肯定是值得的，因为科学的进步必将使科学成果最终转化为技术创新，技术创新的转化及应用必将获得收益，这就能够使最初对基础科学的投入得到回报。V.布什运用反证手法传达他的信念，他做出了一个简短的论断，却很快广为人知："一个在新基础科学上依赖于其他国家的国家，它的工业进步将是缓慢的，它在世界贸易中的竞争地位将是虚弱的，不管它的机械技艺多么高明。"[②]在长达50多年的时间里，V.布什提出的范式在美国和世界基础科学研究领域产生了广泛而深远的影响。

反观之前关于基础性研究和应用性研究的关系界定及实践，都具有局部或片断化的特点，因而给人们形成了两者之间不够相容甚至对立、排斥的感觉。这应该是科学发展的现实基础以及时代需求在研究领域中的折射。"二战"期间，诸如原子弹研制成功等实践打破了基础研究与应用研究之间"井水不犯河水"的刻板印象，拉近了两者之间的距离，V.布什的观点及由此形成的认知范式（以下简称布什范式）适时地捕捉住了这种客观趋势，因而顺理成章地连接形成了基础性研究与应用性研究之间的线性关系（见图5-1）。

图5-1　基础性研究与应用性研究线性关系示意图

①〔美〕V.布什，等.科学——没有止境的前沿［M］.范岱年，等译.北京：商务印书馆，2005：64.

②〔美〕V.布什，等.科学——没有止境的前沿［M］.范岱年，等译.北京：商务印书馆，2005：64.

5.1.2　科学研究模型构建的立体坐标系

尽管《科学——没有止境的前沿》一书对实践产生了深远影响，其关于基础性研究与应用性研究之间关系的论述也被传为经典，但是这一范式是否真的如此完美无瑕呢？实际上这是值得推敲的。因为，这一报告毕竟是针对罗斯福总统所提出的几个具体问题而调研起草的，包括如何将战时工作中科学知识所作的贡献尽快公布于世；为了更好地同疾病作斗争，如何制定科学方案以推进国家的医学工作；为了更好地帮助公立和私立组织开展研究活动，政府应该以及能够如何作为；如何更好地培养和开发美国青年的科学才能；等等。①V.布什和他所率领的课题研究委员会所提供的方案最为核心的思想，就是联邦政府应该成立专门机构、拨付专门款项长期支持大学开展基础性研究工作，因为解决这些问题所必需的新知识只有通过基础研究才能获得。为了使其报告具有足够的说服力，V.布什的精力主要集中在论证基础性研究的极端重要性之上，因而，其观点中存在偏狭之处并非不可能。比如，他们在论证基础性研究重要性的同时，实际上也有力地证明了基础性研究与应用性研究的紧密关系甚至是交融关系，以及应用性研究的重要价值，但他们并没有在这方面有进一步的成果呈现。报告也提及了"二战"期间军事科学及医药科学的重要进展及新的需求，但没有继续追问：这些成就是否是遵循线性模式的结果，即是否是单纯等待基础研究的成果在实践中自然发挥作用的结果？事实看来并非如此。对于V.布什而言，他实际上有充足条件梳理清楚其中的逻辑关联，因为在"二战"期间他曾经亲手组织并领导了"曼哈顿计划"等重大工程，组织了麻省理工学院等十几所顶尖级大学密切参与军事及医药等研究中。但从结果来看，他将目光停留在线性模式之上，没有前进得更远。

美国另外一位著名学者D.E.司托克斯对布什范式提出了质疑和挑战。他发现，V.布什的观点集中体现在他的两句著名的格言中，第一句是"基础研究的实施不考虑实际结果"，第二句是"基础研究是技术进步的先驱"②，并据此形成了关于基础研究和应用研究之间关系的线性模式。他经过大量

---

①〔美〕V.布什，等.科学——没有止境的前沿〔M〕.范岱年，等译.北京：商务印书馆，2005：42-43.

②〔美〕D.E.司托克斯.基础科学与技术创新——巴斯德象限.〔M〕.周春彦，谷春立，译.北京：科学出版社，1999：2-3.

考察研究指出，V.布什的基本观点以及由此形成的认知范式存在很大的局限性，没能真实地反映出基础科学研究与应用技术创新之间的现实关系。理由起码有两个：第一，根据二分法简单地把科学研究分成基础研究与应用研究，和科学研究开展及其实际应用情况不完全符合；其二，V.布什过于强调了基础科学研究对应用技术开发的重要作用，却没有意识到或至少没有反映出应用技术开发反过来也能够对基础科学研究产生影响。D.E.司托克斯考察了几乎所有科学领域的大量现象，包括物理学和工程学、生物学和生物医学以及社会科学，多层面深度剖析了法国科学家巴斯德和美国"曼哈顿计划"将基础科学和应用科学深度融合的生动实例，列举了美国面对欧洲国家在基础科学研究方面的强势地位，经历了两次世界大战而迅速崛起的实例，以及日本在第二次世界大战之后，面对欧美国家在基础科学研究方面的强势地位，却能够在短时间里迅速崛起的实例，极其有力地指出：科研过程中认识世界和知识应用的目的是可以并存的，而且，技术开发也能够反过来促进基础科学研究的发展。由于D.E.司托克斯的研究如此广泛而深入，所运用的实例如此真实而精当，所以，他对布什范式的局限性的揭示简直令人无可辩驳，尽管这一举动让长期奉V.布什为"教父"的业界感到无比震惊。

如果布什范式的确存在局限，那么，又该如何对其进行调适呢？D.E.司托克斯经过深入研究提出，可以用一种立体模型对V.布什过于简单的线性范式进行弥补和纠正，于是，构建了科学研究的象限模型（图5-2）。①左上角单元代表的是基础科学研究，顾名思义，主要指的是为了满足对纯粹知识的好奇或者受到真理的感召而开展的研究，这种研究基本不考虑成果的实际应用。物理学家尼耳斯·玻尔对原子结构模型的探究旨在揭示物理现象的本相，根本无意于应用，因此，此单元用他的名字命名为玻尔象限。右下角单元代表的是应用科学研究，研究的出发点和目标就是为了将成果运用于实践，而不刻意于追求对纯粹科学领域的补充或完善。发明大王爱迪生所开展的电灯、电话、留声机等发明创造，其目的极其直白地指向商业应用，以此获取经济价值，而无意于对涉及的电学等知识进行学科构建，因此，此单元被命名为爱迪生象限。右上角单元是D.E.司托克斯补充的关键区域，他认

---

① 〔美〕D.E.司托克斯.基础科学与技术创新——巴斯德象限〔M〕.周春彦，谷春立，译.北京：科学出版社，1999：63.

为，现实当中大量存在既能够填补人类对纯粹科学的认知且又能够满足实际功用目的的研究，尤其是人们为了解决现实问题所进行的研究，同时也扩展了已有的知识边界，他将其概括为"应用引起的基础研究"。巴斯德是一个将理性认识和应用研究实现有机结合的科学家的代表，他按照"实践—理论—实践"的研究模式为人类科学阵地增辟了微生物学领域，又极其有效地解决了医学领域的大量问题，因此，此单元被命名为巴斯德象限。当然，左下角单元并非为了结构完整而刻意填充的空白单元，该象限的研究类似于影视剧中的"无厘头"情节，可能较为随意或执拗地探求某种特殊现象，并没有在科学大厦的框架中系统考虑其学术价值，也没有考虑会有什么实际功用。①

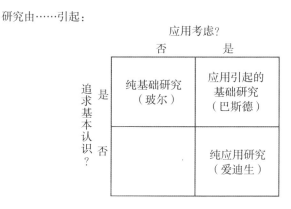

图5-2　科学研究的象限模式

　　科学研究的模型清楚地显示出，纯基础性研究和纯应用性研究及其两者之间的关系并非是单向的、线性的、平面的，而是双向的、多元的、立体的。在科学研究当中，既存在纯基础性研究，也存在纯应用性研究，还存在由应用引起的基础性研究。在两者的相互关系当中，既存在各自相对独立的区域，又存在二者交叉融合的区域。比布什范式相比，科学研究的模型不仅在理论推演方面更加周全严谨，也为越来越多的实践所证明，的确显示出更加令人信服的力量。

---

　　①〔美〕D.E.司托克斯.基础科学与技术创新——巴斯德象限〔M〕.周春彦，谷春立，译.北京：科学出版社，1999：62-64.

5.1.3　高职学校在创业型大学体系中的坐标位置

本部分内容的目的在于论证高职学校与创业型大学之间的横向关联，为此，需要将两者安置在同一个坐标系中检验它们的重合度。D.E.司托克斯构建的科学研究模型为此提供了重要启发。但是，循其研究逻辑推理可以发现，他所提出的科学研究的象限模型仍然存在不足之处。需要注意的一个前提是：D.E.司托克斯的研究是建立在对布什范式进行弥补和纠正的基础上的，其目的很大程度上仍然是在为第二次世界大战后美国政府继续向基础科学研究提供持续支持的现象进行合理性解释，因而呈现出了很强的目的性甚至针对性；反之，则是对问题本身反映的不彻底性或者说机械性。如果抛开具体的目的性和针对性，从完整逻辑的角度看待纯基础性研究与纯应用性研究及其之间关系的话，D.E.司托克斯的科学研究模型至少存在两点问题。其一，内容涵盖不够全面、完整。模型显示，科学研究包括了纯基础研究、纯应用研究、由应用引发的基础性研究以及既不考虑基本认识也不考虑实际应用的研究，除此之外有没有其他情况呢？比如，是否存在由纯基础研究激发出的应用性研究？答案显然是肯定的，在两者的关系当中，这应该是最为古老而久远的联系，D.E.司托克斯本人其实非常清楚这一点，但在他的科学研究模型中却没有反映出来。其二，割裂了不同研究之间的连续性。如图5-1所示，无论是从基础性研究到应用性基础还是反过来都是连续的过程，在事实上根本无法找到某一点可以把两者正好分割开来，"把连续的事物分解成不连续的、分立的区间的任何过程，都要受到区间边界的模糊状态和重叠状态的困扰"[①]。科学研究模型在试图弥补布什范式缺憾的同时，却把它关于不同研究连续性的合理成分给抛弃了，四个象限运用"是"与"否"的简单回答实际上把从基础性研究到应用性研究之间的连续性给割裂了。

其实，对D.E.司托克斯的科学研究模型稍加改造，就能够形成一个具有全面包容性和完整连续性的模型。本书根据需要，将其四个象限的封闭边框完全打开，用四面指向的纵横双轴的垂直交叉表达四个开放又连接的象限，构建形成一个"大学科学研究的模型"。这个模型完全忠实地遵循了D.E.司托克斯的科学研究模型的精神，全面、连续地反映出了基础性研究和应用性

---

① 〔美〕D.E.司托克斯.基础科学与技术创新——巴斯德象限〔M〕.周春彦，谷春立，译.北京：科学出版社，1999：60.

研究之间既有差别又相交融、既相对独立又彼此联系的复杂关系，因而非常符合实际情况，从而具有更完备的理论解释力和现实应用性（图5-3）。

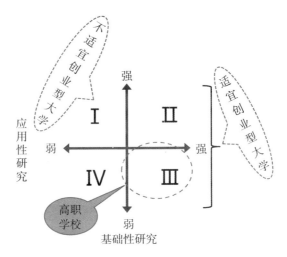

图5-3　大学科学研究的模型

该模型的含义可谓一目了然。纵轴和横轴分别代表大学所进行的基础性研究和应用性研究。Ⅰ象限对应D.E.司托克斯所说的玻尔象限，代表的是基础性研究实力或者倾向性相对强而应用性研究实力或者倾向性相对弱的大学。Ⅱ象限对应巴斯德象限，代表的是基础性研究和应用性研究实力或者倾向性都相对强的大学。按照惯常的大学分类方法，研究型大学包含在这两个象限当中。Ⅲ象限对应爱迪生象限，代表的是基础性研究实力或者倾向性相对弱而应用性研究实力或者倾向性相对强的大学，部分教学型大学及绝大部分高等职业教育类学校包含在这一象限。Ⅳ象限代表的是基础性研究和应用性研究实力或者倾向性都相对弱的大学，主要指的是办学定位不够准确、办学目标不够清晰、办学水平低、质量差的本科及以下的一些大学。

根据创业型大学追求知识资本化或产业化的本质特性，Ⅰ和Ⅳ象限所对应的大学主要着力于纯粹科学的研究，而无意于将研究成果转化为技术产品进而实现经济价值，相对不适宜建立创业型大学。Ⅱ和Ⅲ象限所对应的大学在应用性研究方面都表现出较强的实力或者明显的倾向性，与市场有着相对紧密的距离，辅之以大学意志及行动，即很容易走向创业型大学。由此，纵轴两边形成了大致相对的两个体系，"不适宜建设创业型大学"和"适宜建设创业型大学"体系，每个体系当中，都会包括符合相关特征的那些研究型大学、教学研究型大学、教学型大学以及高职教育类大学。可见，并非所有的研究型大学都适合或者都有意愿建立创业型大学（详见3.1.3）。反之，只要是处于正常发展轨道的其他类型大学都具有建立创业型大学的适宜性（那些发展不当的学校就归入Ⅳ象限了），包括高职教育类学校。当然，因为在科研实力以及各方面综合实力的差别，纵轴右侧的大学会形成自上而下的层级关系，这与从其他多个角度对大学总体的分类比较也是相吻合的。但无论怎样，明确可见的是，由于秉持高技能应用型人才培养的宗旨及由此具有的对应用性研究的倾向性赋予了高职教育类大学创业的秉性，因而其在适宜建设创业型大学体系当中拥有了该有的位置。

5.2　创业型高职学校建设的理论与实践支撑

从大学开展科学研究倾向性差别的角度可见，只要能够维持在正常的发展轨道，高等职业教育类学校就能够置身于"适宜建设创业型大学"的体系当中，从而形成两者之间的高重合度和紧密关联。高职学校经过探索走上创业型大学之路，可以简称为创业型高职学校。回顾关于创业型大学理论代表性学者的观点主张，考察现在西方发达国家的实践探索，能够看到创业型高职学校已经不仅仅是理论研究中的理想设计，而且已经成为实践领域的积极成员。

5.2.1　创业型大学理论代表性学者的观点主张

创业型大学理论始于西方高等教育理论，因此，谈论相关问题、阐发相关观点，应该回到西方高等教育理论当中寻找依据和基础。关于高职学校与创业型大学的关联问题，在创业型大学理论代表性学者的研究当中虽然没有单独作为一个专门问题进行集中研究，但基本上都有所涉及。从这些相关论述当中，能够整理形成他们的基本观点和主张。

5.2.1.1　亨利·埃茨科维兹的观点主张

高职学校与创业型大学的紧密关联在亨利·埃茨科维兹的研究当中体现得非常明显，其中最为典型的案例当属麻省理工学院（MIT），实际上，麻省理工学院也是几乎所有相关研究者所公认的世界最早且最为典型的创业型大学之一。亨利·埃茨科维兹专门做了个案研究。麻省理工学院在筹建期间适逢美国《莫雷尔法案》颁布，因此争取到了州政府赠地及财政补贴的支持，成为赠地学院家族的成员。赠地学院即相当于今天所谓的高等职业教育类学校。在创始人罗杰斯兄弟"手脑并用"办学理念的引领下，从筹建委员会到历任校长都一以贯之地致力于打造一所满足社会经济发展需要的工程技术类大学，从办学不久即努力寻求与工业企业的技术合作，从而播种下创业的基因。在发展过程当中，多次陷入财政危机的经历不但没有消磨麻省理工学院的创业意志，反而更加坚定了其通过创业行动获取多种资源支持以便促进自身更加自主稳健发展的信念。创业基因伴随着麻省理工学院的成长，直到其成长为一所以理工科为特色的研究型大学、一所与哈佛大学并驾齐驱的创业型大学。由此可以理解，麻省理工学院不是因为成了研究型大学才成为创业型大学，而是因为其从开始就着意服务于经济社会发展的根本定位，其先天持有、后天强化的创业基因促使其成为特色的研究型、创业型大学，这种基因开始于其作为一所理工类技术学院时期。由于前文多处已经较为详细地剖析了麻省理工学院的发展历程，此不赘述。

当然，在亨利·埃茨科维兹看来，创业型大学的来源不仅限于赠地学院或赠地大学，他认为，创业型大学模式起始于两个对立的模式，经典的象牙塔式大学模式和赠地大学模式，后者包括为促进农业发展而建立的加州大学伯克利分校和为促进工业发展而建立的麻省理工学院。赠地大学模式和象牙塔式大学模式并行发展，直到它们都变成为创业型大学为止。所谓经典的象牙塔式大学指的是那些注重基础性研究而不注重实际应用的大学，在现代社会形势的变化冲击之下，这一类大学有的也在向创业型大学转化。亨利·埃茨科维兹进而举例并分析道，哈佛大学一度是研究型大学的世界性经典，但它无意于创业行动；而麻省理工学院和斯坦福大学则作为经典创业型大学引发其他大学竞相效仿，因为它们本身能够开展技术创新衍生企业，也因为雄厚的科技实力而吸引到其他高技术企业云集周围，比如英国政府曾拨付5000万英镑给剑桥大学，就在于其将麻省理工学院和斯坦福的模式引入英国。[1]

除了麻省理工学院，在进行大学—产业—政府"三螺旋"模型研究当

①〔美〕亨利·埃茨科维兹.国家创新模式：大学、产业、政府"三螺旋"创新战略［M］.周春彦，译.北京：东方出版社，2006：54.

中，亨利·埃茨科维兹提及过十几所大学，这些大学遍及美洲、欧洲、亚洲以及大洋洲、非洲。亨利·埃茨科维兹没有刻意强调大学的属性，没有特别指出它们是综合性大学还是专门性大学，是研究型大学还是教学型大学又或是社区学院，显然大学差别性并没有成为他的关注点。相反，在表述中，他明显传达出了创业型大学具有广泛适应性的基本观点。经过比较，亨利·埃茨科维兹得出了这样的结论：美国大学和欧洲大学的创业活动具有不同特点，即分别是大学科研使命和教学使命扩展的结果。因此，"创业型大学的发展包含了研究型大学"[①]，此话再明确不过的意思即是，创业型大学包含了但并非仅限于研究型大学；"存在着一个把各种各样的大学转变为创业型大学的全球化运动"[②]，即世界多国都存在着各种类型的大学向创业型大学转变的动力。尽管亨利·埃茨科维兹的主要意图并非在于研究到底哪些大学适合建立创业型大学，但还是明确表达了他的观点和主张。

另外，亨利·埃茨科维兹还提到，创业型大学模式的活动范围不仅局限于工程和商业领域，而且也适合于社会创新目标。在不同的国家，创业型大学的方向取决于大学及其所在社会的价值取向，大学既可以实现经济目标，也可以实现社会发展目标，同时实现促进经济与社会发展的目标。关于这一点，在欧洲、北美和南美分别可以找到现实的案例。[③]亨利·埃茨科维兹的表述非常清楚地显示出，无论是经济目标还是社会目标，都不仅仅是研究型大学的专利，教学型大学及高等职业教育类大学同样能够实现，而且会做得非常普及而深入。（详见4.2.1）。

亨利·埃茨科维兹近几年越来越多地关注和研究地方教学（研究）型大学的创业问题，2014年，他发表了基于对德国地方大学研究的理论成果。在亨利·埃茨科维兹的研究逻辑当中，雄厚的科研实力使得研究型大学更有优势转型为创业型大学，但就像李培凤、彭绪梅、王雁等学者的研究（详见3.1.3）以及大学科学研究的模型所呈现的那样，并非所有的研究型大学都适合于或者有意于向创业型大学转变（详见5.1.3）。

①〔美〕亨利·埃茨科维兹.国家创新模式：大学、产业、政府"三螺旋"创新战略［M］.周春彦，译.北京：东方出版社，2006：52.

②〔美〕亨利·埃茨科维兹.国家创新模式：大学、产业、政府"三螺旋"创新战略［M］.周春彦，译.北京：东方出版社，2006：53.

③〔美〕亨利·埃茨科维兹.国家创新模式：大学、产业、政府"三螺旋"创新战略［M］.周春彦，译.北京：东方出版社，2006：54-55.

5.2.1.2 伯顿·克拉克的观点主张

伯顿·克拉克用他的研究角度及研究方式再次检验了高职学校与创业型大学在纵向、功能及横向方面的紧密关联。他的研究成果主要集中在堪称"姊妹篇"的两本著作当中，研究非常完整地涉及14所案例大学（另外附带提到了其他几所大学），其中有五所大学前身均为高等职业教育类学校。除个别大学他明确地提到属于研究型大学之外，对大部分大学他并没有提及属性，但毫无例外地都追溯了大学的发展脉络。在这种追溯以及探索创业型大学一般应当遵循的实现路径及其特征的过程当中，伯顿·克拉克明显地传达出在他的心目中，什么样的大学适合选择创业型大学的发展道路。

伯顿·克拉克关于创业型大学研究的第一批五所案例大学全部为欧洲大学，其中四所属于应用技术类大学，又有两所前身为高等职业教育类大学。这四所大学包括英国的沃里克大学、荷兰的特文特大学、英格兰的斯特拉斯克莱德大学和瑞典的恰尔默斯大学。其中，英格兰的斯特拉斯克莱德大学在1956年以前的名称是皇家技术学院，1956年更名为皇家科学和技术学院，1964年再次"升格"，成为斯特拉斯克莱德大学；瑞典的恰尔默斯大学在20世纪80年代以前被称作恰尔默斯技术学院，直到80年代以后才转为（或曰"升格"为）技术大学。荷兰的约恩苏大学是五所大学中唯一一所综合性大学，但即使如此，其前身也是以服务地方教师教育为宗旨的师范学院。伯顿·克拉克在关于创业性大学的延续和扩展性研究中新增九所案例大学，其中有三所均属于发源于技术学院的专门性大学，包括乌干达的马凯雷雷大学、美国的麻省理工学院和佐治亚理工学院等。

以上这些案例大学不管属性及其侧重的专业领域如何，它们所具有的共同特点是着力于服务地方经济与社会发展。沃里克大学通过"省一半、赚一半"的政策弥补政府缩减的高达10%的财政拨款。大学成立了沃里克制造业集团，同300个以上的集团和公司建立了密切联系，通过各种方式合作开展研究、开发与制造。集团雄心勃勃地致力于促进"国际上最好的业务"，集团事业远涉泰国、新加坡、南非、印度及中国等多个国家和地区，其社会服务能力由此可见一斑。麻省理工学院的服务能力自不必多说。即便是顽强生存于战乱的乌干达马凯雷雷大学，也通过服务单位商业化等措施，订立契约把校园作业承包给私人管理，即为大学赚得了额外收入，又为社会提供了更多更好的服务。同亨利·埃茨科维兹一样，伯顿·克拉克也认为并非所有的大学都适合建立创业型大学，但他比亨利·埃茨科维兹更加明确地表明了自己的倾向性态度：那些与工业商业等经济发展和地方社区联系紧密的大学更容易走上创业型大学的道路。

对第一批五所案例大学进行解读时，伯顿·克拉克剖析得非常详细，因为他需要通过详尽的分析提炼形成创业型大学的基本特征及其建设的关键要素、实现路径等。第二次对包括这五所大学在内的共14所案例大学进行分析时则相对简略得多，从案例运用方法的角度，伯顿·克拉克说，"我在本书遵循的是'简洁是令人信服的交流之母'这样一句箴言，所有案例报告都是简短的，而且有些报告比其他报告更简短"[①]。因为此次他的主要目的一方面在于检验10年前对创业型大学所作概括的可持续性，另一方面在于检验这些概括对于其他大学的适应性情况，此外还在于考察是否有其他保持创业型大学可持续性的因素。尽管伯顿·克拉克在著作中呈现出来的案例大学只有14所，但在论述这14所大学时也涉及过其他相关的大学。尤其值得注意的是，伯顿·克拉克明确谈到，在为他的研究寻求大学提名的时候，有见识的欧洲同事提名的大学，包括他在研究中没有挑选的大学，常常是专科大学，"在控制它们的学科专门化需求方面，以及以其比较整合的特性追捕创业型的反应方面，专科大学所处的地位好于综合大学。……特别是如果它们的专业是技术或者商业，就比综合大学更加容易采取创业的态度，这并不神秘"[②]。

5.2.1.3　希拉·斯劳特的观点主张

与亨利·埃茨科维兹和伯顿·克拉克相比，希拉·斯劳特在创业型大学适应范围的广泛性方面表达得更加明确，从而明白无误地将高职教育类学校纳入创业型大学体系当中。在代表作《学术资本主义——政治、政策和创业型大学》中，希拉·斯劳特借助连续多年社会各方面对各类学校财政支持的分析（包括联邦政府、州政府、地方政府、私人赠与基金及合同、捐赠收入、销售与服务及其他来源），对澳大利亚、加拿大、英国和美国四个国家中学后院校的学术资本主义进行了比较研究。他通过四国高等教育财政模式

［①〕〔美〕伯顿·克拉克.大学的持续变革——创业型大学新案例和新概念［M］.王承绪，译.北京：人民教育出版社，2008：导言8.

②〔美〕伯顿·克拉克.建立创业型大学——组织上转型的途径［M］.王承绪，译.北京：人民教育出版社，2000：165.

中大量详尽数据的变化揭示出，这些国家的中学后教育系统是如何受到全球化经济及由此产生的国家高等教育和科研政策变化的影响的。"全球政治经济的变化推动了国家高等教育与研发政策，这些政策引发了国家高等教育财政政策模式的变化。尽管因国家和中学后院校（研究型大学、理工学院、社区学院）的不同有所不同，但总的来说，数据都合乎预期的方向。至少中学后教育基金占国民生产总值的百分比的增长率连续下降。"[①]希拉·斯劳特研究后指出，这些不同类型的中学后教育尽管有所差别，但是，在面对政府财政资金持续下滑的类似社会背景时所作出的反应是一致的，"我们对四国财政模式的分析表明，所有中学后院校都正在接受由于市场和具有市场特点的行为而不断增加的收入，这表明学术资本主义也许远不仅限于研究型大学"[②]。换言之，很大程度上，各类中学后教育院校都被迫走上了学术资本主义的创业道路，"我们的论点是，国家政策的变化和州政府资助份额的减少引发了院校内的学术资本主义"[③]。在论证与表述当中，希拉·斯劳特更多用到的概括是"院校"一词，这显然可以看作他确凿无疑地将所有中学后教育纳入研究范畴的明显意图。

尽管社会形势的巨大变化对这些国家的中学后院校教育都有深远影响，但希拉·斯劳特还是着重聚焦于公立研究型大学，因为它们的教学科研人员工作模式在性质上的变化最为引人注目。[④]实际上，亨利·埃茨科维兹和伯顿·克拉克等学者在确定研究案例大学时都会有不同程度的类似考虑，这非常容易理解：显然，以麻省理工学院或斯坦福大学作为典型案例要比选择其他普普通通的社区学院有说服力得多。

可以作为希拉·斯劳特观点补充及支持的还有美国教育学家杜德斯达的研究。《21世纪的大学》和《美国公立大学的未来》是杜德斯达的代表性著作，这并不是两本专门研究创业型大学的著作，但实际上涉及了相关问

①〔美〕希拉·斯劳特，拉里·莱斯利.学术资本主义：政治、政策和创业型大学［M］.梁骁，黎丽，译.北京：北京大学出版社，2008：203.

②〔美〕希拉·斯劳特，拉里·莱斯利.学术资本主义：政治、政策和创业型大学［M］.梁骁，黎丽，译.北京：北京大学出版社，2008：14-15.

③〔美〕希拉·斯劳特，拉里·莱斯利.学术资本主义：政治、政策和创业型大学［M］.梁骁，黎丽，译.北京：北京大学出版社，2008：66.

④〔美〕希拉·斯劳特，拉里·莱斯利.学术资本主义：政治、政策和创业型大学［M］.梁骁，黎丽，译.北京：北京大学出版社，2008：5.

题。研究的对象大学主要是美国的公立大学。按照卡内基财团为教育发展制定的分类方案，这些公立大学囊括了各类中学后教育：博士学位授予机构中的四类大学，硕士学校授予机构中的两类大学，学士学位授予学院中的两类学院，准文科学院，宗族学院和大学等。所以，在杜德斯达的研究观念当中，认为各种类型的中学后教育机构都会表现出"创业型大学"或"企业化大学"的行动特征。很显然，出现在中文文本中的词语差别仅仅是翻译的不同，实际上其所对应的是同一个英文单词entrepreneurial。

综合以上各位创业型大学代表性学者的观点可以看出，在他们的研究范畴当中，几乎都毫无例外地涵盖了从研究型大学到教学研究型大学再到教学型大学等各类大学，也包括了高等职业教育类学校，这就自然地构成了一个较为完整的创业型大学体系。这个体系与前文构建的"大学科学研究的模型"所提供的坐标系是完全一致的。实际上，这种论证的形成并不是单纯理论推演的结果，也是对实事进行总结提炼的结果，并不断为更多的事实所证明。在后文当中，我们将看到国内外高职学校已经在进行的建设创业型大学的实践探索。

5.2.2　高职学校建设创业型大学的国际探索

在关于高等职业教育类学校开展创业型大学探索的研究当中，除了那些前身为高职学院、现在已成为教学型大学乃至研究型大学的学校之外，目前仍然定位在高等职业教育层面的学校探索创业型发展道路的经历更具有切近的借鉴意义。在这方面，世界发达国家的经验提供了活生生的案例，其中尤其以美国最具典型性和代表性。美国的麻省理工学院和斯坦福大学在世界高等教育领域率先成为创业型大学，"创业"已成为其各种类型高等教育的普遍行动，其高等教育领域的创业实践活动以及理论研究均作出了示范性的贡献。《创建创新创业型大学》一书较为概括地呈现了这种生动图景。

21世纪初，为了了解高校如何一步步地培养学生、教师、校友和社区中的创新、创业和商业化活动，美国商务部、国家创新和创业咨询委员会开展了一项为期两年的调研活动。美国大学联合会和公共赠地大学联合会积极参与，活动将上百所研究型大学、州立大学、社区学院、传统黑人学院与大学以及联邦研究实验室都包含在内，从而获得了较为全面的信息。资料显示，美国高等教育机构正在逐渐接受创新、商业化、创业以及为社会创造经济价值的重要性，至少有450所大学和学院拥有创业项目，其中，美国国家社区学院创业协会中参加"创业美国计划"的成员学校超过170所。在21世纪前10年中，越来越多的大学、社区学院和传统黑人学院与大学以及区域州立学院认识到，创新和创业对于实现它们的目标以及在社区中的角色至关重要。调研确定了美国大学创新和创业的五个核心活动领域，包括学生创业、教师创业、技术转移、校企合作和发展区域经济，几乎在每个领域都有社区学院的身影。在学生创业方面，170多所社区学院启动的创业项目通常与大型研究型大学十分相似，例如，俄亥俄州的劳瑞恩社区学院为学生和该区的创业家提供孵化器和共享设施，而马萨诸塞州的米德尔塞克斯社区学院则为学生提供创业需要的种子基金。很多社区学院希望创业能够像其他职业发展动向一样，成为学生的一种职业选择。在推动区域与地方经济发展的活动当中，社区学院既具有传统又具有优势，大学通过与社区学院、非营利性经济发展机构、政府和创业团体合作来弥补劣势，增强自身优势。梅里马克谷沙盒社区的"校园催化项目"为来自马萨诸塞大学洛沃尔分校、梅里马克学院、密得萨斯社区学院、北埃塞克斯社区学院的学生，提供最高500美元的小额补助，帮助他们在校园外和社区内开展创业计划。

除了对社区学院总体创业情况的概括反映，《创建创新创业型大学》还特别介绍了一个具体案例，即俄亥俄州洛雷恩县社区学院的创业行动，该学院已经因此成为美国上千所社区学院中名列前茅的一家。创新基金是洛雷恩县社区学院的一大经典举措，该基金是支持俄亥俄州东北地区早期的创业努力及新兴技术型公司的区域基金，由区域和州高等教育机构、政府和区域经济发展伙伴联手管理，在洛雷恩县社区学院运作。2011年，白宫授权发起美国创新基金时，即借鉴了洛雷恩县社区学院创新基金的模式。获得创新基金拨款的企业向学院师生员工提供机会，让他们亲身体验成为创业者的感觉，此外，学院还提供创业教育、免费企业俱乐部、电子网络资源以及学术创业项目等，帮助师生员工更好开展创业活动。洛雷恩县社区学院是该州第一家建立商业和企业高级技术中心的学院，是在全国范围内挑选出来试点开展国家制造商联合会批准的制造技能证书系统项目的四个社区学院之一。洛雷恩县社区学院虽然没有自己的技术转移办公室，但通过与俄亥俄州东北部技术联盟进行合作，学院在推动俄亥俄州东北部的新技术发展中扮演了关键角色。受益于开展的各种项目以及国家和地区的认可，洛雷恩县社区学院已经获得了创新中心的美誉。①

在其他一些著作当中，也能够直接或间接地看到高等职业教育类学校开展创业型活动的情况。希拉·斯劳特在《学术资本主义》中，不厌其烦地详细罗列了英、美、澳、加四个案例国家大学的教育支出及一般支出情况，几乎囊括了所有类型的大学，包括公立大学、公立四年制学院和公立两年制学院等。尽管在具体的政策变化方面不同的学校会有所差别，比如希拉·斯劳特通过数据对比发现进而预测，随着全球化及其引发的国家高等教育等宏观政策的变化，国家财政对短期学制院校的支持力度将大于对其他大学的支持力度；但相似的是，各类中学后院校面对的政府财政政策变化趋势及其对待这种变化的应变措施都表现出高度雷同，"州政府拨款都相对减少；院校利用其主要的潜在来源寻求其他的收入；逐步形成的支出模式反映了这些变化"②，即通过学术资本主义来扩展资金来源，以弥补政府拨款缩减造成的损失。

理查德·鲁克在《高等教育公司——营利性大学的崛起》一书中，以一些营利性大学和教育机构为例，详细分析了其兴起的由来、财政状况、学术文化及其经验教训等。这些营利性大学和教育机构大多由实力雄厚的上市公司举办或收购，并且大多也还不为人所熟知，但它们已经构成了新的高等教育生态。费城艺术学院是隶属于教育管理公司的国际艺术学院的16所分校之一，其中的8所分校已经获得了地方认证。阿格西教育集团拥有的17所分校中，既有授予美国职业心理阶段博士学位课程的学校，也有约翰·马歇尔法学院、明尼苏达医学院以及普莱姆技术学院，明尼苏达医学院已经开设了副学士学位课程并获得卫生教育学校认证局的认证。德里夫技术学院由德里夫公司创办，在加拿大和美国等国家拥有19所分校，还在以每年2所的速度增长。这些大学或教育机构最为共同的特点即是营利性，这是主办公司公开的意图，它们甚至把开办后几年内实现赢利作为不成文的目标之一暗暗较劲。但这并不意味着不重视办学质量，事实上，越来越多的大学或教育机构获得相应认证，其教学质量也越来越得到社会认可，并且，由于其格外的高效率

---

① 美国商务部创新创业办公室.创建创新创业型大学——来自美国商务部的报告［M］.赵中建，卓泽林，译.上海：上海科技教育出版社，2016：92.

② 〔美〕希拉·斯劳特，拉里·莱斯利.学术资本主义：政治、政策和创业型大学.［M］.梁骁，黎丽，译.北京：北京大学出版社，2008：199.

和低成本，客观上形成了对传统公立的营利或非营利大学的督促。[①]诚然，鲁克所说的营利性大学与创业型大学并非百分之百等同（事实上，即便是都自称为创业型大学的那些大学也并非百分之百等同），但是，从其学术资本化或产业化、大学的统一意志与整体行动、大学与外界的积极互动三个方面的表现而言（详见3.1.4），却与创业型大学高度吻合，甚至较之走得更远，因而有很多可供创业型大学借鉴之处。

　　由于运用世界著名大学的典型案例更容易增强说服力，而高等职业教育类学校在世界高等教育领域相对处于弱势等多方面原因，实事求是地说，对于高职类学校探索建设创业型大学的研究相对要少得多。所以很容易看到，包括西方理论界在内的相关研究，高职学校的案例数量少而且论述相对简单。这恰恰是今后研究需要强化的领域。

---

①〔美〕理查德·鲁克.高等教育公司——营利性大学的崛起［M］.于培文，译.北京：北京大学出版社，2015.

第6章

创业型高职学校探索的模型构建

如上所述，高职学校与创业型大学之间具有纵向、横向多个方面的紧密关联，换言之，在高职学校进行创业型大学建设具有足够的适切性。现在把视线拉回到选题之初，正如"问题的形成"部分所说（详见1.1），本书的目的在于为我国高职学校人才培养模式实施困境寻求解决之道，探讨高职学校进行创业型大学建设与这一目的之间的关系譬如中医诊疗：为了诊治患者身上系统性的疾病，需要提供一剂综合调理的药方。那么，论证了两者之间的适切性之后，如何促使高职学校人才培养模式真正得以贯彻实施呢？本章将对此问题作进一步论证。

6.1 高职学校人才培养的"裂口"审视

我国高等职业学校目前主要指处于专科层次的职业教育类高等学校，旨在面向生产、建设、服务、管理一线培养具有较高综合素质的技术技能型人才。为了实现这一目标，高职学校将人才培养模式确定为"产教融合、校企合作，工学结合、知行合一"，学校需要与行业企业等产业领域进行密切的合作互动。看起来，这是符合学校与产业领域双方利益需要的理想化的培养模式，然而，在现实实践中却遭遇普遍困难，有的学校甚至陷入困境。由于人类社会分工及其日益细密化等原因，在高职学校和行业企业之间形成了"中间地带"，即"鸿沟"或"裂口"；加之社会宏观支撑环境的缺乏、行业企业积极性不高、高职学校本身缺乏吸引力等原因，人才培养的"裂口"成为一个关乎高职学校发展全局的系统性问题，需要制定一种综合性的方案予以解决。

6.1.1 高职学校人才培养模式

我国高职学校，目前主要指的是处于专科层次的高等职业学校和高等专业学校，名称分别是"××职业技术学院"或"××职业学院""××高等专科学校"。大约从1999年开始，教育部文件将高等职业学校和高等专业学校统称为"高职高专院校"[①]，在很多国家政策文件当中或是在工作实践当中，又将该名称简化为"高职院校"。但实际上，这种提法不够严谨。我国《教育法》规定，"国家制定教育发展规划，并举办学校及其他教育机构[②]"；《高等教育法》规定，"高等教育由高等学校和其他高等教育机构实施"[③]；《职业教育法》规定，"职业学校教育分为初等、中等、高等职业学校教育"[④]。可见，将所有高等职业教育类学校简称为"高职学校"更为规范，故本书采取这一提法。根据教育部网站2016年10月17日公布的统计数据，我国现有高职学校1341所。

理解高职学校人才培养模式需要兼顾两个维度，第一是语义学的维度，需要从学术方面界定这一概念的含义是什么；第二是实践的维度，需要从事实的角度说明我国高职学校现行的人才培养模式具体内容是什么。无论哪个维度，都需要首先理解何谓人才培养模式，这又需要首先分别理解何谓"人才培养"、何谓"模式"。结合文献综述部分的系统梳理（详见2.1.1.1），此处对高职学校人才培养模式及几个相关概念作一下简要阐述。

一般意义上的人才培养，有广义与狭义之分。广义的人才培养指的是：为了实现社会整体发展目标，在主流社会价值观及其规范体系的规定和约束之下，遵循社会个体的自然成长规律，通过系统规划设计或者经由传统习俗的自发及自觉传递，促进个体社会化进程的一切社会教育、训练和影响活动。狭义的人才培养专指学校及其他教育机构的人才培养，即学

---

① 关于组织实施《新世纪高职高专教育人才培养模式和教学内容体系改革与建设项目计划》的通知（教高〔1999〕3号）［EB/OL］.［1999-1-13］.http://www.moe.gov.cn/s78/A08/A08-gggs/A08-sjhj/201007/t20100729-124843.html.

② 中华人民共和国教育法［EB/OL］.［2005-05-25］.http://www.gov.cn/banshi/2005-05/25/content-918.htm.

③ 中华人民共和国高等教育法［EB/OL］.［2005-05-25］.http://www.moe.edu.cn/s78/A02/zfs--left/s5911/moe-619/201512/t20151228-226193.html.

④ 中华人民共和国职业教育法［EB/OL］.［2005-05-25］.http://www.gov.cn/banshi/2005-05/25/content-928.htm.

校或其他教育机构遵循国家和地区整体及其自身发展目标的需要，遵循社会个体的自然成长规律，在主流价值观及其规范体系的规定和约束之下，通过系统规划设计并且按照相应规则组织开展的，促进受教育者社会化进程的教育、训练和影响活动。本书取其狭义的概念，并且专门限定指高职学校的人才培养。

　　"模式"一词最早是分开使用的。《词源》对"模"字有三种解释，即一为模型、规范，二为模范，三为模仿、效法。"式"指的是样式、形式。《现代汉语词典》认为，模式是某种事物的标准形式或使人可以照着做的标准样式；《辞海》解释为：可以作为范本、模本、变本的式样。可见，"模式"一词包括了两种含义：第一指模型或样式，侧重于事物的结构，这是一个表达静止状态的概念；第二指规则或标准，侧重于人们可以遵照或者参照执行的"范式""样本"，这是一个表达"运动方式"的概念。人才培养模式的概念实际上是兼顾了两层含义，指的是规则形成的结构，是用来作为行动参照的样本。

　　文育林最早提出"人才培养模式"这一概念，他主要针对高等工程教育人才培养模式提出了如何进行改革的建议，但并没有明晰什么是人才培养模式。[①]1998年，教育部文件中指出，人才培养模式是学校为学生构建的知识、能力、素质结构，以及实现这种结构的方式，它从根本上规定了人才特征并集中体现了教育思想和教育观念。[②]这为理解人才培养模式提供了一个基本样板。

　　根据前文对人才培养模式所进行研究的综述，并结合以上理解，本书将高职学校人才培养模式界定为：高职学校根据国家和地区整体及其自身发展目标的需要，遵循受教育者自然成长规律，在社会主流价值观及其规范体系的规定和约束之下，通过系统规划设计并且按照相应规则组织开展的，促进受教育者社会化进程的教育、训练和影响活动的基本范式。这种范式一经形成，就会在相当长时间内呈相对稳定的状态，这是一种"行动"的稳定状态。这是从语义学维度对高职学校人才培养模式所作的理解。

---

　　① 文育林.改革人才培养模式，按学科设置专业［J］.高等教育研究，1983（7）：22-26转17.
　　② 关于印发《关于深化教学改革，培养适应21世纪需要的高质量人才的意见》等文件的通知（教高〔1998〕2号）［EB/OL］.［1998-4-10］.http://www.moe.edu.cn/srcsite/A08/s7056/199804/t19980410-162625.html.

从实践维度对此问题进行阐述，我国经历了一个多次探索、几度调整的过程。1985年，中央文件中首次提出要"积极发展高等职业技术院校"，当时还没有条件形成一个统一的人才培养模式。[①]20世纪90年代，我国借鉴西方"合作教育"模式提出了"产学研合作教育"模式，2002—2004年，教育部连续召开了三次"产学研结合经验交流会"。[②]从2005年开始，我国开始出现"产教结合、校企合作、工学结合、半工半读"等提法。[③]2005年11月国务院决定提出："大力推行工学结合、校企合作的培养模式"[④]。21世纪初，高职学校人才培养模式一度被概括为"校企合作，工学结合"[⑤]。2008年，在职业教育与成人教育年度工作会议上，教育部领导进一步发展为"校企合作，工学结合，顶岗实习"的人才培养模式。2014年全国职业教育工作会议前夕，习近平总书记作出重要批示，指出要"创新各层次各类型职业教育模式，坚持产教融合、校企合作，坚持工学结合、知行合一"[⑥]。此后，国务院的决定[⑦]、教育部印发的行动计划[⑧]和实施意见[⑨]等文件中，都采用了这一提法。《教育部关于学习贯彻习近平总书记重要指示和全国职业教育工作会议精神的通知》中进一步明确："创新人才培养模式，坚持产教融合、校企合作，坚持工学结合、知行合一，着力提升学生的职业精神、职业技能和

① 中共中央关于教育体制改革的决定［EB/OL］.［1985-5-27］.http://www.moe.edu.cn/publicfiles/business/htmlfiles/moe/moe-177/200407/2482.html.

② 如面向21世纪教育振兴行动计划等［EB/OL］.［1998-12-24］.http://www.moe.gov.cn/jyb-sjzl/moe-177/tnull-2487.html.

③ 如教育部国家发改委联合召开全国县级职教中心改革与发展座谈会等［EB/OL］.［2005-6-15］.http://www.moe.gov.cn/s78/A07/moe-731/tnull-8115.html.

④ 国务院关于大力发展职业教育的决定（国发〔2005〕35号）［EB/OL］.［2005-10-28］.http://www.moe.edu.cn/publicfiles/business/htmlfiles/moe/moe-1778/200710/27730.html.

⑤ 国家中长期教育改革与发展规划纲要（2010-2020）.北京：人民出版社，2010年.

⑥ 吴晶，刘亦湛.创新各层次各类型职业教育模式 努力建设中国特色职业教育体系［N］.中国青年报，2014-06-24.

⑦ 国务院关于加快发展现代职业教育的决定（国发〔2014〕19号）［EB/OL］.［2014-06-22］.http://www.moe.edu.cn/publicfiles/business/htmlfiles/moe/moe-1778/201406/170691.html.

⑧ 教育部关于印发《高等职业教育创新发展行动计划（2015-2018年）》的通知（教职成〔2015〕9号）［EB/OL］.［2015-10-21］.http://www.moe.gov.cn/srcsite/A07/moe-737/s3876-cxfz/201511/t20151102-216985.html.

⑨ 教育部关于深化职业教育教学改革全面提高人才培养质量的若干意见（教职成〔2015〕6号）［EB/OL］.［2015-7-29］.http://www.moe.gov.cn/srcsite/A07/moe-953/201508/t20150817-200583.html.

就业创业能力。"①因此，我国职业学校，包括高职学校的人才培养模式的完整表述应该是：产教融合、校企合作，工学结合、知行合一。这种新表述与原来的表述一脉相承，而且对参与主体与行动内涵的界定都更加全面，如果略作简化的话，可称为"产教融合，知行合一"，后文将主要采取这一简化表述（图6-1）。

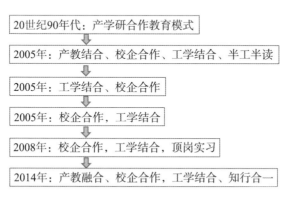

图6-1　我国高职学校人才培养模式表述变迁示意图

综合以上关于高职学校人才培养模式语义学和实践实施两个维度的理解，综合前文关于人才培养模式概念与内涵研究的综述（详见2.1.1.1）可以看出，人才培养模式不是一个孤立的概念，而是一个具有系统性的概念。通俗来讲，人才培养模式要解决的是在什么制度（资源）环境下，由谁对谁遵循何种规律、按照怎样的规则要求实施教育、培训和影响，最终在促进个人发展的同时，帮助其实现社会化进程，成功地融入社会等问题。毫不夸张地说，人才培养模式涉及学校教育教学的方方面面，这不仅不是一个单一的问题，而且是一个"牵一发而动全身"的至关重要的全局性问题，是一个关键性问题。

6.1.2　高职学校人才培养的"裂口"问题

我国高等职业教育从20世纪80年代开始着力发展，90年代后半期随着高等教育扩招而进入快速发展时期，高职学校数及在校生人数均已经占据我国

---

① 教育部关于学习贯彻习近平总书记重要指示和全国职业教育工作会议精神的通知（教职成〔2014〕6号）［EB/OL］．［2014-07-03］．http://www.moe.edu.cn/publicfiles/business/htmlfiles/moe/s7055/201407/171295.html.

高等教育的半壁江山。但我国高职教育总体上始终存在一个瓶颈式的发展问题，即"产教融合，知行合一"人才培养模式的落实存在较大困难。最主要的表现就是高职学校与行业企业难以形成紧密合作的关系，反而往往表现为"一头热、一头冷"，换言之，在高职学校和行业企业之间存在着"中间地带"或曰"鸿沟""裂口"。"裂口"一词源自英国的斯特拉斯克莱德大学，斯特拉斯克莱德大学在成立的200年中，一直秉持"有用学习"的理念，而且自称致力于"封闭工业和大学之间的裂口"，这使得"有用"有了特殊的意义。①伯顿·克拉克显然对此赞赏有加，他满含激情地写道，斯特拉斯克莱德大学以实用的有用性和与工业牵连的历史特性，很好地响应了国家对大学的"适切性"、从事"战略性研究"和"知识转让"的需求。当比较传统的大学全神贯注于其他东西的时候，斯特拉斯克莱德大学已经证明它能够在半路上迎接工业。如果这个"裂口"甚至可以"封闭"，那么"斯特拉斯克莱德道路"将贡献出主要的架桥台阶。②

实际上，斯特拉斯克莱德大学并非持此种观点的"独行侠"，许多致力于呼吁或者在实践行动中着力增强大学服务功能的教育理论家或改革家，都已经共同认识到了这种"裂口"的存在，后文将作进一步论述和介绍。从更为广阔的视域考量，这种"裂口"现象实际上是人类社会发展一种无可避免的现象。伴随人类社会分工的发展及其日益细密化，自然会产生不同生产及生活领域之间的"中间地带"，而且会越来越多。大学与其他社会生产与生活领域之间的"中间地带"即是社会分工的结果，职业学校和企业之间的这种"中间地带"同样如此。职业教育最早就是出现在企业当中，在师傅的带领下，学徒从学习到上岗形成一个完整的链条。后来由于专门学校职业教育的出现，原本完整的人才培养过程被分割成两个阶段、分割到两个场所，并逐渐断裂、游离，渐行渐远，最终在职业学校和行业企业之间出现了"中间地带"（图6-2）。③可见，"裂口"一词与"中间地带"所指代的意思完全一样，所谓"裂口"，指的是由于社会分工而自然形成的不同专业领域之间

①〔美〕伯顿·克拉克.建立创业型大学：组织上转型的途径〔M〕.王承绪，译.北京：人民教育出版社，2000：97.

②〔美〕伯顿·克拉克.建立创业型大学：组织上转型的途径〔M〕.王承绪，译.北京：人民教育出版社，2000：100.

③ 解水青，秦惠民.阻隔校企之"中间地带"刍议——高职教育校企合作的逻辑起点及其政策启示〔J〕.中国高教研究，2015（5）：86.

彼此割裂、不相衔接的状态，本书主要指的是由于社会分工而形成的高等职业学校与行业企业、政府部门以及其他社会组织之间彼此割裂、不相衔接的状态。尽管"裂口"只是一个比喻而非严谨的学术概念，但其对意思的表达却简洁、易懂且生动、恰切，所以，本书采用这一概念来表达大学与经济社会之间的割裂状态。

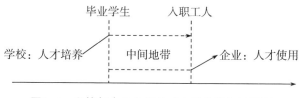

图6-2　学校与企业之间的"中间地带"示意图

大学与社会生产及生活领域之间的"裂口"源于社会分工，因此既是不可避免的，又是完全正常的现象，如果大学仍然像传统曾经存在过的那样维护"象牙塔"的形象，很大程度上可以对此不予过多理会。关键在于，大学早已被"又推又拉"向社会舞台的聚光灯下，被社会各个领域寄予越来越多的期待，因此，必须设法对"裂口"进行弥合。这种弥合当然不是促使各种社会组织回归到合一的状态，而是在保持并加强各自独立性的同时促进彼此之间的融合，从而实现各自运行效率以及彼此组成的整体运行效率的提高。这对于高职学校尤其如此，高职学校的办学宗旨就是培养生产、建设、服务及管理一线的高素质技术技能型人才，学生毕业之后绝大多数将进入各类企业从事一线工作，所以高职学校人才培养模式确定为"产教融合，知行合一"。然而，这一切合实际需求的人才培养模式在实施过程中却面临困难甚至困境，探究起来，既有社会环境对高职教育的认知成见、政府宏观管理体制及相关制度规范不够完备等影响，也有行业企业积极性不高、高职学校自身吸引力缺乏等原因。

6.1.2.1　社会宏观环境支撑度不够

从20世纪80年代以来，我国对职业教育的支持达到了前所未有的程度。国家连年召开职业教育工作会议，国家领导人在不同场合作出重要批示或指示。温家宝任总理时，中央政府发起了"国家示范性职业院校建设项目"。习近平于2014年全国职业教育工作会议召开前夕作出重要批示，强调"职业教育是国民教育体系和人力资源开发的重要组成部分"，要求"必须高度重视、加快发展"①。2016年12月,李克强总理对推进职业教育现代化座谈会作出批示,要求在"十三五"期间推进职业教育现代化建设,把职业教育摆在更加突出的重要位置。1996年,《中华人民共和国职业教育法》颁布,标志着我国职业教育发展进入有法可依的全新阶段。2010年前后,国家多部委成立联合工作小组,着手启动对职业教育法的修订工作。2015年上半年,全国人大常委会委员长张德江亲自带队,对职业教育法执法情况进行全国范围的检查,调查报告的重要意见被吸纳到职教法修订当中。从2015年开始,为从国家层面加大职业教育的宣传力度,教育部确定每年5月的第二周为职业教育活动周。明显可见,与20世纪80年代初相比,现在的职业教育发展环境早已发生了翻天覆地的变化。

与此同时,不得不正视的问题是,"冰冻三尺,非一日之寒",由于传统心理习惯的影响,职业教育发展法律法规缺乏积淀以及高考制度、人事制度、利益分配制度等的引导,总体上,我国职业教育发展还缺乏一个健康的外部环境,在整个高等教育体系当中处于明显的弱势地位,这必然会影响到高职学校与行业企业等社会组织合作的开展。尽管从中央到地方各级政府都采取了很多措施予以推动,但这种长期形成的局面很难在短时间内得到根本扭转。

第一,适应并推动高职教育发展的"共享观念"尚未形成。新制度主义学派认为,一旦形成"共享观念",就容易促成同类社会组织的趋同化发展。从我国传统文化及社会观念的角度考察,一些有失偏颇甚至糟粕性的落后文化与观念直到今天仍然根深蒂固,对职业教育发展施加着非常不利的影响。我国传统文化中存在着若干行业分尊卑贵贱之类的观念,比如"劳心者治人,劳力者治于人;治于人者食人,治人者食于人"的观念,"万般皆下品,唯有读书高"的观念,重脑力劳动、轻体力劳动的观念,重复杂劳动、轻简单劳动的观念,重理论、轻实践和重学历、轻能力的观念,等等。这些偏颇观念在社会很多领域仍然顽固地占据着较大市场,从而影响到促进职业教育发展的正向"共享观念"的形成,影响到健康社会氛围的形成。所以人们经常能够看到一种奇怪的现象,对于急需实用性人才的行业企业而言,它

---

① 吴晶,刘亦湛.创新各层次各类型职业教育模式 努力建设中国特色职业教育体系[N].中国青年报,2014-06-24.

们在选择合作学校以及引进人才时，往往特别强调毕业于名牌大学的高学历人员，与它们贴合更加紧密的高职学校反而不是首先考虑的对象。

第二，现行高考、人事、分配等制度影响着职业教育的吸引力。我国高考制度实行的是按成绩、分批次录取政策，高职学校被排在最后批次录取，往往成为考生及其家长的"保底"甚至"无奈"选择。各级各类单位用人制度中，无论是准入门槛、起薪还是选拔任用条件，高职学校毕业生都被自然地排列在"最后考虑"甚至"不予考虑"的位置上。相应的，他们在利益分配体系中也会居于弱势地位，甚至与其他大学毕业生相比会存在同工不同酬的现象。此外，在高职学校"升本科"以及高职学生"专升本"等问题上，也存在类似的制度性歧视。近些年，教育部文件明确规定：公办高等职业学院禁止升格为本科学校，但民办高职学校以及公办的高等专科学校则不受这种禁令限制，仅2015年一年，即有17所高专升格为本科学校。[1]高职学校的学生虽然可以通过"专升本"考试进入本科学校继续深造，但多年以来一直被控制在5%左右的比例。[2]如此种种制度设计，很自然地传达给社会高职学校是最末流的高等学校的信号，导致从政府到企业以及民间的其他各种社会资源缺乏向高职学校流动的动力，这必然影响到高职教育的健康发展，如此往复，形成恶性循环。

第三，学校外部管理体制及受其影响的内部运行机制缺乏灵活性。在我国整个高等教育体系当中，由服务于地方经济社会发展的宗旨所决定，高职教育理应是最接"地气"的教育类型；同时，由于具有非排他性和不充分的非竞争性等"准公共物品"的典型特征，高职教育既需要政府公共权力，又需要借助市场力量进行资源配置。这需要高职教育的内、外部管理体制和运行机制具有较强的灵活性。现状却是，政府公共管理职能与市场基于利益选择的调配功能没有形成良性协调。总体而言，政府"缺位"与"越位"问题同步存在，市场配置资源作用没有充分发挥，很多地方高职学校被视同政府部门加以管理，外部管理体制机械，进而导致内部管理机制僵化。高职学校在专业设置、招生就业、人才引进、工资福利待遇、教育教学运行以及质量

---

① 关于2015年列入教育部专家考察的申报设置高等学校的公示［EB/OL］.［2015-9-10］. http://www.moe.gov.cn/s78/A03/A03-gggs/s8462/201509/t20150911-207510.html.

② 教育部国家发展和改革委员会关于编报2006年普通高等教育分学校分专业招生计划的通知（教发函〔2006〕4号）［EB/OL］.［2006-1-24］.http://www.moe.gov.cn/s78/A03/moe-639/tnull-18778.html.

控制等多个方面缺乏必要的灵活性，尤其是当高职学校试图与行业企业合作开展上述活动时，所受到的制约就会更加明显地显现出来，从而遏制了学校的办学活力。

第四，相关法律法规及政策支持和约束既不足够，又缺乏刚性。《中华人民共和国职业教育法》是迄今我国唯一一部规范职业教育的专门法律，虽然其他一些法律法规也涉及职业教育，而且从中央到地方各级政府也出台不少有关政策，一些省市甚至还制定了地方条例，但总体来看，以上这些法律法规及政策均表现出"软法"的特征，规定过于原则和笼统，可操作性不强。在校企合作方面，不少法律法规谈到了企业对职业教育的责任承担，甚至要求发挥行业企业在职业教育中的"主体"作用，但相应规定往往停留在"倡导"的层面，不够清晰明确。具体到操作层面，比如关于企业参与职业教育能够获得哪些权益或利益补偿，或者企业不履行支持职业教育的责任又将受到何种限制等，都缺乏清晰明确而有力的规定。所以，关于行业企业如何参与及分担高职学校人才培养的责任，总体上提倡性大于规定性，缺乏足够的约束效力。

6.1.2.2　行业企业参与积极性不高[①]

除了上述社会宏观环境的消极影响，从行业企业本身立场来看，存在着参与高职学校人才培养积极性不高的问题。尽管从历史角度考量，职业教育与企业的联系是出于天然的，从理论层面分析，双方彼此之间的相互需求也具有客观性，表面看来，似乎两者的结合应该是自然而然或顺理成章的事情；但实际上，行业企业参与职业教育面临很多现实问题，这些问题阻碍或者压制了它们参与职业教育的原动力。大致可以概括为以下几个方面。

第一，企业正常的生产经营以及管理秩序有可能受到影响。高职教育人才培养方案在实践训练方面有其特定的要求，师生必须进行实践应用能力的训练和培养，尤其需要在真实的生产、建设、服务及管理等岗位上进行"真刀实枪"的锻炼，这种实践锻炼的机会需要行业企业帮助提供。但无论是教师到企业研修，还是学生到企业开展至少半年的顶岗实习，或是其他时间较短的阶段性实训等，都有可能对企业生产经营以及管理等秩序产生影响，甚至形成冲击。

学生到企业实习实训尤其是顶岗，企业要向学生支付劳动报酬，需要安排专门技术及管理人员对他们进行指导，需要为校企共建或者企业建立的训

---

① 解水青，胡荣花.跨越"中间地带"推进校企合作［J］.中国高等教育，2013（12）：41-43.

练基地投入更多的资金、设备、原材料等。同时，企业还要面临多种风险：学生技能尚不够熟练，必然致使生产效率降低；学生发生操作失误，将可能造成资源浪费或者设备损坏；学生的技术技能不过关影响产品质量，必然会影响到企业声誉；如果学生受到伤害，企业还不得不承受赔偿损失等。

第二，企业参与职业教育面临诸多具体而复杂的操作性问题。由于缺乏明确的政策性规定，企业在与高职学校合作进行人才培养的过程中，面临很多模糊的操作性问题；有些问题甚至即便出台具体政策，仍然难以根本解决。比如，仅仅以企业对学校提供师资支持为例：企业管理及专业技术人员承担学校的教学任务面临没有教师资格证的障碍，按照规定没有资格实施教学；退一步讲，如果部分企业人员实际上参与了教学过程，但这并不能证明他们就此具备了足够的教学能力。与此相关的其他问题还有：承担了教育教学任务的企业人员身份如何合理界定？怎样对他们进行管理、考核以及支付劳动报酬？更进一步讲，企业人员到高职学校应聘，必须面对学历、学位等现行人事制度准入门槛的限制，该如何突破？师资问题是这样，其他很多方面的问题无不如此，如果企业欲对高职学校以资金、物资、设备等形式给予支持，均存在相关法律法规及政策的障碍或者支持缺失，诸如此类的问题可谓不一而足。

第三，企业自身原因影响到参与职业教育的积极性。由于体制机制、规模实力、科技力量等多方面原因，很多企业追求利益最大化的本质冲动本身会受到抑制，加上人力资源市场供需关系的不平衡等现实状况的存在，企业会觉得没有必要耗费资源参与到高职学校的职业教育中。另外，除了制度约束之外，很多企业的实际运行和企业领导有着更紧密的关联，企业参与职业教育的程度也因此表现出明显差异，但总体上，如果不是高职学校某些有身份的人员和企业领导具有特殊关系，企业领导的本能冲动都会妨碍而不是促进校企合作。[①]

第四，几乎所有企业都存在"搭便车"的行为动机。从对人力资源需求

---

① 由于企业领导原因影响企业参与职业教育的积极性，大致可以从以下几个方面进行简要梳理。公有制企业领导的任命制和任期制，使有的人缺乏追求利益最大化的冲动，更关心如何保证自己或小团体的利益最大化。实行董事会等集体领导制的企业，主要领导实现抱负的冲动会受到掣肘，可能更关注企业的平稳运行而不是有所作为。实力雄厚的企业通常不会出现（操作性）人才缺乏的问题，对他们而言，市场是买方（自身）的而不是卖方（应聘者）的。大部分实力平庸的企业首要任务是维持企业常态运行，参与职业教育对企业业绩难以收到立竿见影的效果，因而积极性缺乏。实力衰微的企业更需要应对的是自身问题，参与职业教育使他们更担心会成为企业的负担。

的角度衡量，任何企业都应该具有参与职业教育过程、培养企业所需技术技能人才的内在冲动。与此同时，从最大限度降低生产经营成本的角度衡量，又可以推测任何企业都会尽可能减少一切与利润创造无关的支出。这就难免形成一种"搭便车"的行为动机。也就是说，企业难以保证经过自身参与培养的学生最终能够到自己的企业工作，成为企业的正式员工并为企业创造价值；恰恰相反的是，企业即便不参与职业教育过程，往往也可以轻易获得经过别的企业培养的技术熟练的学生成为自己的员工。既然如此，企业就会权衡：我有多大必要投身于不一定给企业创造或增加价值的职业教育呢？

6.1.2.3　高职学校本身吸引力不足

从我国高职学校角度来看，尽管短短十几年时间里，学校从数量、规模上实现了"突飞猛进"的扩张，但就质量、内涵建设而言，仍然存在诸多与高职教育发展不相适应之处，这使得高职学校从总体上缺乏足够吸引力，难以争取到行业企业积极主动的支持。这也是教育部近些年越来越强调高职教育由数量向质量、由外延向内涵、由规模向效益转变的重要原因，为此，教育部频繁采取了系列举措：2014年召开了全面提高职业教育人才培养质量工作视频会议，2015年颁发《关于深化职业教育教学改革、全面提高人才培养质量的若干意见》[①]，同年印发《高等职业教育创新发展行动计划（2015-2018年）》[②]等。

第一，专业及课程建设"僵化保守"与"盲目冒进"并存。一方面，很多高职学校没有真正摆脱学科式专业建设模式，专业设置不是遵从地方区域经济社会发展的实际需求，而是简单地照搬、套用学术型本科高校的专业体系和结构；相应的，其课程设置也就缺乏与生产建设实践的紧密联系，多年被诟病为普通本科高校课程的"压缩饼干"。实事求是地讲，我国很多高职学校的专业和课程建设已经进行了大幅度改革，尤其是开始于2006年的国家示范性职业院校建设工程，推动以100所示范院校和100所骨干院校为核心的一大批高职学校，对专业及课程建设、师资队伍课程建设、实训基地建设等

---

① 教育部关于深化职业教育教学改革全面提高人才培养质量的若干意见（教职成〔2015〕6号）［EB/OL］.〔2015-7-29〕.http://www.moe.gov.cn/srcsite/A07/moe-953/201508/t20150817-200583.html.

② 教育部关于印发《高等职业教育创新发展行动计划（2015-2018年）》的通知（教职成〔2015〕9号）［EB/OL］.〔2015-10-21〕.http://www.moe.gov.cn/srcsite/A07/moe-737/s3876-cxfz/201511/t20151102-216985.html.

多个方面进行了深刻变革，取得了不小的成就。①但就作为我国高等教育体系重要组成部分的高职学校总体而言，其专业及课程建设离生产建设实践需求仍有较大差距。另一方面，与此相反的是，不少高职学校又打着适应经济社会发展需求进行改革的旗号，在专业及课程建设方面盲目冒进。对于那些学生及其家长乐于选择的诸如艺术类专业，或者投入少、起动快的诸如小语种等短线专业，若干学校往往在缺乏市场调研的情况下，一哄而起、竞相上马，以争夺生源；对于那些地方经济社会发展真正需求、但需要投入较大的诸如化工类等长线专业，或者对于学生及其家长未必热衷的诸如服务类等专业，则鲜有学校问津。

第二，师资队伍建设缺乏足够实践经验等问题依然突出。高等职业教育的性质决定，高职学校的教师必须具有极强的实践操作及应用能力。现实情况却是，由于我国高职学校总体上成立时间比较短等原因，绝大多数高职学校的教师队伍主体仍然来自其他高校，很少有行业企业实践经历。如果面向行业企业招聘高职学校教师，又必然面临若干政策及操作层面的问题，比如企业专业技术人员没有教师任职资格，必将遭遇人事聘用制度的障碍；由于学校与企业工资福利政策等方面的差别，高职学校紧缺专业所需要的专门技术人才通常是企业的中坚或骨干力量，高职学校将难以向他们提供具有足够吸引力的相应待遇。至于所谓的"双师型"人才比例，实际上更多地停留在统计层面，缺乏足够的现实意义。虽然近些年来，国家及地方教育行政部门一再要求高职学校加强对教师的企业实践训练，高职学校也的确采取了诸多措施，但整体落实情况不容乐观。

第三，师生实践训练所需场所、设备及资金严重不足。高职学校对于实习实训等实践场所的必然需求早已为社会所公认，已经是一个不证自明的显性问题。正因为如此，相对于同等层级学术教育，职业教育所需办学成本要大得多，统计显示，两者成本之比大约为1∶2.6，这显然需要对高职教育投入更多的资金支持。但与此相悖的现实情况却是，我国对于高职教育的投入长期徘徊在较低水平。②我国现有高校超过2500多所，高职学校达到1340多

---

① 国务院关于大力发展职业教育的决定（国发〔2005〕35号）〔EB/OL〕.〔2005-10-28〕. http://www.moe.edu.cn/publicfiles/business/htmlfiles/moe/moe-1778/200710/27730.html.

② 黄磊.改革开放以来我国高职经费问题与对策研究〔D〕.抚州：华东理工大学抚州师范学院，2016：17-27.

所，本科学校和高职学校每年招生人数大致相当，在校生人数高职学校要略低于本科学校；但在全国高等教育经费中，高职高专的教育经费仅占总经费的17.82%！[①]不仅如此，在政府教育财政拨款之外的其他经费获得方面，高职学校也由于缺乏足够竞争力而整体居于不利地位，政府专项经费以及来自企业或其他社会组织的横向经费主要被其他学术性本科大学所垄断。整体资金的极度匮乏致使大部分高职学校没有足够的、能够与企业真实环境相当的实践训练场所，进而导致学校难以对师生组织真实的、充分的实践训练。办学资金及实践训练条件在高职学院之间又很不平衡[②]，东部沿海地区的高职学校、得到国家及地方配套资金支持的国家或省级示范和骨干院校，条件相对要好得多；在中西部内陆的不少高职学校，很多实训项目只能通过计算机模拟进行。

第四，教育教学方式和方法及手段没有得到根本改善。专业及课程建设的僵化和形式化，师资队伍素质的差距，办学资金不足，实践训练条件缺乏等，直接制约着教育教学方式和方法及手段的根本改善。很大程度上，"黑板上开机器""教室里种庄稼"的现象仍广泛存在，学术传输式的教育方式仍然充斥着高职教育阵地。很多高职学校所谓教育教学方式方法的改革，被简化为用多媒体替代了黑板和教科书；当缺乏实验实训设备设施时，同样用计算机投影等形式进行演示。此外，即便是具备一定实习实训场所的学校，同样不同程度存在着设备利用不够充分，师生实践训练流于形式等问题。这样的教育教学方式方法和手段能够培养出怎样的技术技能人才，结果的确令人担忧。

6.1.3 高职学校人才培养"裂口"问题的解决方向

需要申明的是：一方面，以上梳理无意于排查行业企业或高职学校存在的全部问题，而在于揭示对人才培养"裂口"有所影响的问题及因素，但实际上涉及了校企合作的方方面面；另一方面，有些问题并非直接由于"裂口"的存在而产生，但是如果能够有效地弥合"裂口"，则有可能比较圆满地解决这些问题。由此再次显示，人才培养模式问题不是混同于诸多平行问题当中的单一的问题，而是一个具有高度综合性的问题。换言之，高职学校

---

① 邢晖.当前高职学校经费问题调查与建议［J］.中国职业技术教育，2016（3）：60.
② 邢晖.当前高职学校经费问题调查与建议［J］.中国职业技术教育，2016（3）：60.

要实现健康持续发展，就必须切实解决人才培养"裂口"的问题，促进产教融合、校企合作，践行工学结合、知行合一。这既是无论如何都避绕不开的问题，更是高职教育的"棋眼"。

以上种种问题表现，有的属于外部环境施加的客观问题，这些问题的解决主要依靠外部条件的逐步改善，同时根据资源依赖理论的基本观点，学校也并非完全无所作为，而是可以主动把握、对接或者反过来对外部环境施加影响。有的属于高职学校内部的主观问题，这些问题的解决主要有赖于高职学校要有所作为，通过对经济社会切实需求、发展趋势及自身资源优劣进行深刻研判，勇于、敢于、善于打破陈规陋习，推动学校变革，优化办学条件；高职学校的这种作为必将影响到外部环境的改善，从而有可能逐步形成一种校企政互动的良性循环。

那么，高职学校应该如何作为、怎样变革？学校行动应该瞄准怎样的目标？沿着怎样的方向推进？通过以上基于高职学校教育实践对人才培养"裂口"问题的剖析，可以对这种变革行动作出方向性的推论。第一，尽可能减少对行业企业正常生产、管理及经营秩序的冲击，这势必要求有合适场所能够让研修教师和实习学生提前接受过渡性训练。第二，提高学校自身的综合办学能力和水平，尤其是着力提高师生的职业能力训练，这必然要求强化训练基地、研发制造等实践条件建设。第三，加强学校与行业企业、政府等外部力量的互动及优势资源交换，尤其是发挥学术资源优势协助社会组织解决现实问题、提升学校服务经济社会的能力，赢得外部力量对学校的积极支持。第四，通过学校的积极探索为职业教育法律法规及政府政策制定提供实践依据和法理支撑，促进外部制度环境及社会舆论环境的持续优化，促进科学规范的管理机制的形成，反过来改善学校办学条件，形成良性循环的发展与合作环境。

可见，弥合产教之间、校企之间、工学之间、知行之间的"裂口"，对高职学校而言，需要进行一种从思维到行动模式的整体转换，即不能单纯被动地等待行业企业的"扶助"，而应该"主动出击"，通过发挥自身资源优势不断提高经济以及社会价值的创造能力，从而赢得行业企业的赏识乃至"追随"。在这方面，西方发达国家的创业型大学实践及其理论研究为我国提供了宝贵的经验，值得认真总结和借鉴。所以，在政府一如既往地保持积极扶持的背景下，在政府保持"指令"给企业必要的"职业教育责任"的背景下,我国高职学校应该探索一种更能激发整体活力的行动模式。在这种模式指引之下,高职学校能够由被动推拉的"车厢"变身为拥有自主动力的"动车",可以更加自主而稳健地勇往直前,真正实现长期的、充满活力的可持续发展。当然,在这个发展过程当中,高职学校与行业企业等外界力量之间的"裂口"问题将水到渠成地得以弥合。

6.2 弥合人才培养"裂口"问题的国际经验

意识到大学与外部组织之间的"裂口"问题并采取措施进行弥合的不仅仅是斯特拉斯克莱德大学,那些杰出的创业型大学无一不是这方面的成功典范,而创业型大学研究者也都从各自的角度对这一问题进行了阐述。创业型大学理论本身不是依靠逻辑推演形成的理论,而是通过对相关大学实践行为进行归纳提炼形成的理论,正如伯顿·克拉克所说,这是一种对实践进行"适切的理论化"的研究。[①]因此,将这一理论返诸实践的时候就更加容易发挥直接的指导作用,这是一个特别切近的"实践—理论—实践"的循环往复及交相提升的过程。探究我国高职学校与外部组织之间的"裂口"问题并寻求解决之道,有必要再次回到前文多次提到的亨利·埃茨科维兹、伯顿·克拉克、希拉·斯劳特等代表性学者那里,对他们的有关论述进行集中梳理,对他们设计的创业型大学建设路径进行整合,为缓解我国高职学校人才培养模式困境提供借鉴。

6.2.1 代表性学者对于弥合"裂口"的经验阐述

从功能的角度审视,大学与外部其他社会组织之间的"裂口",可以粗略分解为人才培养的"裂口"、科学研究的"裂口"和社会服务的"裂口"。从大学本源的意义而言,大学是基于知识的育人机构,科学研究和社会服务理应围绕人才培养展开,否则大学就不成其为大学。因此,人才培养的"裂口"是大学与外部组织之间"裂口"的最主要和最实质性的内容,可以视为大致等同的概念。亨利·埃茨科维兹等学者都对这一"裂口"问题有

---

① 〔美〕伯顿·克拉克.建立创业型大学——组织上转型的途径〔M〕.王承绪,译.北京:人民教育出版社,2000:导言3.

过阐述，这当然绝非巧合，而是因为这种现象的确是普遍存在的客观现实。因为不是专门研究"裂口"问题，所以，相关论述散落在这些研究者的字里行间，而且他们使用的概念也不尽一致，这就需要像沙中淘金一样地进行筛选拣取，然后像串项链一样地把这些配件组装起来。这种繁杂琐碎的工作当然是值得的，因为终将完整地看出这些代表性学者对于"裂口"问题的主张，而这将直接有利于认知和解决我国高职学校与产业领域等社会组织之间的"裂口"问题——因为它们原本就是同一个问题。

6.2.1.1　亨利·埃茨科维兹关于人才培养"裂口"的阐述

亨利·埃茨科维兹首先对大学人才培养的"裂口"问题予以揭示，然后有针对性地提出对策主张。他的观点既包括宏观层面的组织架构，即大学—产业—政府"三螺旋"，也包括中观层面大学与其他社会组织之间的合作机制，比如孵化器，还包括微观层面的各社会组织行为变化，比如大学将形成"四根支柱""五个特征"。他的阐述搭建起了弥合大学与外部社会组织之间"裂口"的全面系统又层次清晰的框架，描绘出一幅解决"裂口"问题的丰富而生动的行动图景。

亨利·埃茨科维兹多次谈到大学与政府、企业之间的缺口，他用瑞典、美国、巴西等十多个国家的实例指出，高研发经费和低投资回报反映出广泛的创新悖论，暴露出科学、技术和产业之间密切关系的缺乏。因此，需要依靠创新跨越这一"死亡之谷"，而"创新的关键在于：如何弥补'三螺旋'中的缺口，发展适于创新开展的组织机制"[①]。大学—产业—政府"三螺旋"即弥合缺口的框架设计，亨利·埃茨科维兹是从国家创新的层面作出的这种设计。他认为，随着知识的创造、传播、利用，从工业生产和政府管理的边缘转移到中心位置，创新由新工艺或新产品的开发应用扩展到"积极重构与加强创新的组织安排"，即越来越需要组织或机构范围间的协作与合作，大学—产业—政府"三螺旋"的相互作用就是新的创新系统的核心。[②]他甚至把大学—产业—政府"三螺旋"提高到了几乎无以复加的地步，宣称这是一种全球化的趋势，"三螺旋"社会代表着普遍的社会发展规律，超越马克思主

---

①〔美〕亨利·埃茨科维兹.国家创新模式：大学、产业、政府"三螺旋"创新战略［M］.周春彦，译.北京：东方出版社，2006：导言11.

②〔美〕亨利·埃茨科维兹.国家创新模式：大学、产业、政府"三螺旋"创新战略［M］.周春彦，译.北京：东方出版社，2006：导言1.

义所设想的资本主义社会与社会主义社会，是下一个将要到来的社会形式。

亨利·埃茨科维兹通过梳理和归纳一系列适于创新开展的组织机制，使"三螺旋"的运行具象化，并艺术化地称之为"'三螺旋'的园林景色"，这些组织机制包括从原初到现代模式的各种"孵化器"，如作为"创新系统集成者"的技术转移办公室，作为大学内设机构或作为独立公司存在的产业咨询组织，实现理论与实践动力结合的研究中心，既形成公司又吸引公司的科技园区，为促进高技术发展而由政府资助建立的"技术极"。亨利·埃茨科维兹指出，"为了促进创新，实现以知识为基础的经济与社会发展，在大学内外一系列组织机制被创造了出来。研究中心、技术转移办公室、孵化器、科技园、技术极等把大学、产业、政府集成到一个产业与社会创造的三维空间"①。可见，"三螺旋"是形成混同组织的平台，这种混同组织将实现不同社会组织"裂口"之间的弥合。大学的创业行动就是官、产、学三方形成混同组织过程中的合作，这种混同的变化使前竞争性与竞争性的研究、研究与开发之间的界线变得模糊，促进各方实现像"二战"期间美国的那种科学、技术及产业之间的无缝衔接。边界模糊并非意味着取消边界，很大程度上这就像来来往往的"拔河游戏"，确切的边界只能在实践中获得。

"三螺旋"发挥作用逐渐形成了大致统一的程序，第一步通常是组织之间的合作，第二步则是机构内部各自发生变化，每个螺旋都能够部分地起到其他机构的作用。在亨利·埃茨科维兹的表述中其实还有他没有明确列入程序的第三步，即以法律法规或其他契约的形式对合作予以确认。大学当然也要经过这样的程序。大学由社会边缘机构成为核心机构，内部组织机构要发生非常显著的变化，尤其是会衍生出很多机构承担与外部组织对接的任务，甚至许多机构表现出企业组织的特征。大学创业行动将形成知识空间、趋同空间和创新空间的三方合作体，即实现知识资源的汇集、共识的达成以及组织的创建与改进，以填补被确认的经济社会发展缺口，在这个过程当中，大学将形成越来越强的界面管理能力，并发挥越来越重要的作用。这种变化哪怕刚开始是潜移默化的，但终究将是颠覆性的，亨利·埃茨科维兹认为，"大学作为知识生成与扩散的机构，无论在哪里它都是潜在的创新源泉。它

①〔美〕亨利·埃茨科维兹.国家创新模式：大学、产业、政府"三螺旋"创新战略［M］.周春彦，译.北京：东方出版社，2006：222-223.

可以采取行动促进经济与社会发展，甚至在产业薄弱和政府作用还不足够强的时候"①。最后，他给出结论性的观点：创新模式的变化在于突破边界架金桥，"三螺旋的主要论点是大学作为知识为基础社会的主要组织形式走向未来"②。

6.2.1.2 伯顿·克拉克关于人才培养"裂口"的阐述

与亨利·埃茨科维兹有所不同，伯顿·克拉克直接明确谈到"裂口"问题的内容不是太多，他更多表达的是全球大学所不得不共同面对的供需失衡问题，实际上两者可以视为同义词。与此相对应，伯顿·克拉克的主要精力用于阐述那些富于革新精神的大学如何通过创业行动来应对失衡问题。通过筛拣很容易看出，各创业型大学的行为实质上就是在对与社会组织之间的"裂口"进行弥合，因为它们采取了很多与企业、政府、社区等社会组织强化合作的举措。伯顿·克拉克将这些举措概括为创业型大学的转型路径或者五要素、五个特征。

日益变化和日益相互影响的社会需求与传统大学的反应能力之间越来越呈现出不平衡状态，这实际上是对大学与其他社会组织之间"裂口"愈发加剧现象的另一种表达。"大学的转型已经提到了现代大学的议事日程的顶端。"③创业型大学就是大学应对不平衡状态的一种成功路径。伯顿·克拉克关于向创业型大学转型的"黄金五律"④，总体上是站在大学内部组织变革的立场上提炼形成的，但不可避免地涉及大学与外部组织关系的处理环节，集中体现在"拓展的发展外围"方面，这恰恰是对"裂口"的弥合过程。着力服务经济与社会发展是创业型大学的共同基点，注意处理与产业领域的关系使它们成为与时代紧密联系的大学。经历过被指责为"被工业占领的大学"的初期阶段之后，到20世纪70年代大学逐渐扔掉了反商业的传统，开始向国家和地方政府的工业社会打开窗户。所有的创业型大学都有过这种

①〔美〕亨利·埃茨科维兹.国家创新模式：大学、产业、政府"三螺旋"创新战略［M］.周春彦，译.北京：东方出版社，2006：导言238.

②〔美〕亨利·埃茨科维兹.国家创新模式：大学、产业、政府"三螺旋"创新战略［M］.周春彦，译.北京：东方出版社，2006：235.

③〔美〕伯顿·克拉克.建立创业型大学：组织上转型的途径［M］.王承绪，译.北京：人民教育出版社，2000：导言5.

④邹晓东，翁默斯，姚威.我国"革新式"创业型大学的转型路径——一个多案例的制度考察［J］.高等工程教育研究，2014（2）：101.

类似经历，最终跨越大学与外部世界的传统边界，建立起与行业企业的密切联系。斯特拉斯克莱德大学直接宣称致力于封闭工业和大学之间的"裂口"，在"有用学习"理念的支配之下，大学很好地响应国家对"大学的适切性"、从事"战略性研究"和"知识转让"的需求，努力解决工业企业中工程学和应用科学的现实问题。斯特拉斯克莱德大学认为，"裂口"包括技术的裂口，发展的裂口，大学中生产知识的那些人和可能获得知识并把它在工商业、政府和职业生活中实际应用的那些人之间的裂口。大学并不被动等待和企业之间建立起完备的缓冲组织，而是主动向企业延伸，争取优先机会并从中获利。这种态度完全可以作为创业型大学的突出代表。[①]

对于拓展的发展外围，伯顿·克拉克除了进行理论方面的概括，更多地进行了大量具体案例的描述。斯特拉斯克莱德大学在弥合"裂口"方面始终表现得最为明确而坚定，20世纪90年代以后更加突出，其外扩单位包括三种方式：新建一些办公场地，新建主要对外开展联络与合作的科研中心，为全日制学生之外的社会需求人口提供服务的教学单位。沃里克大学的制造业集团、商学院和会议中心，一方面和大学的学术心脏地带相互影响、相互融合，另一方面和外界的工业企业建立起密切合作关系。特文特大学通过两种方式拓展发展外围，一种是真正的外扩单位，大学通过临时创业安置计划帮助荷兰各大学的毕业生孵化公司；另一种是解决问题的半外围，大学教授通过研究中心等内部机构"眼睛向外"地帮助企业解决现实问题。恰尔默斯大学以创新中心、科技园区以及较多地注重实践创新的外向活动场所作为拓展基地。约恩苏大学通过化学系、物理系、森林学院开办应用性专业、森林研究所、科学园区等措施，以二级院系为单位向外部扩展。智利天主教大学通过医学院直接经营、允许生物系及商学院教授对外开展营利性的科研与技术研发工作等方式，完成与外部组织的信息、资金、技术等的交换。作为一所小型技术学院，佐治亚理工学院努力寻求与工业企业的合作，着力于服务本州经济发展。学院积极参与州政府发起的"高技术工业和就业发展中心"的工作，成为超越很多早期模式的与工业相互作用的实验范例。麻省理工学院与斯坦福大学自然更不必赘述，它们早已成为大学与工业彻底结合的世界性

---

① 〔美〕伯顿·克拉克.大学的持续变革——创业型大学新案例和新概念〔M〕.王承绪，译.北京：人民教育出版社，2008：31.

的典范。伯顿·克拉克阐述的实例还有一些，总之，他没有像亨利·埃茨科维兹那样对大学与产业等社会组织的合作模式进行系统梳理归纳，而是非常耐心地逐一描述了十几所案例大学的具体做法，这些做法很大程度上可以看作对亨利·埃茨科维兹所作归纳的展开，由此使读者产生身临其境的切实感受。用伯顿·克拉克自己的话说，"一个杰出的典型可能抵得上一千种遥远的理论"①。

6.2.1.3 希拉·斯劳特关于人才培养"裂口"的阐述

如果以人才培养"裂口"作为参照坐标，希拉·斯劳特游离得最远，他既没有像亨利·埃茨科维兹那样比较明确地揭示"裂口"问题，也没有像伯顿·克拉克那样借用案例大学之口或借代其他语言来表达"裂口"问题，而是专心阐述他的学术资本主义。不过，由于他阐述的是大学开展市场或者类似市场的活动，也就是大学需要与外部合作来实现获取发展资金的目的，实际上就是在弥合大学与外界之间的"裂口"。

希拉·斯劳特立足全球考察学术资本主义现象，因而反映的是全球范围大学对于"裂口"问题的弥合反应，这与亨利·埃茨科维兹和伯顿·克拉克两人是相同的。历史上的大学具有远离市场的传统，但20世纪这种传统受到质疑，到20世纪下半叶全球范围的大学开始被卷入市场。希拉·斯劳特的用语明显反映出他的态度，即学术资本主义总体上是一种被动的行为。进入后工业时代，技术的进步越来越依靠大学的知识资源，科学研究越来越由好奇心引发转向产业领域的实际应用所引发，加之全球化竞争的深入发展，各国政府普遍减少对大学的一般性财政支持，加大与生产、技术相关领域的专项财政支持。各国高等教育政策的变化堪称颠覆性的，"政策和法规将一种把公共利益限定为由保护公共实体不参与市场来达到最优服务的思想，转向一种把公共利益看成由公共组织参与商业活动来达到最优服务的思想。"②因此，"大部分西方工业化国家的公立大学都正在走向学术资本主义"③。

---

①〔美〕伯顿·克拉克.大学的持续变革——创业型大学新案例和新概念［M］.王承绪，译.北京：人民教育出版社，2008：90.

②〔美〕希拉·斯劳特，拉里·莱斯利.学术资本主义：政治、政策和创业型大学［M］.梁骁，黎丽，译.北京：北京大学出版社，2008：66.

③〔美〕希拉·斯劳特，拉里·莱斯利.学术资本主义：政治、政策和创业型大学［M］.梁骁，黎丽，译.北京：北京大学出版社，2008：11.

学术资本主义使大学突破与外部组织之间的边界，建立起与外部组织之间的联系。企业和政府都把大学看作产生知识产权的重要来源，因而需要建立大学—产业—政府之间的中心或伙伴关系，这种主张与亨利·埃茨科维兹提议的大学—产业—政府"三螺旋"如出一辙。由于政府体制及高等教育政策的差异，各个国家采取不同路径支持和加强学术资本主义，但其本质并无差别且在具体做法上具有类似之处。政府和院校之间的缓冲机构被取消，如英国的大学拨款委员会被代之以企业团体支配的机构，澳大利亚的联邦高等教育委员会被就业教育和培训部接替——后者显然更加强调教育和经济之间的联系。大学实现学术资本主义的方式多种多样，技术转让是学术参与市场的最直接形式，产学合作研究中心是各国通用方式，全球性经济结构的基础——计算机、电信、生产者服务——依赖大学为持续革新和维护承接人员培训，很多院校也与企业成立合伙公司，"孵化器"、科技园区、大学师生举办公司为很多大学采用，也不约而同地举办高收费的学生教育和培训项目。像美国等国家通过法律法规鼓励、支持和规范大学的学术资本主义行为。学术资本主义使大学组织结构及其功能发生实质变化，除了形成了若干连接大学内外的中介性机构外，大学雇员成为在公立院校中充当资本家的教师和政府资助的创业家，不同专业因为距离市场远近的不同而获得不同的外部资金支持，资金显然更倾向于创收项目，技术科学领域成为高等教育领域的增长点。教学科研人员对大学与外部团体的关系给予和大学声誉同等重要的最高评价。尽管面临诸多利弊，希拉·斯劳特还是呼吁政府应当采取措施保证大学允许市场规则在其内部运行。①

除此之外，还有一些学者也就大学人才培养"裂口"问题从不同角度提出了自己的主张。亨利·埃茨科维兹、伯顿·克拉克和希拉·斯劳特及其他相关学者的研究，既呈现了若干大学的实践探索，也表达了他们各自对于该问题的主张。对这些主张进行"合并同类项"的话，能够归纳形成若干共通的意见。首先，树立认知前提，即大学与外部社会组织之间的"裂口"是客观存在的正常现象，当大学固守其"象牙塔"形象的时候几乎对此可以置之不理，但当大学着意于履行服务经济与社会

---

① 〔美〕希拉·斯劳特，拉里·莱斯利.学术资本主义：政治、政策和创业型大学〔M〕.梁骁，黎丽，译.北京：北京大学出版社，2008：226.

发展职能的时候，则必须对此"裂口"予以弥合。其次，树立合作意识，"裂口"既是一种割裂的存在，又是一种模糊的存在，通常正因为缺乏对这一地带的明确规范才会成为"裂口"，因此对于"裂口"的弥合需要各方采取积极作为的态度，主动跨越自身边界，主动向对方延伸，这样才有可能形成对接。再次，树立变革思想，因为对"裂口"地带的行为缺乏明确规范，所以弥合"裂口"的行为本身常常是一种变革的行为，这种行为会导致组织结构、组织功能、运行机制、人员身份等都发生相应甚至是巨大变化。最后，树立规则观念，双方或多方在弥合"裂口"的行动过程中形成的行为规则，应该通过规定、契约乃至法律法规的形式予以固化，一方面使此后的相关行为有章可循，另一方面也对此类行为给予法规层面的保障。综上可见，西方大学及理论界的探索成果，对我国高职学校弥合与行业企业之间的"裂口"提供了丰富范例，能够发挥非常切近的现实指导价值。

6.2.2　界面管理理论的指导意义

大学与其他社会组织之间存在"裂口"是不可避免的正常现象，对于着意于服务经济与社会发展的大学而言，会通过组织机构变革、新的运行机制建立、与外界开展合作等多种方式弥合这一"裂口"。在组织管理领域有一种相当的理论构架，能够赋予这种现象另外一种相应的解释，这就是"界面管理理论"。界面管理理论最初形成于企业管理领域，由于其所揭示原理的普适性，所以适应范围在逐步扩大，已经被很多学者越来越多地运用到经济、社会、教育等与管理相关的多个领域。界面管理理论尤其与高等教育领域关于人才培养"裂口"问题的研究具有高度的相关性，能够发挥建设性的直接指导作用。

6.2.2.1　界面管理理论的兴起及其基本内涵

"界面"的概念首先出现在工程技术领域，指的是机械、设备、仪器等零配件之间的接触面；引入人机工程领域之后，用以指代人机之间的交互面。因为这一概念较好地反映了不同单元或要素之间的结合状态或联结关系，因此被引入管理活动领域，并拓展了其内涵和外延。早期学者主要将界面管理的概念和内涵局限在企业管理领域，简而言之，所谓界面管理即"交互作用的管理"。①界面管理作为一个理论问题受到关注，则是第二次世界大战以后的事情。20世纪70年代，随着战后重建完成、生产力逐渐恢复，德国、日本、英国、法国等老牌工业化国家重返国际角逐舞台。作为世界超级大国的美国开始感受到来自经济领域的压力，又不得不面对与苏联开展军备竞赛和由于欧佩克的石油限产造成的世界性能源危机，这迫使美国政府开始重视科技成果的研发及转化研究。研究结果显示，企业部门之间消息不畅甚至相互掣肘等隔阂是影响科技成果转化的主要障碍。Souder是匹兹堡大学技术管理教授，同时兼任美国总统科技政策顾问，他曾经对研发部门与市场营销部门之间的界面问题进行过实证研究，发现当此问题严重时将导致68%的研发项目完全失败，另有21%的项目在商业上会部分失败。②因此，一些学者开始对普遍存在于企业中的界面问题进行研究，这些研究也很快蔓延到了德国、英国、法国等其他发达国家，而且得到了各国各种基金会和工业界的支持。到90年代中期，界面管理现象引起了我国学者的注意，官建成、郭斌、魏镜环等学者及长城企业战略研究所等机构比较早地开始关注并研究界面管理问题。国内也有学者对中关村地区的中科院研究科技成果转化情况进行了调查，发现每年仅有25%左右的科研成果能够得到推广应用，70%以上的成果则仅仅停留在展品或样品阶段，其中原因当然是多方面的，但研发与制造之间界面的存在无疑是至关重要的原因。③

　　随着对界面管理理论关注的增加，众多学者越来越不满足于将其单纯局限于企业管理领域，一些学者在努力突破这一范畴局限。徐磊认为界面管理实际上就是设计并保持良好的界面环境，在这种环境之下能够有效开展跨界面的交流、协调、沟通、合作；界面环境的构成需要交流途径、作业衔接条件、规则及制度等要素。④亨利·埃茨科维兹等人将管理界面视为不同社会组织或单位之间的连接结构或混合组织，是促进并衔接彼此合作的桥梁，各种知识创造者的知识汇集于此，从这一角度观察也可以将其视为一个便于分析者理解种种关系的学术结构。⑤吴涛、海峰等用单元来表示构成界面的

---

① 官建成，靳平安.企业经济学中的界面管理［J］.经济理论与经济管理，1995（6）：67.
② 官建成，靳平安.企业经济学中的界面管理［J］.经济理论与经济管理，1995（6）：67.
③ 官建成，靳平安.企业经济学中的界面管理［J］.经济理论与经济管理，1995（6）：67.
④ 徐磊.如何建立有效的界面——关于技术创新界面管理的探讨［J］.科研管理，2002（5）：79.
⑤ EtzkowitzH，LeydesdorffL.The Dynamics of Innovation：from National Systems and Mode 20to a Triple Helix of University-industry-government Relations［J］.Research Policy，2000（29）：209-211.

双方或多方，他们认为，总有一些单元彼此之间要进行交互或接触，界面就是这些单元进行交互及接触方式和机制的总和。这个"总和"包括了两层含义，一是指单元之间的接口连接，相当于"一条线"；更重要的是指将各个接口连接集成以后形成的"面"的连接。这种整合构成的界面概念能够解释两个以上的单元之间的交互关系。由此扩而大之，界面可以理解成系统与环境之间、系统内部要素之间进行物质、能量及信息传导的介质、通道或载体，界面是集成关系形成和发展的基础。①苗东升从系统理论的视角来认识界面。他认为，系统都有相对封闭的特定活动领域，因此总有把系统与外部环境分离开来的地方，那个地方叫作系统的边界，苗东升认为界面就是系统边界的一种形态。如果在空间结构上用数学术语表达，边界就是把某个系统与外部环境分离开来的所有点的集合；如果从逻辑的角度表述，边界就是系统构成关系从起作用到不起作用的界限。②简而言之，对于界面及其管理的认识存在着一个逐步扩大的推进过程，当用系统论的观点对其进行界定的时候，已经将其放大到了一种几乎无所不包的程度。

刘博、沈菊琴等人专门做的界面及界面管理的概念界定研究，可以视为对不同阶段、从不同层次对界面及其管理进行界定的一种集成式的成果。他们正是从系统的角度指出："为了能够保持系统正常、高效运转，维护系统与外部环境以及系统内部和谐的氛围，就需要对界面进行干预，解决界面障碍与界面矛盾，抑制'负界面'发挥作用，发挥'正界面'的作用，这个过程就是界面管理。"③可见，这是对界面管理作出的一个涵盖广泛的概念界定，远远突破了单纯企业管理的范畴，实际上将所有实体的、虚拟的、既相互间隔又发生作用的管理关系都包括在内。这种规定性很大程度上比较完整地反映了理论界的一种普遍态度倾向，迄今，界面管理已经成为包括而远不仅限于企业管理的更广泛管理领域的热点话题。

根据众多学者的研究成果，从广义的角度考察，对界面及其管理可以梳理形成以下基本观点。在同类或不同类的系统与系统之间，在系统内部各子系统之间，在子系统内部各组成要素之间，不可避免地会存在界面。界面的存在既有利于各系统、子系统及构成要素有效发挥其独有的功能，又自然会

① 吴涛，海峰，李必强.界面和界面管理分析［J］.管理科学，2003（2）：9.

② 苗东升.系统科学精要［M］.北京：中国人民大学出版社，1998.39.

③ 刘博，沈菊琴.界面及界面管理概念界定［J］.华东经济管理，2012（9）：111.

妨碍不同的系统、子系统及构成要素相互之间的信息、能量、资源等的传递交流，从而影响到系统、子系统及构成要素独自或相互之间的运行效率和效益。所以，任何系统、子系统及构成要素的功能要得以正常实现，不仅仅需要其本身功能的正常发挥，还必须对相互之间的界面进行有效管理。界面管理由此成为一个极其重要的问题。可见，界面管理的确内涵丰富，已经远远突破了单纯物质实体的局限，包括了物与物之间、人与物之间、实体与虚体及其相互之间甚至包括关系、场域之间的界面管理，是一个具有广泛包容性和解释力的概念。（图6-3）

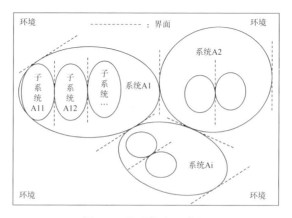

图6-3　界面概念示意图

6.2.2.2　界面及其问题的成因分析

从唯物主义哲学的高度考量，界面可以从自然、社会与思维三大领域进行划分。自然领域的界面是在人类意志之外存在的天然现象，是有待于人类无限探索和把握的客观存在，当然，事实上也的确处于人类不断的探索和把握之中；思维领域的界面是存在于人类意识之中的独特现象，是同样客观存在的主观现象，更加难以认知和把握，但人类也处于持续不断的探究过程当中。这两大领域均非本书的主题，不作具体论述，本书主要关注的是社会领域的界面。

首先，与"裂口"一样，"界面"是伴随社会分工的出现而出现，但其进入人类关注与研究的视野则经历了漫长时间，人类更早更多的是在关注与研究分工问题。人类社会最初经历了恩格斯所说的三次大分工，若干万年以后演化形成的各产业大类，每一产业大类分化为成千上万的职业，每一种职业又由无数的企业及部门、岗位组成。如果说远古时期的分化更多类似于自然演化，由野蛮进入文明时代的人类越来越有意识地进行活动分工，以此实现诸多人类社会所特有的活动目标。亚当·斯密从经济学角度分析认为，劳动分工并非人类智慧的结果，而是人类互通有无、互相交易的本性倾向。各种生产力的最大改善，起因于分工，即社会分工有益于提高生产效率。①涂尔干从社会学角度经过多方面分析认为，社会分工并非纯粹经济现象，解释一切社会问题都应从社会事实中寻找原因。高等社会要维持自身平衡，就必须实行分工。分工不仅能够展现出人类所确定的道德特征，也可以逐渐成为社会团结的本质条件。而且，个人人格进步与分工进步一脉相承，人们要想得到前者，就不能不要后者。②

简而言之，无论这些享誉世界、开宗立派的理论大师从怎样的视角剖析社会分工，他们高度一致的观点是：社会分工是有益于人类进步的。完全可以说，人类社会的演化史，就是专门活动领域不断分化生成的历史。当然，从另外角度观察，也就是不断生成大量"裂口"与"界面"的历史。在生产制造领域，亨利·福特借用亚当·斯密的分工理论，在世界范围内第一个建立了人类历史上最早的流水线，彻底颠覆了传统的生产模式，这一创举使福特汽车公司的T型车生产达到1500万辆，缔造了令世界瞠目结舌的神话，创造了一个半个世纪以后才被打破的世界纪录。显而易见，专业化分工极大地提高了生产效率，但与此同时也如影随形地伴生了大量的界面问题，因为分工使得专门领域彼此之间不得不进行对接，协调及合作等活动成倍地增加了。界面在制造类企业当中表现得最为突出，尤其是在研发与制造部门、制造与营销部门、营销与研发部门之间，因而，这些方面的界面问题首先引发了理论界的关注，迄今也是最受关注的领域。与制造业企业内部情形相类似，在其他企业内部，在各类企业与其上下游企业及其他相关企业之间，在企业与学校、政府、社会团体等其他组织之间，同样存在着而且不断新生出大量的界面问题。

社会分工是界面以及界面问题产生的宏观背景，是根本性的、第一位的、首要的原因。其次，不同社会组织由于社会属性差异而具有不同的价值

---

① 〔英〕亚当·斯密.国富论［M］.胡长明，译.重庆：重庆出版社，2016（9）：3-8.

② 〔法〕埃米尔·涂尔干.社会分工论［M］.渠东，译.北京：三联书店，2009（1）：354-367.

诉求与运行规则。各种社会组织经由漫长的分工过程逐渐形成，组织形成的过程也就是逐渐确定其在整个社会大系统之中恰当角色的过程，从中也就形成了其所特有的本质属性。政府的形成主要在于维持整体社会组织的有序运行，企业的形成主要在于为社会创造经济价值，学校的形成主要在于为社会培养新生建设力量。与此相关，不同社会组织因本质属性差异而具有不同的价值诉求、组织文化及运行规则等。最后，不同社会组织及其内部机构乃至不同构成要素之间缺乏必要充分的协调。差异性不必然导致问题，有差异且在需要合作的时候缺乏协调才会成为问题。不管是因为缺乏意愿还是因为技术障碍，抑或是由于信息不畅或者行为人的个体素养等原因，都会使界面成为阻碍而不是桥梁。郭斌、陈劲、许庆瑞曾经探究过企业创新中的界面问题，提出"粘带信息"的存在、彼此缺乏了解、目标差异、文化冲突等是其主要的形成原因[①]，这些原因可以分别归类于属性差异与缺乏协调。当然，如果从微观的角度考察，界面及其问题的产生还能够从操作层面寻求一些更为具体的原因，但总体上会包含在以上三大原因之中。

6.2.2.3 界面管理对弥合"裂口"的意义

把"裂口"与"界面"进行比较，可以看出两者实质上是对同一对象从不同视角进行认知的结果。两者都是社会分工的自然产物，两者所反映的，都是两个或两个以上的系统、组织、单元或要素之间的"客观存在"，这种"客观存在"可以表现为实物、空间、关系、过程等多种形式。不同的是，"裂口"的切入点在于认知和反映彼此之间相互"间隔"的状态，"界面"的切入点在于认知和反映彼此之间相互"关联"的状态。因为彼此之间存在间隔，所以，当需要彼此合作的时候，就需要对"裂口"进行弥合；因为彼此之间存在关联，所以，当需要彼此合作却发现这种关联未必有利于合作甚至阻碍合作的时候，就需要对"界面"进行"管理"。由此可见，如同说"下降"和"负增长"一样，"裂口"和"界面"实际上是同一指代对象带有相反意味的不同称谓，弥合"裂口"和界面管理实质上指代的也是同一个问题。有鉴于此，可以将界面管理比喻为弥合"裂口"的"黏合剂"，也可以将两者视为同义语，交替使用。

---

① 郭斌，陈劲，许庆瑞.创业创新过程中的界面管理［J］.数量经济技术经济研究，1997（7）：38.

如上所述，分工出现的动因在于对社会进步具有多方面的正面功能，包括提高经由分化形成的各专门领域的工作效率，以及通过相关专门领域之间的有机配合提高社会整体的运行效率，展现人类的道德特征、促进社会的有机团结、维护高等社会的平衡，促进民族与社会的进步等，这是社会分工的本质功能。但社会分工也存在负面的功能趋向，因为分工必然伴生"裂口"或"界面"，各专门领域经分工之后会形成相对独立的利益诉求，客观上会对其他领域产生不同程度的排斥、削弱甚至抵制，哪怕是借以分化出来的领域也在所难免，这又很可能会阻碍社会的整体运行。[①]所以，社会分工如同一把"双刃剑"、一个悖论。但这种看似矛盾的现象恰恰是历史辩证法的具体体现，是推动社会进步的内在动力机制。对于阻碍社会进步的负面功能需要进行调适和校正，促使相关专门领域以新的形式建立新的联结，保证社会分工继续发挥其正面的本质功能。[②]这种反复展开、既矛盾又统一的发展逻辑，正是社会不断走向进步的推动力。所以，马克思通过大量史事及严密的逻辑分析雄辩而热情地指出："一个民族的生产力发展的水平，最明显地表现于该民族分工的发展程度。"[③]

那么，如何通过界面管理弥合相关双方或多方之间的"裂口"呢？由于界面处于两个或多个组织、机构、单元或要素之间，属于任何一方都"可管""可不管"的状态，因此，对于界面的管理应有别于组织或机构内部的管理方式。组织内部管理通常以硬约束为主，刚性更多一些，而界面管理需要更多的软约束和更多的柔性。徐磊曾经提出过界面管理的四个基本原则——共识性、开放性、约束性和约定性[④]，被界面管理研究所广泛引用。虽然徐磊当初的研究主要针对的是技术创新界面管理，但较好地反映了更广泛意义界面管理的一般性特征，因此具有积极的借鉴价值。结合徐磊的观点和前文所分析的界面及其问题形成的原因，特概括出界面管理的以下五条基本原则。

---

① 解水青，秦惠民.阻隔校企之"中间地带"刍议——高职教育校企合作的逻辑起点及其政策启示［J］.中国高教研究，2015（5）：85.

② 解水青，秦惠民.阻隔校企之"中间地带"刍议——高职教育校企合作的逻辑起点及其政策启示［J］.中国高教研究，2015（5）：85.

③ 马克思恩格斯选集.第1卷［M］.北京：人民出版社，1995：68.

④ 徐磊.如何建立有效的界面——关于技术创新界面管理的探讨［J］.科研管理，2002（5）79-80.

第一，共识原则。这是界面管理的前提，由于界面管理以软约束为基本特征，因此共识原则具有特殊的重要价值。"界面管理是建立在动态的横向协调过程中的，其基本的依据就是界面各方具有共同的认识基础，它涉及对技术性、工艺专业性问题的认知以及对目标、利益、风险等问题的价值判断，具体讲界面管理的共识包括目标认同、手段认同、程序、规则认同、利益和责任认同等。"[1]有了界面各方共同的认识基础，才有可能进而对界面进行有效管理。

第二，开放原则。界面处于相关各方边界之间的"中间地带"，是"裂口"，界面管理既是一种"组织之间"的行为，又是一种跨组织的行为。由于组织、机构、单元或要素的属性差别，必然存在彼此之间在资金、物资、信息、人员、技术等各方面资源的不对称；而且，进行界面管理的过程当中，相关各方需要对进程及时掌握并根据情况变化及时进行必要调整。因此，界面管理需要相关各方突破各自边界，实行必要资源的适度开放，协调一致行动。

第三，互利原则。之所以要进行界面管理，是因为社会分工存在负面的功能趋向，有可能背离了提高各专门领域以及社会总体运行效率等初衷；换言之，界面管理是为了更好保障相关各方的利益，这是一个追求互利共赢的过程。因此，为了促进界面管理的达成，各方不能仅仅关注自身相对独立的利益诉求，而应该换位思考，努力缔结与对方相关或相邻的利益链条，构建相同或相近的利益交集，或者甚至打造深度合作的利益共同体。所以，对于界面任何一方而言，确立界面他方的相对需求优势至关重要，能够更好地满足他方的利益需求，自身的利益需求也能够更好地获得满足。

第四，主动原则。界面本身是"中间地带""裂口"或者"鸿沟"，对于界面任何一方而言都是"可管""可不管"的区域，是缺乏明确规范约束的"白地"或"灰色地带"。[2]进行界面管理，仅仅"等待"共同规则的自动确立，或者仅仅依靠纯粹利益的自然吸引，甚至仅仅依仗行政指令的强制要求，都难以收到理想效果。归根结底，界面管理需要相关各方的积极作为，各方能够延展或者追加自身职能，积极主动地向对方延伸，

---

① 徐磊.如何建立有效的界面——关于技术创新界面管理的探讨［J］.科研管理，2002（5）80.
② 王春晖.界面实质与界面管理分析研究［J］.现代商业，2011（12）：193.

在动态的实践探索中寻求合作，最终在彼此都能认同的接洽点实现"合龙"。

第五，规范原则。界面是一种无规范状态，界面管理就是要改变这种状态，确立规范。界面管理必然涉及责、权、利以及困难和风险，如何在界面各方划分与承担，经历过实践的摸索之后，需要以规范的形式予以固化。具体的规范形式视情而定，可以是彼此的默契或"君子协定"，也可以是正式的合同契约，进而形成规章制度，甚至最终以地方法规或国家法律的形式予以确认。在正式制度所不能穷尽之处，也须依靠习惯性约定等潜制度规则予以规范[①]。

6.3 建设"创业型高职学校"的模型构建

本节将对此前相关内容进行简要集中的回顾梳理，从中形成我国高职学校借用创业型大学经验、运用界面管理理论工具等，探索建设创业型高职学校的一般路径模型。

6.3.1 创业型大学建设路径探索集中回顾

亨利·埃茨科维兹为创业型大学建设所作设计，集中体现在大学—产业—政府"三螺旋"以及"四根柱石"和五个标准或特征上。亨利·埃茨科维兹称大学—产业—政府"三螺旋"为国家创新模式，这种创新模式诞生于另外两种传统模式基础之上，一种是政府控制大学与产业的国家干预主义模式（图6-4）[②]，一种是三者彼此独立、只少量越过边界相互作用的自由放任主义模式（图6-5）[③]。在"三螺旋"模式当中，大学、产业和政府三者作为

---

① 徐磊.如何建立有效的界面——关于技术创新界面管理的探讨［J］.科研管理，2002（5）：80.

②〔美〕亨利·埃茨科维兹.国家创新模式：大学、产业、政府"三螺旋"创新战略［M］.周春彦，译.北京：东方出版社，2006：5.

③〔美〕亨利·埃茨科维兹.国家创新模式：大学、产业、政府"三螺旋"创新战略［M］.周春彦，译.北京：东方出版社，2006：8.

平等的合作伙伴关系日益增强地相互发生作用，实现动态平衡（图6-6）[①]，这就改变了以往政府发挥绝对控制作用或者只在"市场失灵"的领域发挥调节作用的局面。在以科学技术为基础的知识经济时代或领域、区域，大学及其他基于知识的组织机构越来越成为社会的主要机构，甚至在某些情况下，它们将取代以往由产业和政府所主导的位置，成为在创新组织者中起领导作用的核心螺旋线。[②]这样的大学即容易发展成为创业型大学。

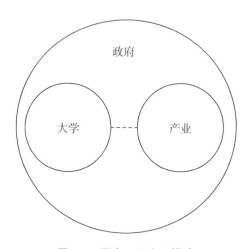

图6-4　国家干预主义模式

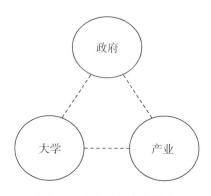

图6-5　自由放任主义模式

①〔美〕亨利·埃茨科维兹.国家创新模式：大学、产业、政府"三螺旋"创新战略〔M〕.周春彦，译.北京：东方出版社，2006：17.

②〔美〕亨利·埃茨科维兹.国家创新模式：大学、产业、政府"三螺旋"创新战略〔M〕.周春彦，译.北京：东方出版社，2006：17.

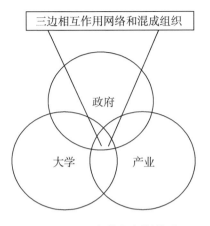

图6-6　"三螺旋"创新模式

亨利·埃茨科维兹认为创业型大学由"四根柱石"支撑：学术带头人能够形成和实施自己的战略构想，具有通过授予专利、颁发许可和孵化等方式进行技术转移的组织能力，在管理人员、广大师生当中普遍存在着创业精神，能对大学资源进行合法控制。[①]他提出了创业型大学五个方面的标准或特征。第一，知识资本化，知识既满足教学与科研需要，又满足应用需要，因而大学在知识经济社会中的作用越来越重要。第二，相互依存性，大学与产业、政府相互联系、相互依存、相互作用。第三，相对独立性，大学是相对独立的学术机构，不因与产业和政府合作而影响其独立性。第四，混合形成性，大学需要独立或联合建立一些混成组织，既保持大学独立，又能够与产业和政府建立密切联系。第五，自我反应性，大学内部要进行持续更新，不断调整教学、科研以更好地实现服务经济与社会发展的"第三使命"。[②]

伯顿·克拉克为创业型大学建设所做设计集中体现于"黄金五律"，这既是创业型大学的建设路径，又是典型特征，伯顿·克拉克还称其为创业型大学建设需要同时具备的最低限度的五个要素：一个强有力的驾驭核心，一个拓宽的发展外围，一个多元化的资助基地，一个激活的学术心脏地带，一

①〔美〕亨利·埃茨科维兹.国家创新模式：大学、产业、政府"三螺旋"创新战略［M］.周春彦，译.北京：东方出版社，2006：31.

②〔美〕亨利·埃茨科维兹.国家创新模式：大学、产业、政府"三螺旋"创新战略［M］.周春彦，译.北京：东方出版社，2006：51-52.

个一体化的创业文化。①驾驭核心要求大学强化学校层面的统一管理,能够在强化集中的前提下推动学校的统一行动。发展外围成为大学与产业领域及其他组织的连接地带,正是这一连接弥合了"裂口",形成了一种新的组织关系。多元化资助指除了政府拨款之外,大学还通过多种市场渠道实现真正的财政多元化,这在很大程度上使大学的决策权更加自主。学术心脏地带是大学的优势学术资源,这是大学开展市场或类似市场活动的基础,也是大学"创业"的核心特征所在。创业文化是大学整体创业行动所形成的状态,虽然是软性因素,却是对大学创业行动的坚实支撑。

经过对最初五所案例大学变革进程的持续考察,并且将"黄金五律"扩展至非洲、南北美洲、大洋洲等的一些国家的其他十几所创业型大学,伯顿·克拉克又总结提炼出几条新的经验。创业型大学能够进行持续不断的变革,并且为以后的进一步变革奠定基础,有赖于三种强大的动力:加强相互作用的动力,累积的动量的动力,以及其中最为强大的动力——具有雄心壮志的集体意志的动力。②形成这三种持续动力的创业型大学,就会进入一种"变革的稳定状态"。

希拉·斯劳特和拉里·莱斯利没有像亨利·埃茨科维兹和伯顿·克拉克那样概括出创业型大学的实现途径或特征,他们将大学和大学教师为了获取更多外部资金而开展的市场活动或者具有市场特点的活动称为学术资本主义③,阐述了大学推行学术资本主义的具体做法。这些做法包括:知识产权技术转让(专利权使用、直销等),开发产品与服务(教学科研人员咨询等),大学与产业联络项目,举办高收费的国内外学生教育培养项目,"政府—产业—大学"合作研究中心,大学及其师生举办公司等。他们特别强调大学的"营利性",强调利益动机向高等教育领域的渗透,所以,他们宁可使用"学术资本主义"概念,而不愿意使用"创业型大学"。

对亨利·埃茨科维兹、伯顿·克拉克、希拉·斯劳特等人的研究观点进一步抽象整合,可以概括成相互关联的三个方面:知识资本化或产业化,

①〔美〕伯顿·克拉克.建立创业型大学——组织上转型的途径〔M〕.王承绪,译.北京:人民教育出版社,2000:3-7.

②〔美〕伯顿·克拉克.大学的持续变革——创业型大学新案例和新概念〔M〕.王承绪,译.北京:人民教育出版社,2008:115-120.

③〔美〕希拉·斯劳特,拉里·莱斯利.学术资本主义:政治、政策和创业型大学〔M〕.梁骁,黎丽,译.北京:北京大学出版社,2008:8.

统一意志支配的大学整体行为，大学与外界的自主互动。在所有创业型大学当中，这三个方面都不可或缺且密不可分、相辅相成，它们共同规定着创业型大学的内在特性，使创业型大学作为一个特别的群体在整个高等教育体系当中凸显出来。其中，知识资本化或产业化是创业型大学的本质特征，其他两个方面是实现这一本质特征的措施、条件及保障。奠基学者的研究各有侧重：亨利·埃茨科维兹搭建起了大学与外界进行互动的"三螺旋"框架，伯顿·克拉克以组织变革为主线串联起大学的创业型行动，希拉·斯劳特则直奔大学创业活动的核心要素——以学术资本主义来统领他们的研究。

6.3.2　相关基础理论及理论工具要点回顾

根据研究目的的不同，可以将科学研究大致划分为基础性研究和应用性研究，两者既有区别又有联系，既存在连续性关联又彼此交融。不同的理论研究者和实践工作者对两者关系的理解不尽相同。在较长的历史时期，曾经比较割裂地看待两者之间的关系，大多数时候认为两者"泾渭分明"，有时候又形成对立甚至排斥。到20世纪中期，V.布什构建起了两者关系的线性范式，其基本逻辑在于：基础性研究为应用性研究奠定基础，应用性研究从基础性研究中提取科学资本储备，据此转移至生产制造及其他应用领域。在长达50多年的时间里，布什范式在美国、也在世界基础科学研究领域产生了广泛而深远的影响。D.E.司托克斯认为布什范式没有充分反映出基础性研究和应用性研究之间的复杂关系，他提出了科学研究的模型对布什范式予以弥补和纠正。科学研究模型根据对研究是否由"应用考虑"和"基本认识"引发这两个问题分别作出"是"或"否"的回答，将所有研究类型划分为四个象限，为研究类型构建起了双向的、多元的、立体的关系网络，的确令人非常信服，但仍然存在缺憾。

通过将D.E.司托克斯科学研究模型的四个象限的封闭边框完全打开，用四面指向的纵横双轴的垂直交叉表达四个开放又连接的象限，可以构建形成一个"大学科学研究的模型"。Ⅰ和Ⅳ象限所对应的大学构成"不适宜建设创业型大学"的大学体系，Ⅱ和Ⅲ象限所对应的大学构成"适宜建设创业型大学"的大学体系。高职学校处于适宜建设创业型大学体系当中，自然显示出两者之间的紧密关联。这种关联当然不能仅限于理论推演。回顾创业型大学理论代表性学者的观点主张可以发现，他们都或明或暗地将高职教育类学校纳入创业型大学的范畴当中。进一步考察现在西方发达国家的实践探索，能够看到创业型高职学校已经不仅仅是理论研究中的理想设计，而且已经成为实践领域的积极成员。当然实事求是地说，对于高职类学校探索建设创业型大学的研究相对要少得多，包括西方理论界也是如此，这恰恰是今后研究需要强化的领域。

我国高职学校发展当中面临一个具有普遍性的严峻问题，就是"产教融合，知行合一"的人才培养模式实施困境，宏观方面的原因主要在于社会分工所造成的高职学校与政府部门、行业企业等外部组织之间存在"裂口"，中观与微观方面的原因则包括缺乏足够的社会环境支撑、行业企业缺乏参与积极性、高职学校本身缺乏吸引力等，这些因素又反过来加剧了"裂口"现象。实际上，由于社会分工所造成的与外部其他社会组织之间的"裂口"问题是所有大学面临的普遍现象，高职学校由于着重培养面向生产、建设、服务、管理一线的技术技能型人才的目标定位而显得尤为突出，并且成为一个影响到高职教育可持续发展的系统性问题，因而需要一种综合性的解决方案，而解决的突破口关键就在于弥合"裂口"。国外创业型大学建设为此提供了重要参考和借鉴，因为所有创业型大学都必须与外部其他社会组织进行紧密合作，并且在实践探索积累了丰富而成熟的经验，包括宏观层面的大学—产业—政府合作框架，中观层面的混成组织及运行机制，微观层面的大学自身及行业企业、政府机构内部组织的变化等，大学的这些创业型举动实质上都是在弥合与外部组织之间的"裂口"。

另一方面，界面管理理论也为弥合"裂口"提供了管理视角的理论支撑。与"裂口"一样，"界面"也伴随社会分工而产生，当事实上的割裂现象违背了提高各专门领域从而提高社会总体运行效率等初衷时，就需要对"界面"进行管理。因此，"界面"与"裂口"、界面管理与弥合"裂口"几乎可以视为同义语，它们实际上是对同一对象从不同切入点做出的不同表达。根据主要成因分析，高职学校要弥合与外部社会组织之间的"裂口"，应该着重从四个方面进行努力：即尽可能减少对行业企业正常生产、管理及经营秩序的冲击；提高学校自身的综合办学能力和水平，尤其是着力提高师生的职业能力训练；发挥学术资源优势协助社会组织解决现实问题，提升学校服务经济社会的能力；通过学校的积极探索促进外部制度环境及社会舆论环境的持续优化，促进科学规范的管理体现机制的形成。国外创业型大学的建设经验告诉人们，在弥合"裂口"方面要树立认知前提、合作意识、变革思想和规则观念。实行有效的界面管理则要求坚持共识、开放、互利、主动、规范等基本原则。可见，这几个方面的原则、经验、规则都是相通的、一致的，选择创业型发展道路将是适宜于我国高职学校可持续发展的一种综合变革思路，而界面管理将成为弥合高职学校与外界裂口的"黏合剂"。

6.3.3　创业型高职学校建设的模型构建

创业型高职学校是基于创业型大学概念的基础之上提炼形成的，因此，界定如下：以明确的统一意志为指导，高职学校在坚持并强化自主性的同时，与外部环境积极互动，实现知识与资金、信息、人力及其他资源的交流、交换，作为整体开展知识资本化或知识产业化的行动，以直接创造经济价值的形式更好地服务社会和自身，这样的高职学校即为创业型高职学校。如果我国某些高职学校有意愿进行创业型大学的实践探索，尤其如前文所述在进行创业型大学建设的过程中，高职学校"产教整合、知行合一"的人才培养模式也将得以真正实施的话，有没有一种原则性的、框架性的基本模型以供遵循参照呢？根据以上逻辑分析，最后将构建形成我国高职学校探索建设创业型大学，或者说探索建设创业型高职学校的基本路径模型。

首先，高职学校总体上属于适宜建设创业型大学家族体系中的成员，这当然并不意味着两者可以简单直接地画等号，高职学校转变为创业型大学需要有明确意识地进行强力建设。

其次，通过对西方发达国家创业型大学建设经验的梳理总结可以看出，建设创业型大学需要开展三大方面的行动。第一，推行学术资本化或产业化，学校通过发挥自身学术资源优势，拓展多元化的资金及其他资源渠道。第二，发动统一意志支配之下的整体行动，学校要确立建设创业型大学的明确统一的奋斗目标，并在这一目标指导之下学校主体开展步调一致的整体行动。第三，开展与外部社会组织的自主互动，学校积极与企业、政府进行密切互动以实现彼此所需资源的交换，但无论如何，这种合作只能促进而不能削弱办学的自主性。高职学校欲建设创业型大学，就需要借助这三大行动，而且须同步开展，共同构成一个整体。

在创业型大学的三大基本特征中，学术资本化或产业化是最核心、最本质的特征，正是这一最核心、最本质的特征决定了高职学校与本科及以上大学在创业方面所存在的最主要差别。这是一个无可回避的现实问题。目前，我国以国家政策的形式将高职学校定位于专科层次的前提下，高职学校的学术创业能力很难达到本科及以上大学的水准，所以，现实的态度及选择就是：高职学校更适宜对接中小企业，在运用自身学术资源为中小企业提供服务的过程当中，实现向创业型大学转型的发展目标。因此，在模型构建的过程当中，有必要反映出创业型高职学校在学术创业方面所难以逾越的适宜层次性。

再次，向创业型大学转型的三大行动都不可避免地需要解决一个系统性的关键问题，即通过界面管理弥合学校与外部社会组织之间的"裂口"，这对于以服务地方经济与社会发展为宗旨的高职学校尤其具有重要意义。

最后，作为以上系列行动水到渠成的结果，高职学校将成功转型成为创业型大学，或者说建设成为创业型高职学校。这将为我国有意或有志于建设创业型大学的高职学校提供一般意义上的基本指导或参照（图6-7）。

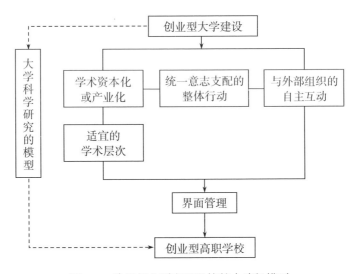

图6-7　建设创业型高职学校基本路径模型

　　创业型高职学校这种适宜的层次性告诉人们，因为在我国存在这种大学层级相对越来越固化的现状，加之我国很难出现美国历史上曾经发生过的那种社会及大学的演变历程，所以，类似美国麻省理工学院从赠地学院逐步演变为创业型大学的现象，将很难在我国重新出现。但是，这并不会根本性地影响我国高职学校选择创业型的发展变革道路，当然，期间特别需要把握的就是，我国创业型高职学校的建设应该立足现状，找准自身所应具有的定位，在适宜的层次上开展。

第 7 章

我国创业型高职学校的实践探索

前文我们从理论上论证了高等职业教育类学校建设创业型大学具有充分的适切性，并为我国高职学校人才培养模式实施困境提供了一种综合性的解决思路，即探索创业型高职学校的发展道路，并设计了一个可资参照的基本路径模型。这种研究结论是否具有相应的实践支撑？所设计的基本路径模型应用价值如何？本章将通过我国高职学校对创业型大学的实践探索对以上问题作出回答。首先按照创业型大学的三个基本特征"解剖一个麻雀"，对我国典型的创业型高职学校——浙江义乌工商职业技术学院进行剖析，梳理其成功经验及存在的不足。[①] 由于很多实践和举措属于一个协调一致的体系，同时符合创业型大学三个方面的特征，因而分成三个部分进行论述难免存在事实上的重复，以下表述中尽量各有侧重地进行呈现，尽量避免这种重复以及由此产生的表达乏味。其次，将对另外几所高职学校的创业型大学探索进行简要介绍，并抽取我国15所示范性高职学校，对它们近5年的经费收入进行简要分析，考察其选择创业型发展的可能性及适切性。

7.1　义乌工商职业技术学院的创业型大学建设

在实践层面，我国最早进行创业型大学探索的，既不是综合性研究型大学也不是其他本科大学，恰恰是高等职业学校。其中最为典型的范例是浙江义乌工商职业技术学院（以下简称义乌工商院）。其于2008年成立了独立设

---

① 本章内容既通过网络搜索了相关资料，更得益于浙江义乌工商职业技术学院提供的丰富的一手材料，也通过与周刚等亲历人员的交流补充完善了有关信息，特此表示诚挚感谢！

置的创业学院，这在我国所有高校当中是第一家，由此开启了其对创业型发展道路的热情洋溢的探索。据不完全统计，在校期间参加过勤工助学的大学生比例高达95%，而他们由此创造的收入更高达2800余万元，相当一部分学生在校期间已成为百万富翁。该校毕业生创业率连年居全省高校首位，在全国高校当中也极为突出。其结合区域经济发展和义乌市场进行创业型大学建设的特色办学之路产生了极大社会反响，中央电视台、《人民日报》、凤凰卫视、湖南卫视、《纽约时报》、法国路透社等国内外媒体纷纷以专题形式进行了广泛、持续的关注和报道。[①]

7.1.1　统一意志支配的整体行动

当用创业型大学的三个基本特征进行衡量时，会发现义乌工商院的突出特征是统一意志支配的大学整体行动，当然，"大学与外界的自主互动"是如影随形的反应，比较之下，"知识资本化或知识产业化"之中学术的分量相对薄弱。在本部分内容当中，将按照这一顺序依次分析义乌工商院三方面特征的具体表现。

7.1.1.1　协调一致的领导决策形成坚强有力的驾驭核心

在建设创业型大学的问题上，义乌工商院的领导班子形成高度一致的共识，所以，在成立相应机构、制定规章制度、获取地方政府支持、与地方经济形成互动、推动全院统一行动等各个方面，学校表现得极为积极、主动且步调一致。伯顿·克拉克所说的创业型大学强有力的驾驭核心，亨利·埃茨科维兹所说的大学对本身资源的合法控制、对技术转移的组织能力，在义乌工商院均得到了明显体现。谈及这一方面，人们无论如何也不会绕过的一个基本事实是：义乌工商院前党委副书记、副院长贾少华发挥了至关重要的作用。

1999年7月，已经是全国优秀教师、浙江省特级教师且早已晋升为高级讲师的贾少华，面临两个选择：到浙江师范大学担任教育系主任或是回家乡义乌筹建义乌工商学院。富有教育情怀的贾少华毅然选择了后者，他认为高校能够提升城市品位，家乡义乌需要一所属于自己的大学。筹建中的义乌工商院前身为创办于1993年的杭州大学义乌分校，其当时已经脱离母体，开始

---

① 徐玉成，陆娜.贾少华：高职创业教育的"引领者"［J］.教育与职业，2012（5）：58.

以独立的形式举办高职。这一转型的过程异常艰难，资金、师资、生源无不缺乏，学校主要以自考和成人教学维持生存。在这种情况下欲突出重围、实现良性发展，必须下大力气进行根本性变革。经过分析高职学生与本科学生的巨大差别，在贾少华的积极倡导下，工商学院确立了"面向市场、面向学生、面向实践"的办学思路，大力组织学生开展实践技能训练，将实践教学作为一条主线贯穿全部教学环节，在向学生传授必要理论知识的同时，更积极创设条件，引导并组织学生参加校内外志愿者服务，开展勤工俭学等社会实践活动。这为学校的发展壮大奠定了坚实基础。

随着教学实践的推进，受益于义乌作为著名国际小商品批发城的优越地理条件，也受到21世纪初一些批发网日渐升温的影响，一些学生开始自发地从市场小规模进货，然后上网从事电子商务。一直致力于探求特色办学道路的贾少华从中隐约地感受到商机，敏锐地捕捉住这一动向。在总结了几十名学生成功创业的案例之后，贾少华得出结论：高职学生可以选择创业，这完全可以成为他们在理论学习之外的另一条成长道路。于是，他坚定地推动将创业纳入教学安排。但这种创业教育很快在校内外引发争议，比较集中的观点在于认为开网店并非真正的创业，以及创业不能作为正规的教育教学，属于"不务正业"，甚至义乌小商品城的不少商户也指责学生扰乱了他们的正常经营秩序，等等。贾少华不为所动，他一面抓住各种机会宣传创业对于学生成长的重要意义，一面坚定不移地推动学生创业，并于2008年成立了创业学院，让事实说话。

贾少华的坚持得到了领导班子的支持。2009年担任义乌工商职业技术学院常务副书记、后担任党委书记的严金发即是突出代表。他通过微博等现代信息渠道与师生交流，注重实践调研，获得一手资料，由此形成了对于创业教育的切实认知，从而给予贾少华以有力支持。严金发注意对创业进行专门研究：如何正确认识创业教育？如何走出创业难的认识误区？如何提高创业成功率？如何破解创业指导师缺乏的难题？围绕诸如此类的问题，他形成了若干理论成果。他的行动也影响着班子的其他成员，创业教育越来越成为学院决策层面的高度共识，这为学院建设创业型大学提供了最根本的组织保障。

7.1.1.2 日益完善的规章制度保障学校行动有章可循

贾少华是位学者型的领导，多年来已经形成了对教学业务和教育规律进行实践研究的习惯。他结合工作实际，甚至结合培育孩子成长的经历出版了近10部著作，其中，《大学创业教育的社会学解读》《漂泊的理想：社会学视角下的教育隐忧》《家庭教育的实践和艺术——孩子走进清华的历程》等著作一经出版即成为畅销书。持续多年主导创业型大学教育的成功让他声名鹊起，并应邀到国家行政学院、国家教育行政学院、北京航空航天大学、同济大学等上百所高校和数十个全国性学术会议作学术报告。他的这种研究习惯更突出地体现在教育教学工作当中，能够将认准认定的行为方式及时以规章制度的形式固定下来，高度协调统一的领导班子进而将这种做法形成学院的工作规范。十多年坚持下来，关于创业型大学教育教学的完备的规章制度建设成为义乌工商院的重要特征。

早在2008年10月6日，义乌工商院便成立了学生创业工作领导小组，负责领导、统筹、协调全院的学生创业工作，贾少华担任领导小组组长，小组日常管理机构为义乌工商院学生创业指导中心。2009年1月6日，《义乌工商学院创业学生管理办法（试行）》作为年度1号文件发布，文件对"创业学生"的认定、相对独立的组织管理、机动灵活的教育教学及考评方式等进行了规定。弹性学制、创业课程与项目替代原有课程、网络授课与考核、设立创业奖、指导教师单独考核计酬等，这些简单明确的条文打破常规，从学院政策层面吹响了实行创业教育的号角。此后，义乌工商院根据实际需要，适时推出相关文件，越来越指标化、数据化的考量杠杆将压力并激励一起，"赤裸裸"地施加给创业师生。当年9月份颁布的《学生创业指导教师管理办法》规定，创业导师须完成创业学生认定、授课、创业实践指导、全程管理、工作总结等工作，同时，学院在专项经费、职称晋升、干部培养、国内外深造研修等方面给予倾斜。2010年颁布的《第一届电子商务创业班教改项目任务目标管理规定》，就创业班教学改革项目经费发放及奖励和处罚标准提出了明确的规定（表7-1）。同年印发的《关于鼓励与扶持在校学生创业的若干规定》中，明确学院设立创业基金100万元，用于鼓励与扶持在校学生创业的有关奖励，这些奖励根据具体细则颁发给相应师生，同时对创业学生也给予评优评奖方面的倾斜。类似规定不一而足且逐步"加码"，有力地推动着义乌工商院的创业型大学教育不断前行。在学生创业持续取得成功甚至创造"神话"的基础上，2015年，义乌工商院又出台《教师离岗创业管理办法（试行）》，鼓励学院教职员工包括处级干部加入创业大军的行列。

表7-1 电子商务创业班教学改革项目经费发放及奖励和处罚标准

学年	时间	奖励标准	处罚标准
第一学年	新生入学 2010.8.30	班级学生平均信用达到3钻（1000个好评）或月收入平均达到2000元，奖励50000元	班级学生平均信用未达到2钻（500个好评），并且月收入平均低于1500元，取消电子商务创业班教学改革项目经费，扣发创业班负责教师期末奖金10%
第二学年	新生入学 2011.8.30	班级学生平均信用达到5钻（5000个好评）或月收入平均达到5000元，奖励60000元	班级学生平均信用未达到4钻（2000个好评），并且收入平均低于2500元，取消电子商务创业班教学改革项目经费，扣发创业班负责教师期末奖金10%
第三学年	新生入学 2012.6.10	班级学生平均信用达到1颗皇冠（10000个好评）或月收入平均达到10000元，奖励70000元	班级学生平均月收入平均低于5000元，取消电子商务创业班教学改革项目经费，扣发创业班负责教师期末奖金10%

在规章制度建设方面，除了学院层面的统筹性文件，义乌工商院也一直注意政策的"上下对接"。对上，随时关注国家、部委与省市的有关政策，及时予以宣传学习和贯彻执行；对下，各二级教学单位随时出台实施细则，及时将上级与学院精神落到实处。2005年底，义乌工商院将各级鼓励、扶持创业教育的政策文件进行了总结汇编，其中，收录的国家部委及省市文件30件，义乌工商院及各二级教学单位的配套文件分别为19件、29件。这些政策文件现实地把握了经济社会发展对创新创业人才的需求趋势，也及时地总结和吸纳了学院本身的探索经验，为该学院创业型大学教育坚定而科学地开展，提供了适时、周全、机动灵活而切实有效的制度保障。

7.1.1.3 多管齐下的整体行动形成浓郁的创业文化

所谓大学创业的整体行动，指的是创业规划及实施的整体性、系统性、统一性，并非机械地指大学的所有专业、所有部门、所有人员都均等地开展创业，因为在创业的适宜性方面，不同专业、部门及人员会各有差别，即使相同的专业、部门和人员在不同时期、处于不同条件之下也会有所差别。亨利·埃茨科维兹、伯顿·克拉克及希拉·斯劳特等人对此都有很具体的论述。作为"第一个吃螃蟹"的高校，义乌工商院继2008年率先在全国高校第一个建立创业学院之后，2011年被浙江省政府批准为创业型大学建设试点学校，2015年被浙江省教育厅确定为30所示范性创业学院建设大学之一（拟于2017年建成）。所以，其创业行动既抢得先机，又搭乘上国家及地方政府的政策"东风"，是在"一盘棋"规划之下多管齐下、系统推进的整体行动，迄今已经初步形成较为立体的经验体系。

其推进创业型大学建设的主要经验可以概括为以下几方面。

第一，改革体制，推行"一校两制"。所谓一校两制，指的是在确保正常教学秩序的情况下，打破传统教学模式，为创业学生开辟"特区"，以独特的方式培养学生的"创业力"。制度是由具体载体来落实的。学校专门成立创业学院，设有电子商务创业班，每个班都有两间独立教室，一间用于上课办公，一间用于货物仓储，并提供电线和网线。进入创业学院的学生入校后必须开设网店，在实践中获取知识。创业班已有五届毕业生，生均月收入超万元。义乌工商院正是由于这种敢于突破传统观念束缚的勇气和行动，才能够建立起机动灵活的人才培养机制，探索形成了令人耳目一新的创新创业教育模式。

第二，搭建平台，完善真实创业环境。创业环境包括四种类型。其一是义乌国际小商品市场。义乌工商院很多学生公司实际上成为义乌商品市场的特殊组成部分，义乌商品市场则成为其最为便捷的庞大创业训练实践体系，学生置身全真环境当中历练本领、提高素质、掌握人生。其二是政校合作的创业实验室。学校联手"中国网店第一村"青岩刘村打造创业实验室，天猫、京东、亚马逊、跨境物流、影像展示、文案创意等10多个电商创业实验室也已开通，涵盖电商运营方面的诸多衍生服务。其三是孵化为主的创业园。义乌工商院建立了1万多平方米的创业园，学生创业初期，在校内创业园即可便捷地开展电子商务、仓储及商谈活动，接单、拿货、发货等经营环节顺次而下，极其方便。其四是对接市场的创意园。通过工作室模式，学生创意零距离对接企业、接轨市场，在传播创意文化的同时收获经济价值。创业园和创意园均是在政府的直接扶持下落成。

第三，加强引导，营造创新创业氛围。具体举措主要有三大方面。其一是组织形式多样的创业活动。"创业论坛""职业生涯规划大赛""创业大赛"等活动可谓异彩纷呈，义乌工商院还组织学生参加校外创业竞赛，这些活动既能够激发学生的创业热情，又能够引导他们对创业形成客观理性的认识。其二是开展全方位的创业宣传。学校开动校报、电视台、网站、宣传栏、告示栏、黑板报等一切媒介，大力宣传上级政府部门和学校创业政策以及以往成功的学生创业典型的先进事迹，并组织全校范围的创业文化宣讲与讨论，将创业文化融入学生的生活和学习。其三是树立有影响的创业典型。2015年底，义乌工商院汇编了60位学生创业明星的报道事迹，而这些仅仅是近五年内被《人民日报》《中国教育报》等重要媒体报道的学生在校创业典型的一部分。不夸张地说，工商院的学生创业明星比比皆是，其中不乏产生极大社会影响的"传奇"式人物，比如年营销额超亿元、获得"全球十大网商"殊荣的何洪伟，毕业时已成为"三皇冠"卖家、年营销额达到4000万元的"超级毕业生"杨甫刚。义乌工商院建设创业型大学的成功范例引发新华社、中央电视台、《人民日报》《纽约时报》、路透社等国内外主流媒体的集中、持续的报道效应，这反过来又极大地带动和激发了学生的创业激情，坚定了学院领导和广大教职员工的信心和决心，学院从上到下形成了日益浓郁的创业文化和创业氛围。

第四，精心服务，完善创业指导体系。工商院构建了"教师指导、理论支撑、资金服务、政府支持"四位一体的创业服务指导体系，为学生创业提供"一条龙"服务。学校建立起由创业教师、企业家、创业学生组成的创业指导队伍，2011年牵头成立了浙江省高职创业教育联盟，2015年成立了"互联网+众创指导服务中心"。学校注重加强创业理论研究，专门成立创业教育研究所，并组织举办全国高校电子商务创业教育研讨会，截至2016年4月已连续举办11届。为帮助学生解决创业资金问题，学校与义乌棒杰小额贷款公司、浙江义乌农村商业银行股份有限公司开展在校大学生创业小额贷款合作，为在校创业学生提供无抵押贷款，这在全国高校属于首例。学校还鼓励创业毕业生帮助学弟学妹创业，有两届"创二代"实验班学生都捐资设立了创业基金。学校积极与义乌市相关政府部门联系、沟通，获得大力支持，如每年与相关部门联合举办大学生职业（创业）生涯规划大赛，义乌商城集团在国际商贸城五区为广大创业学生开辟创业专区等。

7.1.2　大学与外界的自主互动

创业型大学建设离不开与外部环境进行多种资源的交流交换，因此必须与其他社会组织进行积极互动。但这种互动不能影响大学本身的独立自主性，甚至，按照亨利·埃茨科维兹等代表学者的观点，一旦启动创业型大学建设进程，大学实际上在与行业企业、政府部门及其他社会组织的关系当中居于主导地位。作为一所高等职业教育类学校，义乌工商院建设创业型大学的实践再次印证了这种观点。

7.1.2.1 步步为营，逐渐搭建起大学—产业—政府"三螺旋"

大学—产业—政府"三螺旋"是亨利·埃茨科维兹构建的创业型大学基本构架。尽管义乌工商院没有明确提出这个概念，但实际上也搭建起了这种"三螺旋"结构。这种结构的搭建显然起始于学校自身的主动作为，学校坚持确定的道路，主导着校内外各方协同合作。尤其值得强调的是，作为"第一个吃螃蟹"的高校，义乌工商院建立起"三螺旋"的过程并非一帆风顺，而是过程中不断解决遇到的各种问题，不断消除各种阻力。

如上所述，当贾少华最初提出对学生开展创业教育的时候，引发最多的反应是争议甚至质疑、反对。需要稍加说明的是，贾少华所指的"创业教育"并非后来以至今天很多大学所认为和进行的创业教育。今天很多大学所进行的创业教育，绝大多数是在原有课程体系的基础上增加创业类课程，对学生强化理论方面的教育，"前卫"的大学也不过是开展一些创业的模拟训练。但贾少华所说之"创业教育"特指让学生进行实际创业，通过创业的方式完成他们的学业，当然并不是完全取消对学生的其他常规教育，而是以实际创业替代相关的部分课程学分。尽管如此，学校面临的阻力也是很大的。

首先是校内师生的阻力。老师们的阻力实质是怀疑创业教育的效果，对此，贾少华没有过多担心，他认为关键是首先消除来自学生参与创业的阻力。贾少华发现，创业教育实施了一段时间之后，能够坚持创业并且获得收益的学生少得可怜，而且他们的成功与学校教育以及学生自身的努力关系不大，主要是因为他们的父辈已经从事多年的经营事业，是家庭积累的社会资本为他们铺平了电商创业之路。经过大量走访调研之后，贾少华发现精力难以做到一分为二是根本原因，于是毅然提议成立创业学院，实行"一校两制"，即将主攻传统学业和主攻现代创业的学生分开，使他们都能有足够精力专心致志于主攻的事情。实际上，发展到今天，义乌工商院已经形成了

"三足鼎立"的分类教育模式。学校将学生分成三类进行针对性培养[①]:第一类学生在高中阶段学习成绩相对较好,因为高考失利而进入高职学校,他们大多仍有继续提升的意愿,学校为他们独立编班,支持他们升本科或考研究生。第二类学生虽然学习成绩一般,但有着敏锐的市场感知力、吃苦耐劳的精神及创业的意愿,学校支持他们走创业之路,这类学生大约占15%的比例。第三类学生比重最大,学校着重加强对他们进行专业技术训练,保证学生毕业后能够选择一份理想的工作。显而易见,这种分类培养并不是为了标新立异,而是完全遵照学生的实际情况和个人意愿采取的现实举措,在学习过程中,如果学生意愿发生了变化,学校还可以在充分了解实情之后作出相应调整。所以,在教育的对象方面,工商院经过探索试验,根据广大学生的实际情况量体裁衣,从根本上消除了他们的疑虑,形成了机动灵活、行之有效的培养模式。

在学生培养的过程当中,创业指导老师全程深度参与其中,为了能够对学生切实起到指导作用,老师们也纷纷开展创业试验,形成了老师创业"部队"。

其次是来自社会的阻力。义乌工商院开展创业教育的行动"一石激起千层浪",迅速招来社会各个领域的质疑。最普遍的反对大同小异,都觉得这是在不务正业,不是在开展大学教育,甚至有人刻薄地认为:如果这样的创业就是教育,还有什么必要把学生送到大学里呢?随便找个小企业都能干了。还有一种反对来自当地的企业主,他们没有看到学生创业可能带来的影响及销量扩大等正面作用,而是狭隘地认为干扰了他们正常的经营秩序。义乌工商院遇到的诘难,实际上是一种普遍的社会认知悖论的具体反映:一方面,社会一直因为大学培养不出适应经济社会需要的人才而责难于大学;另一方面,当大学努力尝试对接现实的经济社会需求时又会被批评违背了大学应有的教育定位。作为多年研究教育理论与实践的专家,贾少华对此保持着清醒的头脑。对于一般性的质疑,他的思路简单而明确:不辩论,学生成长的实际效果将是最好的回答。对于来自行业企业领域的不同看法,他觉得必须重视。为此,学校成立专门机构,上自校领导,下至创业指导老师、学生

---

① 鲁玉婷.校园批量"孵化"电商小老板——记义乌工商职业技术学院创业型人才培养〔J〕.职业,2015(5):24.

实习指导教师以及学生团队，积极主动地与义乌国际商品城林林总总的企业对接，争取他们对学校理念的认同，为学生开拓货源及销售渠道牵线搭桥；同时，也积极寻求为地方经济提供切实帮助，最终赢得了社会的赞誉和支持。

"网店第一村"青岩刘村的成功打造是一个经典范例。客观地说，青岩刘村的异军突起是"两厢情愿"的结果。2008年，正在寻求由实体店向虚拟店经营转型的青岩刘村遇上了鼓励大学生创业的义乌工商院，成批的工商院学生入驻青岩刘村产生示范效应，青岩刘村在几年内迅速崛起，网店数目已经数倍于其1200多的居民人数。2013年12月，这里被中国社科院、阿里研究中心授予"中国淘宝村"称号。2014年11月，国务院总理李克强夜访青岩刘村，称赞这里的网店在虚拟空间服务实体经济，开拓巨大的市场空间，不愧为"网店第一村"。青岩刘村被褒奖为中国地方的"硅谷"模式，在2015年巅峰时期，青岩刘村网店数飙升至3200多家，全年销售额达45亿元，日均出单10万元。义乌工商院紧密嵌入区域经济发展的创业教育模式使学校逐渐摆脱了初期的非议，赢得了越来越多的赞誉，并且产生了强烈的社会引领效应，形成了以学校为中心的电商产业新经济业态，缔造了"一个专业引领一个产业、一个产业带旺一座城"的"神话"。义乌商城集团在国际商贸城五区为广大创业学生开辟创业专区，义乌工商院创业师生所构成的独特生态，已经成为义乌国际商贸市场的紧密组成部分，也由此吸引到更多社会资源为学校创业提供大力支持。如义乌棒杰小额贷款公司、义乌农村商业银行股份有限公司与学校建立起在校大学生创业小额贷款合作关系，向在校创业学生提供无抵押贷款，这在全国高校属于首例。

最后是政府的支持。应该说，义乌工商院从政府获得更多的是支持。立足县级市的基础条件建设全日制大学，这种做法在全国范围并不多见。从1993年杭州大学义乌分校建立，到1999年筹建义乌工商职业技术学院，并安排富有教育情怀和理论素养的贾少华负责筹建工作，再到义乌商贸专修学院（1998年建立）于2002年合并一起组建新的义乌工商职业技术学院，足见义乌市政府对学校的重视。当学校就开展创业教育构想与义乌市政府沟通时，市政府表现出了尊重大学办学自主权的足够姿态。最重要的是政府的姿态落实到了行动当中，对于义乌工商院所采取的打破教育教学传统甚至引发社会热议的创业举措，如果没有政府给予宽松的政策探索空间，可以说简直不可想象。随着义乌工商院创业教育的实施并显现出积极效应，义乌市、金华市以及浙江省各级政府都适时出台政策予以维护和鼓励。需要特别注意的是，李克强总理提出"大众创业、万众创新"是在2014年底（恰恰是在与义乌工商院紧密合作的义乌青岩刘村），而浙江省建设创业型大学试点高校的政策制定于2011年底。我们不能简单地推断其间的因果联系，但至少可以确定的是：义乌工商院大胆开展创业教育、地方各级政府给予大力支持的勇气和胆识，实在是开风气之先，难能可贵。

地方政府的支持远不止于政策层面，在创业实体、创业平台、创业环境的建设方面，义乌工商院同样受益匪浅。学校创业园、义乌市创意园建设均得到政府的直接扶持。仅以创意园为例，2008年10月，义乌市政府批准创意园创建报告，印发了《关于促进创意产业发展的若干政策意见》，对义乌市创意园建设的管理、入园优惠措施、奖励给予了明确政策。政府划拨了启动资金500万元；设立了创意园管理资金，每年度按预算列支，第一年为300万元，以后按年度200万元列支。创意园落成之后，截至2015年年底，举行10次入驻招商会议，报名企业达600多家，入驻企业65家，通过举办各种商贸洽谈会议，年度意向创意产值近900万元人民币。[①]政府协助引入高端项目，2010年5月，国家旅游商品研发中心设立；2013年11月，国家林产品创意研发中心设立。这些国家级创意研发中心的入驻，为义乌企业培养旅游商品研发人才、提升旅游商品研发生产能力，为产品的转型升级和持续发展所需技术支持和人才服务，发挥了重要作用。此外，义乌工商院与地方多家企业联合打造创业实验室，发起并组织举办全国高校电子商务创业教育研讨会，牵头成立了浙江省高职创业教育联盟及"互联网+众创指导服务中心"，举办大学生职业（创业）生涯规划大赛等，无不得到了政府部门的大力支持。

7.1.2.2 形成立足创业、联通内外的"发展外围"

与西方发达国家的创业型大学一样，义乌工商院也形成了扩宽的发展外围，通过这些发展外围实施了有效的界面管理，弥合了学校与外部社会组织之间的"裂口"，将大学与外界紧密联结在一起。发展外围具体形式较多，大致可以归纳为三类，即组织机构、运行实体和联结平台。实际上，这种分

---

① 义乌市创意园园区简介［EB/OL］.http://www.yiwuchuangyi.com/about-us.php.

类只是为了解释说明的便利，三种类别在功能及作用上不可避免地存在重叠之处，以下表述将尽量各有侧重地展开，尽可能规避重复。

第一，组织机构。组织机构为创业教育提供组织和人员保障，解决的是"谁来做"的问题。在学校层面，义乌工商院主要建立了两个组织，即学生创业工作领导小组和义乌市大学生创业园管理委员会。学生创业工作领导小组2008年初建时任副院长的贾少华担任组长；2012年作出调整，由时任党委书记严金发和院长王珉担任组长，贾少华任副组长，成员由学院学生处、就业创业处等部门及各二级院系相关负责人构成。领导小组常设机构为创业管理办公室，其工作职责包括十几项：负责制定全院创业教育发展规划并组织实施，全院创业教育类人才培养模式实验实训基地建设，创业教育教学管理、课程实施与检查、创业培训、创业教学改革，创业师资队伍建设，创业教育理论与实践研究，鼓励与扶持大学生创业政策的制定与实施，外住创业学生的管理，等等。显而易见，学生创业管理办公室的职责非常全面而具体，也很务实。义乌市大学生创业园管理委员会构成与此相似，由学院主要领导和分管领导分别担任正副组长，成员范围相比创业管理领导小组要小得多。由于大学生创业园是义乌市设立在义乌工商院的实体，所以，管理委员会中由市政府的相关领导担任顾问。在学院机构之下，各相关二级部门和二级院系分别由专门人员对应负责创业教育工作。从以上义乌工商院如火如荼的创业盛况可以看出，创业管理机构作为主导者着力于搭建学校内外沟通的桥梁，细化创业的操作环节并付诸实施，的确发挥了举足轻重的作用。

第二，运行实体。运行实体是以场所为主要体现特征的创业活动开展的综合体。义乌工商院主要集成为两大创业实体，即创业园（创业学院）和创意园。创业学院主要承担电子商务创业班、创业学员班和各分院创业孵化基地的管理三项职能。[①]首先是电子商务创业班，建立于2008年的创业学院于2009年开始招生，至今形成十几个班级的规模，每个电子商务创业班有学生30人，都配备了一间教室和一间仓库，学生在专属教室上课和从事创业活动，身居斗室而联通世界。就是在这些貌不惊人的班级里，诞生出数以十计的学生百万富翁。其次是创业学员班，创业学院每学期初在全院范围招收创

---

① 韩玮.创业教育引领创富新潮 "学渣" 也有春天［N］.时代周报，2014-12-23.

业优秀学生加入本班,为这些同学开设企业文化、人力资源、财务管理及工商、税务知识普及等企业家素质培养课程。其三是创业孵化基地,各二级学院在创业园内都有创业孵化基地,其中不乏优秀的电子商务创业团队和以专业为导向的创业团队,创业学院还承担着这些创业孵化基地的管理工作。2016年6月,工商院在原创业学院、电子商务专业的基础上建立了新的创业学院(电子商务学院)和创业园,创业园占地面积达到12000余平方米,并正在规划建设集数字化仓库、创客空间。现已拥有移动营销、跨境电商、移动电商、视觉营销、农村电商、网店运营等十几个电商创业工作室,创业学生在校内就可以完成接单、拿货、发货等一系列活动,是一个集教学、实训、销售、培训、仓储、物流为一体的综合性创业教育和实战平台。在义乌工商院创建创业型大学的实践过程中,创业园(创业学院)担负着探索、实践、引领和示范的特殊使命。

对接市场的义乌市创意园是义乌工商院另一个重要创业实体。在市政府直接支持之下落成于学校的创意园区,政府对其的定位是:以义乌现有产业发展为基础,以小商品研发设计和企业品牌策划为主要突破口,以提高全市企业产品的品质和附加值为己任,凸显创意、创新、创造功能,把义乌市创意园打造成一个创意公共服务平台和创意产业机构集聚的园区,成为浙中城市群的小商品创造创新中心和义乌城市创新的助推器。[①]创意园的主要功能包括,举办招商会议招商引资引项目,搭建科技服务平台促进行业企业与街道社区的对接合作,通过工作室模式促使学生创意零距离接轨市场。前两项活动看似并没有直接提到学生创业,但却实实在在为学生构建起便捷的创业环境;而工作室则既传播了创意文化,又实现了经济价值,同时也更大地激发了学生的创业欲望与潜能。

第三,联结平台。在联结平台之上未必直接开展创业活动,但对于发现创业机会、融通创业资源、提升创业水平等发挥着重要作用。大致可以分为三类。其一是市场平台,即学校所临近的义乌国际商贸城、青岩刘村等创业活跃区域以及众多的公司企业。不少人在谈到义乌工商院创业教育的成功时会有意无意地扩大义乌作为国际商品批发聚集地的作用,实际上,无论从地理位置、经济指标从还是交通气候等条件看,深居内陆的义乌作为县级市比

---

① 义乌市创意园区简介［EB/OL］.http://www.yiwuchuangyi.com/about-us.php.

很多沿海城市差得很远，所以，在这方面，不得不承认和令人敬佩的还是义乌工商院力有所为的整体状态，是学校的创业行动最大限度地整合了地方资源优势。其二是组织平台，即学校牵头成立的有关创业的社会性组织。2006年学校发起全国高校电子商务创业教育研讨会，已经成为200多家高校及企业参与、受到教育部关注和支持的年度盛会。2011年牵头成立浙江省高职创业教育联盟，通过论坛、研讨会等形式开展经验交流活动，探讨创业实际问题，加强创业人才培养，促进创业教育发展。2015年成立了"互联网+众创指导服务中心"，致力于整合创业校友资源、搭建创客交流平台、培养创业学生能力，实现创业师生共同成长。其三是活动平台，义乌工商院每年都会举办"创业论坛""职业（创业）生涯规划大赛""创业大赛"等与创业相关的活动，并且邀请政府部门和行业企业人员参加，既是对学生创业风采的展示，也是一种模拟训练。

7.1.3　知识资本化或产业化

知识资本化或产业化是创业型大学的核心特征，即大学将知识作为资本要素或者直接作为商品投入应用或交换，获取多元化的资金、信息、人力以及其他各种必要资源。义乌工商院建设创业型大学的探索同样是对知识资本化的实践诠释。有两个问题需要注意：第一，由于科研水平所处层次的差别，高职学校的知识资本化或产业化与本科及以上高校表现出明显差别；第二，即便是高职学校的知识资本化也具有多样的表现形式，义乌工商院的创业行动所呈现的只是其中的几种形式，并不能作为高职学校创业行动的一般化代表。但这两个问题并不妨碍义乌工商院成为大学创业的一个有力例证。

第四章曾经专门论述过创业型大学的典型表现形式，大致包括提供市场需求的教育与培训、咨询与技术服务、专利技术转让、建立企业孵化器、建立科技园区、创办公司、设立风险资本等多种方式等，并且，当大学试图以统一意志为指导整体开展知识资本化或产业化的行动时，大学服务社会的常规形式也会转化为创业行为。对照之下明显可见，除去技术服务、专利技术转让和设立风险资本，义乌工商院采取了其余的各种举措。建立企业孵化器、建立科技园区、创办公司几大方面前面已有论述，在市场需求的教育、培训与咨询服务方面，工商院也早已开展了创业行动。学校主打的电子商务模式产生衍生效应，围绕电商经营，学校在浙江省率先开设了网络时尚模特班，培养新一代能展示、能代言、能创业的电商模特标杆，进而形成了全国电商网络模特集聚中心和全国电商网络模特培训基地，其中还有一个留学生班；建立了海峡两岸青年创业基地，我国台湾的大学师生到校"插班"学习电子商务创业。如果对义乌工商院的创业行为进一步概括的话，显然，"电子商务"是其突出特征，据统计，学校师生创业的80%以上是围绕电子商务做文章。由此可以看出，义乌工商院主动顺应时代潮流的意识何其之强、行动何其之果决，而这恰恰是创业型大学所应有的标志性品质。正如贾少华所说，互联网恰似黏合剂，整合了大义乌的城市与乡村、传统与现代、线下与线上、工厂与贸易、商流与物流、村民与创客的各类资源。单纯的黏合剂不能发挥什么作用，但有机整合之后的能量是无限的。①

　　第五章曾经提到，如果从科研倾向性角度考察的话，倾向于应用性研究的大学更容易转向创业型大学，高职学校由此天然地在适宜建设创业型大学的区间里占有了一席之地。义乌工商院在开展创业教育的过程当中，注重加强相关研究，努力使理论研究与实践行动相得益彰、相互促进。学校成立了创业教育研究所，着力于总结创业教育经验、深化创业教育内涵研究、谋划创业教育持续发展等；并且以研究所为依托组织全国高校电子商务创业教育研讨会，与全国高校专家学者从理论和学术视角共同探索创业教育发展。2014—2016年三年间，义乌工商院创业学院（电子商学院）和创业园荣获了国家级教学成果一等奖及省级教学成果二等奖，承担各类教学改革项目10 余项；编写专著、教材 20余部；主持省级厅级以及上课题15项；发表教改、创业教育论文50余篇。②创意园区注重产、学、研结合，自开园以来，创意园与国内外135所高校共同搭建"设计学子实践基地"，每年吸引近2000名工业设计相关专业的师生到义乌参与实践活动，加强对创业行动的指导，增强了高校之间的交流合作，逐渐提升着师生创业之中的学术含量。同时，该柔性人才引进模式被评为义乌市2011年人才工作的四个典

---

① 陆玫.义乌经验启示——"网红"青岩刘村背后［EB/OL］.［2016-12-16］.http://www.thepaper.cn/newsDetail-forward-1477858.

② 义乌工商学院创业学院（电子商务学院）创业园简介［EB/OL］.http://cyxy.ywu.cn/news/shownews.php? lang=cn&id=893.

型之一。此外，创意园还创办了"一米市集""创意大讲堂"两个互动性、学术性较强的主体活动。

在已经饮誉全国、在国际高教领域也产生了一定影响的同时，义乌工商院也在冷静地分析社会形势与自身条件的优劣，寻求新的更好的发展机遇。由于竞争激烈程度的攀升给电子商务造成的压力，与义乌工商院"袍衣相连"、曾经红极一时的青岩村近两年的发展开始出现衰退趋势。学校也在深思，在以往立足创意的路径依赖基础之上，如何加强创业教育的精细化建设，如何提升创业教育的科学化水平，保持并进一步提高电子商务的竞争优势。进入2017年，学校确定了九大项目，包括与浙江大学全球创业研究中心合作研究创业与创业教育，与义乌陆港集团电商小镇开展全面合作项目，与阿里巴巴国际事业部共建跨境电商技能培训基地，举办稠江创业学院（龙回）项目等，学校将以此为抓手，以项目制、合伙制等形式开展特色创业工作。总之，义乌工商职业技术学院的方向不会改变、初衷不会改变，学校将秉承"尚德崇文，创业立身"的校训，高举创业教育旗帜，努力朝着创业型大学、全国一流的特色高职学校的目标坚定迈进。

7.2　我国其他高职学校的创业型探索实践及特征分析

7.2.1　另外四所高职学校的创业型大学探索

在义乌工商院之后，我国其他一些高职学校也陆陆续续进行了创业型大学的探索。这些学校当中，有的像义乌工商院一样明确提出了"建设创业型大学"的目标，有的提出要"建设企业化大学"，有的学校虽然没有明确提出建设"创业型"或"企业化"大学的概念，却在实际上采取了类似的办学行为。接下来对部分学校的探索情况进行简要介绍，以便形成对我国高职学校探索建设创业型大学情况的概略印象。

在浙江省，于2011年和义乌工商院一起被列入示范性创业型大学建设的还有另外一所高职学校，这就是浙江工贸职业技术学院（以下简称浙江工贸职院）。浙江工贸职院立足为地方经济提供针对性服务的核心理念，形成了"学院+园区+城市"的互动生态圈，创建了"园区化推进协同育人，生态圈助力创新创业教育"的发展道路。[①]学校秉承温州的创新精神，多年坚持"产学研一体化"，由"厂办校"到"校办厂"再到"校企一体"，从一所厂矿技工学校发展成万人高职学校。学校与名校大院、政府机构、行业企业合作，举办了刘基文化研究、温州传统工艺美术研究等21家科技应用及文化研究机构，搭建起"政产学研市五位一体"的混成性组织。校内先是建成大学生创业孵化园和创业学院，后又建立了浙江创意园、温州市知识产权服务园、国际外包服务示范园，统称为"三大园区"，着力于培养大学生创新创业，有学生在校期间即荣获"浙江省文化新浙商"称号。浙江工贸职院众创空间为广大学生提供了优越而舒适的创业场所，在这里既可舒心工作、促膝交流，又可资源共享、网络畅游，实则远远超越了"场所"的概念，而成为一种氛围、一种文化。有的企业采取了新型经营模式，比如部分学生通过众筹创建"达岸创业咖啡"，与众不同的是，股权并不固定，而是在学生股东之间届届相传，为在校学生提供了全方位、全时段的创业体验。学校创业教育走出校园、辐射社会，在瓯海时尚智造小镇等温州特色小镇建有创业学院分院，在杭钢集团半山钢铁基地建有众创空间等，形成了学校与社会协同培育创业人才的教育模式。浙江工贸职院联合温州市台办共建台湾青年创业就业服务中心（国台办授牌），为在大陆创业的台湾青年提供就业信息和培训、辅导等帮扶服务；成立"两岸青年创客联盟"，整合海峡两岸高校创客资源，借鉴我国台湾高校经验，提升创业教育品质。为向在校大学生提供创业扶持资金，学校成立了创业模拟银行进行实体运作，帮助学生解决融资困难；建立了温州市知识产权服务园，为大学生专利申报、商标注册、质押贷款、维权服务等提供有关知识产权的"一站式"服务。2013年温州知识产权学院成立，由工贸职院与温州市科技局联合建设，既培养知识产权经济管理人才，又直接服务于大学生创新创业，作用显著。毫不夸张地说，浙江工贸职院开展创业教育既灵活多样、不胜枚举，又协调系统、融为一体，已经迅速崛起为一所名副其实的创业型高职学校，2016年入选全国50所创新创业典型经验高校。

---

① 贺星岳，王春柳.互动生态圈襄助创新创业教育——浙江工贸职业技术学院"学院+园区+城市"协同育人模式的实践探索［N］.中国教育报，2015-11-12.

2016年9月底，山东商业职业技术学院（以下简称山东商职院）和北京大学、清华大学等国家顶级名校一同被评为全国50所创新创业典型经验高校，是全国获此殊荣的6所高职学校之一，是山东省获此殊荣的3所高校之一，山东商职院瞬间全国闻名。在同年举行的全国"互联网＋"大学生创新创业大赛总决赛中，山东商职院参赛团队亮出的"绝活儿"令评委、投资机构和业界专家为之震惊：他们竟然通过"无水活鱼运输"技术现场"复活"了沉睡的大菱鲆鱼。然而，专家们不知道的是，山东商职院该项技术已获专利23项，登门洽谈合作的海鲜和物流企业已有10多家。对商职院而言，凭借一项技术带动一个产业的做法已屡见不鲜，而这一切，得益于创业型大学建设的成功推动。科研力量薄弱是高职学校的共同软肋，与行业企业的隔阂是人才培养的极大障碍，所以，相较于战略制定以及领导层的意志和决心，如何顺利实施更为重要。山东商职院的应对秘诀是"筑巢引凤"：食品冷链工程技术中心实验室，2005年建成；国家农产品现代物流工程技术研究中心，2008年建成，这也是经科技部批准建设、我国物流领域和涉农服务业的第一个国家工程中心。以高端的科研平台为依托，先后与学校达成合作关系的国内外知名企业达到260多家，这些企业雄厚的科研实力为创业型大学建设奠定了扎实基础。不到10年的时间，校企合作完成了包括国家"863"计划在内的重点项目40余项，申请专利120余项，转化成果近千项，制定国家、行业技术标准20多项，并且由此又带动产生了一大批新兴企业。筑巢引凤的根本目的是为了培养出更加适应社会需求的优秀人才，为此，商职院建立了"创业工场"，1万多平方米的建筑空间形成了一个完备的创业生态圈，内有电子商务、科技创新等5个孵化区，还有一条"创业街区"，同时兼备培训、实践、大赛等多种功能。80多家企业入驻创业工场，年营业额近1.5亿元。为了保证学生能够真刀实枪地开展创业又不影响学业，商职院推行大刀阔斧的改革，形成"小机关大服务"的治理结构：19个行政部门整合为7大部，人事权、财产权等5项重要权力授予二级学院，由此形成了机动灵活的管理体制机制。上千名学生以创业者的身份加入创业工场，他们或者在企业中担任员工，或者直接开办自己的公司，大批的学生因此解决了自己的学费及生活费用，而且能够靠收入补贴家庭，甚至带动起家乡产业的发展，为众多家乡父老和学弟学妹提供了就业机会。热火朝天的创业景象成为山东商职院一道亮丽的风景线，学校党委书记马广水自豪地说："学校2010年提出建设创业型大学,从过去跟着企业跑,到现在引领产业发展,从就业到创业,实现了'产教融合'的华丽转身。"①

苏州工业园区职业技术学院提出要建设"企业化大学",学校通过特定机制形成统一意志并付诸实施,发挥学术优势寻求办学资金等资源的多元化,与外部组织形成紧密合作关系、积极寻求互动共赢,可见,这种提法与"创业型大学"在实质上是相同的。作为中国与新加坡两国合作开发苏州工业园区的衍生成果,学校章程规定,"采取股份制办学,企业化管理,实行董事会领导下的院长负责制,以探索中国高等职业技术教育产业化的有效途径","为外资企业培养具有国际竞争力的技术员工"。在诸多世界级企业云集的苏州工业园区,学校的建设创业型大学之路具有得天独厚的优势,特殊的身份和办学体制也使其表现出与众不同的特点。首先,苏州工业园的董事会构成以外企为主体,企业、高校和政府董事席位分别占67%、26%和7%,其中,包括德国博世、芬兰诺基亚、荷兰飞利浦、韩国三星、美国AMD等在内的跨国行业巨头又占到董事企业的80%②,这种制度架构有力地保证了学校办学方向不会偏离企业需求。其次,学校借用新加坡公共管理领域的"亲商理念"提出"亲企理念",设立事业发展部专门处理校企合作事务,和驻区各大企业建立无缝联络,校企之间形成了"六个对接"③,开拓出了"产教研合作"的深交路径。最后,学校的教育产业化理想水到渠成地开花结果。比如从2002年开始,学校与韩国三星电子(苏州)半导体有限公司持续合作十几年,先后经历了"订单教育""培训外包"和"产教研合作"三个阶段,校企达成互利共赢的深度融合。学校累计为三星公司培训员工超过14万人,并且输送了大批急需人才;三星公司多次向学校捐赠电子仪器设备累计近4000万元;校企共建三星工科大学,这是三星公司在大中华区设立的首家工科类企业大学。该合作被三星公司全球总部评为"最成功的校企合作"案例,中方总裁也因此受到总部特别嘉奖。或许因为置身国际企业云集之地、

---

① 张兴华,李大珍,姜华.山东商业职业技术学院建设创业型大学,"产教融合"实现华丽转身——过去跟着企业转,如今陪着产业跑[N].中国教育报,2016-12-16.

② 王寿斌.苏州工业园区职业技术学院依托体制机制创新[N].中国教育报,2014-06-16.

③"六个对接":即专业开发与产业需求对接,教学计划与企业岗位能力需求对接,资源配置与企业工作现场对接,教学实施与企业质量控制体系对接,科研课题与企业技术攻关项目对接,教学质量评估与客户满意度调查对接。王寿斌.苏州工业园区职业技术学院依托体制机制创新[N].中国教育报,2014-06-16.

学生"进出两旺"等原因，学校培养学生独自创业的做法并不突出，而是比较明显地表现出学校整体创业的姿态，比如，仅面向社会的培训类项目，学校即已形成八大类、近100个单项的庞大体系，培训收益成为一笔相当可观的办学经费来源。

在高职学校的队伍当中，还有部分学校没有明确提出建设创业型或企业化大学，但其办学行为却明显表现出类似特征，青岛职业技术学院（以下简称青职院）就是这样一所学校。创办于原青岛市职工大学基础上的青职院办学条件曾经很不理想，为满足培养高技术技能人才对前沿实习实训设备的需求，进入21世纪之初，学校一方面提出"教学外置"的思路努力寻求与行业企业合作，一方面给各二级学院和部分职能处室下达"创收"指标，完不成者则不能弥补年初扣除的相应绩效，并影响到下一年度的拨款预算。十几年坚持下来，各二级学院和相关部门通过创收改善了办公条件，补充了教师绩效，强化了对教师的业务培训（包括长达一年的出国研修），提升了办学质量，收获了企业及社会的认可和赞誉，态度由消极抵触转变为主动响应。更为重要的是，时至今日，青职院形成了特征明显的创业型发展体系。其一，学校将学生就业创业工作列为五年规划及年度工作要点头等大事，高层会议专题研究，从学校到各二级学院均成立专门工作小组。2016年11月，学校《创新创业教育工作实施意见》印发，在完善原有规定的基础上进一步强化对创新创业工作的统筹领导。其二，立足青岛市名牌企业汇聚的优势，青职院多年来早已形成密切的校企合作办学共同体，也拥有了自成体系的国家级、省级和市级实习实训基地，这为创新创业教育奠定了宽厚扎实的基础。学校与全球大型家电第一品牌的海尔集团共建"海尔学院"，与全球最大的饭店及娱乐休闲集团之一的喜达屋集团共建"喜达屋卓越人才学院"，与海信集团、青啤集团、一汽大众实施"员工学生联合培养"，与行业龙头企业深圳华强集团、烟台万华集团等大企业组建了"企业冠名班"等；建有数控技术、物联网等9个国家级实训基地，青岛市政府投资近1个亿建立了青岛市服务外包人才实训基地等。其三，学校积累形成了有利于创新创业的人力、物力、财力等优越条件。目前拥有国家职业指导师66人、职业生涯规划课程讲师92人、全球职业生涯规划师7人、KAB创业讲师5人、青岛市四级创业培训讲师7人、就业数据分析师4人等，这些教师和就业创业指导老师共同构成一支高素质、专业化的指导队伍。与青岛市政府、青岛西海岸职教集团合作，引资215万元建成900平方米青岛创业大学青岛职业技术学院教学点和"智岛大学生创业培训中心"，校内建有共青团中央KAB创业教育基地、YBC工作站，设有大学生从业指导中心、大学生创业培训基地等2000平方米工作场所，另有大学生创业孵化基地2200平方米，2014年被批准为青岛市备案科技创业孵化器，每年投入创新创业的支持奖励资金项目从几十万到上百万。其四，并未张扬创业教育的青职院创业活动频仍、硕果累累。仅2015年一年，进入孵化基地的注册资金即为2200万元，营业额3800万元，带动就业159人，含本校学生58人。孵化基地"孵化"出一批成功的学生创业典型，如2007届计算机辅助机械设计专业毕业生臧芳，创办公司从事机械加工和3D打印机研发与生产，年营业额超过300万元，荣获"青岛市百名创业明星""青岛十佳创业女大学生""青岛市三八红旗手"荣誉称号；2011年，学生创业团队"猎人队"在"金蝶杯"第三届全国大学生创业大赛国赛高职组获得特等奖；2016年孵化项目青岛汇云无限物联网有限公司在青岛蓝海股权交易中心挂牌上市，首轮融资100万元……

7.2.2 我国部分高职学校经费收入简要分析

在创业型大学的三个基本特征当中，学术资本化或产业化是核心特征，如果一所大学不具备这一特征，则完全可以认定其不属于创业型大学。反过来说，如果一所大学采取了学术资本化或产业化的行动，又怎么能够判断出来呢？在这方面，学校经费收入结构及其变化情况是一项非常显性的指标。无论是亨利·埃茨科维兹所说的"引领性"创业型大学，还是伯顿·克拉克所说的"变革性"创业型大学，或者希拉·斯劳特所说的实行了学术资本主义的大学，它们都有一个共同特点，就是通过大学创业行为获取政府一般性财政拨款之外的其他多种资金来源，从而引起学校经费结构的显著变化。伯顿·克拉克和希拉·斯劳特对此进行过专门研究，伯顿·克拉克获取了案例大学15～25年左右的财政收入数据，希拉·斯劳特获取了案例国家中等后教育学校15年左右的财政变化，以说明学术资本主义对学校经费状况产生的影响。

通过前面的阐述可以看出，我国一些高职学校的确已经选择了创业型大学的发展道路或者采取了相关行动而且取得显著成效。假如还有其他高职学校也采取了类似行动，只是没有公开声明，就像青岛职业技术学院所做的那样，那么，这些学校的经费结构必然会发生变化；反过来说，如果能够得到一些高职学校的经费结构及其变化情况，又能够反映出什么问题呢？当然，即便出现了政府财政拨款比例变小或者已经较小的现象，也不能简单判定学校就是创业型大学了，因为创业型大学的三个基本特征必须同时具备才能够构成充分且必要条件，所以，必须对学校其他两个基本特征进行切实考察才能得出完整结论。但是至少可以推断，出现这种现象的学校很可能已经采取了创业型行动或者类似行动，从而具备了向创业型大学转型的条件。

根据这一推测，本书从国家100所示范性高等职业学校中较为随机地选择了15所学校作为样本——由于示范性高职学校属于我国高职学校行列的"第一方阵"，它们的发展变化理论上具有较强的代表性。为了使15所学校作为样本的代表性更强一些，特意考虑了它们在示范校建设遴选当中第一、第二、第三批次分布的相对均衡性，并且分别从我国东部、中部、西部地区各选了5所。然后，分别获取了这些学校近五年的详细经费收入数据（表7-2），鉴于应有的保密性原则，所有学校名称均以大写英文字母表示，并在字母前分别标注了学校属于东部、中部还是西部。以下是对这些数据的简要分析。

表7-2 我国15所示范性高职学校连续五年经费收入列表

学校	年度	总收入		学费		财政经常性补助		中央、地方财政专项		社会捐赠		其他		企业技术服务收入/万元	非财政经常性补助占比/%
		金额/万元	比例/%	金额/万元	比例/%	金额/万元	比例/%	金额/万元	比例/%	金额/万元	比例/%	金额/万元	比例/%		
东A	2012	31644	100	3742	12	13475	43	11970	38	20	0	2437	8	16	57
	2013	27038	100	3676	14	14479	54	6346	23	0	0	2537	9	20023	46
	2014	27399	100	3420	12	14876	54	5790	21	0	0	3313	12	20023	46
	2015	32876	100	3301	10	15270	46	11291	34	0	0	3015	9	15	54
	2016	31724	100	3116	10	21584	68	4141	13	0	0	2882	9	15	33
东B	2012	22353	100	4729	21	5519	25	10188	46	80	0	1837	8	36	75
	2013	27972	100	4993	18	8301	30	12912	46	17	0	1749	6	11424	70
	2014	21714	100	4936	23	10613	49	3384	16	12	0	2768	13	16	51
	2015	23690	100	5391	23	10619	45	6897	29	5	0	778	3	50	55
	2016	28397	100	5800	20	12379	44	10196	36	9	0	13	0	115	56
东C	2012	18055	100	6066	34	0	0	407	2	124	1	11458	63	86	100
	2013	9070	100	6683	74	0	0	530	6	31	0	1826	20	154	100
	2014	11450	100	7112	62	0	0	703	6	29	0	3606	31	379	100
	2015	10888	100	7031	65	0	0	903	8	39	0	2914	27	361	100
	2016	10859	100	6921	64	0	0	609	6	45	0	3284	30	430	100

续表

学校	年度	总收入		学费		财政经常性补助		中央、地方财政专项		社会捐赠		其他		企业技术服务收入/万元	非财政经常性补助占比/%
		金额/万元	比例/%	金额/万元	比例/%	金额/万元	比例/%	金额/万元	比例/%	金额/万元	比例/%	金额/万元	比例/%		
东D	2012	20174	100	6323	31	6758	34	1662	8	2	0	5429	27	821	67
	2013	21613	100	6418	30	8972	42	1664	8	0	0	4559	21	234	59
	2014	26311	100	6596	25	10810	41	2713	10	0	0	6191	24	719	59
	2015	25773	100	6567	25	11749	46	1767	7	2	0	5687	22	821	54
	2016	26287	100	6627	25	13309	51	1849	7	6	0	4497	17	946	49
东E	2012	77966	100	18341	24	51976	67	7571	10	0	0	78	0	111	33
	2013	85239	100	23192	27	52121	61	9836	12	0	0	90	0	725	39
	2014	82356	100	22707	28	38744	47	20822	25	0	0	83	0	223	53
	2015	85488	100	27180	32	39270	46	18943	22	0	0	95	0	419	54
	2016	117435	100	24672	21	41354	35	50781	43	0	0	628	1	212	65
中F	2012	24237	100	2505	10	13238	55	1626	7	0	0	2868	28	93	45
	2013	19290	100	1928	10	12122	63	366	2	0	0	4874	25	152	37
	2014	17292	100	1547	9	9670	56	179	1	0	0	5896	34	256	44
	2015	17613	100	1243	7	14100	80	296	2	0	0	1974	11	67	20
	2016	19615	100	1471	8	14247	73	112	1	0	0	3785	19	55	27

续表

学校	年度	总收入 金额/万元	总收入 比例/%	学费 金额/万元	学费 比例/%	财政经常性补助 金额/万元	财政经常性补助 比例/%	中央、地方财政专项 金额/万元	中央、地方财政专项 比例/%	社会捐赠 金额/万元	社会捐赠 比例/%	其他 金额/万元	其他 比例/%	企业技术服务收入/万元	非财政经常性补助占比/%
中G	2012	7727	100	2484	32	2874	37	2369	31	0	0	0	0	4	63
	2013	9849	100	2600	26	3027	31	4221	43	0	0	0	0	9	69
	2014	8591	100	2600	30	2968	35	3023	35	0	0	0	0	4	65
	2015	9285	100	2850	31	3096	33	3277	35	0	0	62	1	0	67
	2016	10107	100	3000	30	3678	36	3106	31	0	0	324	3	0	64
中H	2012	20757	100	7287	35	4194	20	6270	30	30	0	2976	14	231	80
	2013	19862	100	7433	37	4264	21	5732	29	59	0	2373	12	209	79
	2014	24378	100	8873	36	6950	29	4849	20	928	4	2778	11	216	72
	2015	24228	100	8495	35	7531	31	5182	21	988	4	2031	8	209	69
	2016	29899	100	8527	29	7555	25	11334	38	182	1	2301	8	36	75
中I	2012	23014	100	8606	37	8688	38	4399	19	0	0	1321	6	430	62
	2013	24527	100	7036	29	11015	45	5517	22	0	0	959	4	273	55
	2014	22422	100	6720	30	12034	54	3542	16	29	0	97	0	278	46
	2015	23779	100	8053	34	12569	53	2893	12	0	0	264	1	217	47
	2016	35822	100	13884	39	15010	42	6585	18	16	0	327	1	1031	58

续表

学校	年度	总收入 金额/万元	总收入 比例/%	学费 金额/万元	学费 比例/%	财政经常性补助 金额/万元	财政经常性补助 比例/%	中央、地方财政专项 金额/万元	中央、地方财政专项 比例/%	社会捐赠 金额/万元	社会捐赠 比例/%	其他 金额/万元	其他 比例/%	企业技术服务收入/万元	非财政经常性补助占比/%
中J	2012	21528	100	10389	48	2578	12	2126	10	420	2	6014	28	478	88
	2013	42716	100	11146	26	2578	6	27616	65	0	0	1376	3	491	94
	2014	29575	100	11131	38	2578	9	13990	47	87	0	1789	6	349	91
	2015	29160	100	12679	43	2578	9	7100	24	28	0	6775	23	227	91
	2016	37929	100	13200	35	9158	24	13424	35	27	0	2120	6	412	76
西K	2012	12675	100	2620	21	3824	30	171	1	50	0	6010	47	0	70
	2013	11922	100	4300	36	3247	27	4375	37	0	0	0	0	122	73
	2014	20260	100	4800	24	5666	28	6447	32	59	0	3288	16	298	72
	2015	16961	100	5910	35	4263	25	4948	29	38	0	1802	11	284	75
	2016	19959	100	4413	22	6677	33	7512	38	2	0	1354	7	271	73
西L	2012	3340	100	988	30	1108	33	1994	36	11	0	39	1	0	67
	2013	3413	100	940	28	1739	51	678	20	0	0	56	2	0	49
	2014	4466	100	13487	25	1999	45	1360	30	0	0	5	0	0	55
	2015	5540	100	1193	22	2178	39	1846	33	0	0	323	6	7	61
	2016	4947	100	1340	17	2600	33	3926	49	0	0	81	1	0	67

续表

学校	年度	总收入 金额/万元	总收入 比例/%	学费 金额/万元	学费 比例/%	财政经常性补助 金额/万元	财政经常性补助 比例/%	中央、地方财政专项 金额/万元	中央、地方财政专项 比例/%	社会捐赠 金额/万元	社会捐赠 比例/%	其他 金额/万元	其他 比例/%	企业技术服务收入/万元	非财政经常性补助占比/%
西M	2012	23417	100	10004	43	6075	26	6255	27	0	0	1083	5	4	74
	2013	29137	100	9300	32	6259	21	10541	36	0	0	3038	10	28	79
	2014	33663	100	10464	31	6914	21	13296	40	0	0	2991	9	83	80
	2015	34141	100	11400	33	16820	49	2673	8	0	0	3248	10	83	51
	2016	36095	100	11100	31	18190	50	4395	12	4	0	2406	7	105	50
西N	2012	35785	100	4765	13	5427	15	25537	71	21	0	36	0	0	85
	2013	46051	100	5662	12	5199	11	35091	76	41	0	58	0	10	89
	2014	18995	100	5684	30	8249	43	3352	18	591	3	1120	6	262	57
	2015	23184	100	5670	24	10746	46	5555	24	83	0	1130	5	124	54
	2016	26953	100	5636	21	12050	45	5278	20	68	0	3922	15	491	55
西O	2012	16120	100	5000	21	8076	50	2977	18	0	0	67	0	33	50
	2013	17458	100	4500	26	9475	54	3455	20	0	0	28	0	33	46
	2014	17146	100	5000	29	9037	53	3109	18	0	0	0	0	33	47
	2015	31023	100	5331	17	10124	33	7921	26	0	0	7647	25	18	67
	2016	20801	100	5485	26	10825	52	4368	21	0	0	124	1	16	48

第一，"财政经常性补助"一项，除去一所私立高职学校一直为"0"，所有公办高职学校该项占比总体都不大，除了个别学校的个别年度，大部分学校大部分年度都在60%以下，且选取的这五年的数据没有呈现出明显的提高或降低的变化趋势，说明近些年政府经常性财政拨款已经维持在较低的水平。不同学校之间该项占比差距较大，但从东部、中部、西部三个区域来看，并无明显差别。

第二，"中央、地方财政专项"一项，中部和西部学校总体上相对均衡，东部学校则相差悬殊，有两所学校占比居于20%和40%之间，其他三所学校占比低而且波动大，甚至与中部和西部学校相比都处于劣势。这一现象让人非常意外。政府经常性财政经费的缩减，意味着政府在减少资金的福利性、增加资金的竞争性，而竞争性的资金很重要的渠道是通过专项资金的形式兑现。但为什么会出现以上情况呢？有待于进行更深入具体的研究。

第三，"其他"一项具体包括哪些细项并没有明确列出，但是能够想象得到：这些应该属于学校市场性最强的收入来源。所有15所学校该项占比总体普遍偏低，五年平均占比在20%以上的只有3所学校，2所位于东部，1所位于中部。其他学校比较起来，除个别学校在个别年度的不稳定表现外，总体也呈现出从东向西略显递减的趋势。

第四，在学校的市场性收入当中，"企业技术服务收入"一项应该最能体现科技含量，所以，特别向各所学校提取了该项指标。与其他收入相似，该项指标各学校普遍处于低位，而且，在"其他"项收入中的占比也普遍很低，这足以说明我国高职学校在科技研发及输出方面的现实水平。

值得注意的是，私立高职学校在"其他"项收入以及"企业技术服务收入"项目中表现突出，和少数几所高校一起处于领先的位置。[①]

第五，"社会捐赠"一项，在私立高职学校看来已经成为常态，但对众多公立高职学校而言仍然是一片荒地。

第六，"学费"一项是所有学校的常规稳定收入。

在西方创业型大学理论的阐述当中，目前并没有一个非常确切的经费衡量指标，事实上，仅仅根据经费结构情况判定一所学校是否属于创业型大

---

① 有几所学校企业技术服务收入数额巨大，据了解，这是由于前些年的服务项目于该年度兑现费用所致。

学也不尽合理。在伯顿·克拉克和希拉·斯劳特为说明创业型大学经费收入结构发生变化而提供的年度详细数据里面，不同学校实际上也存在很大的不平衡。比如伯顿·克拉克提供了最初研究的五所案例大学从1970年至1995年获得的财政资助情况，各大学除政府核心资助①之外的其他资助比例变化如下：沃里克大学从31%提高至62%，特文特大学从7%提高至24%，斯特拉斯克莱德大学从25%提高至55%，约恩苏大学从4%提高至34%，恰尔默斯大学从33%提高至45%②，占比最高与最低学校之间竟然相差将近几十个百分点，而伯顿·克拉克经综合分析认为，这些大学都已经是极其典型的创业型大学。如果据此进行简单横向比较的话可以看出，我国15所示范性高职学校的非政府经常性财政补助占比绝大部分年份都在50%以上，少数几所学校基本稳定在70%左右，个别学校则更高。在大学经费收入结构的变化方面，伯顿·克拉克和希拉·斯劳特获取了15～25年左右的数据，因而能够比较容易看出缓慢但确切发生变化的趋势。目前笔者所获得的只有近五年的数据，因而难以看出变化趋势，但大致可以肯定的是：这些高职学校的这种经费收入结构情况已成为较为稳定的常规状态，由此可以进一步推论：这些高职学校如果不是已经采取了创业型或者类似发展方式的话，至少已经具备了向创业型大学转型的良好基础。对此要作出更为准确的判断，需要像伯顿·克拉克那样对这些学校进行全面深入细致的考察，暂且留待以后再作专门研究。

---

① 这里指的是政府不设前提条件的财政拨付，相当于我国的财政经常性补助。
② 根据资料的可获得性，该学校提供的是1980—1995年的数据。

第 8 章
结束语

本章是全书的结束语，主要对研究结论再次扼要梳理，提出本书写作过程中产生的思考和工作建议，客观分析本书所作出的贡献及存在的不足，为以后的相关研究提供框架性设想与展望。

8.1　基本结论

通过前几章尤其是第六章的集中论述，本书的基本结论已经非常清楚：兴起于西方的创业型大学理论适用于我国高职学校的发展变革，或者说我国探索创业型高职学校建设具有充分的适切性。

问题起源于我国高职学校"产教融合、校企合作，工学结合、知行合一"的人才培养模式实施困境，实施困境的根本原因在于在高职学校和行业企业、政府部门等社会组织之间存在"裂口"，因此，弥合"裂口"成为解决问题的关键。西方创业型大学由于主要通过学术资本化或产业化拓展学校发展资源，因此必须和外部社会组织紧密联系，从而有效弥合大学和外部组织之间的"裂口"。而且，从管理的角度考察，创业型大学弥合"裂口"的行为实质就是界面管理。如此一来，创业型大学理论和界面管理理论一道，为解决我国高职学校人才培养模式实施困境提供了思路。

那么，创业型大学理论是否能够适宜于我国高职学校的发展变革呢？如果不能证明这个问题，即便有的学校采取了类似的行动，也往往落于生搬硬套；反之，如果能够证明这个问题，则高职学校选择创业型发展道路不仅有了理论层面的支撑，而且能够更加妥帖地将创业型大学的实质性行为迁移过来。证明高职学校与创业型大学及其理论具有适切性，换言之，就是证明两者之间具有相互联系、相互交融直至相互重合的事实与逻辑关系。本书从逻辑思辨和实践检验两个层面进行了论证。逻辑思辨又通过三个维度对这一核心问题进行了论证。首先是纵向维度，通过考察大学的历史演变不难发现，世界范围内的大学经历了一条从高职学校兴起直到创业型大学诞生的漫长链条，尤其是以麻省理工学院等为代表的大学非常典型地反映出这一演变脉络，使得两者在漫长的历史时空遥相呼应。其次是功能维度，在前后相续的时间表象联系之下，本书又深入考察了高职学校和创业型大学之间的实质逻辑联系——功能关联，发现大学服务社会功能的确立起到了桥梁的作用。经过深入剖析可以发现，高等职业类教育在世界范围的兴起深刻影响了现代大学的功能变革，使得服务社会最终被确立为现代大学的"第三使命"；而大学服务社会功能的一个直接后果，就是诞生了创业型大学。由此非常有力地反映出，高职学校与创业型大学在服务社会的功能定位方面是完全一致的。最后是横向维度，根据"大学科学研究的模型"，所有大学能够大致被划分成"适宜建设创业型大学"的大学和"不适宜建设创业型大学"的大学两大体系。由于办学宗旨、定位、目标等原因，高职学校并不倾向于基础性研究，却天然倾向于应用性研究，因而在"适宜建设创业型大学"体系当中当然地拥有了一席之地，实现了两者之间的高度重合。这三个维度的论证充分显示：创业型大学理论适应于我国高职学校的发展变革，换言之，我国高职学校可以探索创业型的发展变革道路。最后，本书对以上论证从实践角度做了进一步检验：结合创业型大学三个基本特征，重点剖析了浙江义乌工商职业技术学院建设创业型大学的实践情况；较为简要地展示了其他四所高职学校在创业型发展道路方面所进行的探索；又随机选取了我国15所示范性高职学校，对它们最近五年的经费收入结构情况进行了比较分析，结合西方经典创业型大学所反映出来的财务状况，考察其与创业型大学存在的可能性联系。

用一句话对本书进行概括就是：为了解决一个系统性的关键问题，提供了一种综合性的解决思路。

8.2 研究建议

在开展研究、搜集文献、查阅资料的过程当中，一方面我们常常禁不住感慨于西方理论界对于研究的开创性精神，另一方面又喟叹于我们国家对类似开创性研究的匮乏。所以，一边研究，我们一边也在思考应该如何更好地推动研究。

第一，努力选个"真问题"。就像本书中曾经提到过的那样，科学研究有基础性研究与应用性研究，有由基础性研究引发的应用性研究，也有由应用性研究引发的基础性研究，或许还可以进行其他的分类与归纳。但无论什么样的研究，首要问题是选择一个具有真实价值的问题，无论是对于纯粹理论研究还是对于实践应用，同样如此。实现这个目标必须具有足够的理论或实践储备，在此基础上还要进行全面深入的分析考量。本书的选题实际上填补了相关理论研究的一个缺失的环节，而因此也将为实践更好地提供支撑、奠定基础。所以，研究选题不在于内容涵盖宏大或精细与否，而首在其真实价值。

第二，透彻领会原创理论精神。众人皆知他山之石可以攻玉，无论是在自然科学还是在社会科学、人文科学领域，学习和借鉴都是不二法门，关键在于要深入透彻地搞清楚其相关理论的精神实质，然后才有可能为我所用。对于创业型大学理论当然同样如此。创业型大学理论是起源于美国的一种原创性的理论，以一种具有历史纵深的宽厚和全球视野的高度开辟了新的研究领域，在西方发达国家已基本形成研究"丛林"现象。其中亨利·埃茨科维兹等几位代表性学者的观点产生了最为深远的影响，他们的基本理论框架成为被广泛引用的权威，但他们的观点彼此之间既相通相融又存在差异，对此必须进行全方位分析。本书立足于三位最有代表性的学者理论基础之上，根据需要对他们的观点进行了多视角、全方位的对比分析，既忠实于作者的本意，又竭力防止断章取义，以便为本书提供充分可信的依据。

第三，对西方理论进行适切性改造。学习和借鉴西方理论绝对不能简单地照搬照抄，这早已是说滥了、听厌了的老生常谈，但却又常常被不自觉地忽视。关于创业型大学理论的研究，仅仅按照某一位学者的观点简单生搬套用的不乏其例。由于国情、时情及校情等的差异，对理论"舶来品"的适切性改造必不可少，即便是思辨性的选题也不例外，更不必说那些侧重实践操作性的研究。所以，本书在详细介绍三位代表性学者以及其他学者观点的基础上，提炼出他们主要观点中共通性的内容，整合形成创业型大学的核心要素，进而构建形成解决问题的新框架。这就使研究既符合原创理论的核心主张，又符合我国的现实状况，完成了一个"改造性创造"的过程。

第四，对问题进行追本溯源的探究。研究是一件严肃、认真、辛苦的事情，有时候用"披沙拣金"来形容亦不为过，因为只有这样，才有可能搞清楚事情的来龙去脉，才有可能得出正确的结论，进而对此后的理论和实践发挥积极作用。与此相悖的是，现实中仍然存在大量未加深思的研究，或者为了迎合自己预设的目的断章取义，或者为了应付科研工作量的要求浅尝辄止，或者为了图省事而人云亦云等。其实，要真正把问题研究清楚，方法无非是多问几个为什么。譬如，为什么我国高职学校要把"产教融合、知行合一"作为人才培养模式？这一模式为什么会遇到实施困境？大学与其他社会组织之间为什么会存在"裂口"？为什么需要对"裂口"进行弥合？为什么会出现创业型大学及其理论？大学为什么会将服务社会确立为"第三使命"。对这些环环相扣的问题进行探究，进而继续追问，就会遇到更深层的问题，如此循环往复，必然逐步接近问题的本相，一些本源性的事实自然会渐渐浮现：原来高职教育的兴起竟然对大学服务社会的功能发生过深刻影响，原来创业型大学竟然与高职学校同宗同源，原来高职学校可以选择创业型大学的发展道路来解决问题，并促进持续发展变革……

第五，尊重理论研究中多样化的自洽性。从哲学的高度来看，理论研究是一种认识与改造世界的方式，在这种方式的指导下人们有规则地开展行动。打个比方，理论研究就像为盖房子设计图纸，在等同的条件下可以形成风格迥异的设计方案，同时这些方案可能都是精彩绝伦的。同理，对于同样的问题，理论研究者可能会提供出千差万别的解决方案，与千人一面相比，这种差别性恰恰是符合辩证法的正常现象。正如纽曼崇尚的以传承知识为己任的大学理念至今仍被传为经典一样，洪堡对科学研究的重视最终被研究型大学接受为首要任务，杜威的实用主义也为大学服务社会功能作出了最好的注解。所谓"条条大路通罗马"盖有此意。所以，对问题解答的关键在于其自洽性（当然首先应该是个真问题），而非与别人之间的差异性或相似性。本书根据著作者理论积累与实践经验的基础确定选题，努力在研究中形成自洽性的闭环系统，集中精力于理论完整本身，而不强求与他人的比较。对于前辈同仁的理论成果，抱着崇敬的心态学习借鉴、确定内容取舍，力戒违背原作者理论体系的本意。研究结论作为我们提出的一己之言供大家参考，毕竟，高职学校适宜建设创业型大学并非意味着一定要选择这条道路，但如果有意或有志于此，本书具有积极参考价值。

8.3　主要贡献

第一，理论贡献。通过文献综述部分可见，关于创业型大学、我国高职学校人才培养模式以及运用创业型大学理论来促进高职学校建设的研究都已经比较多，但明显缺少一个前提：创业型大学对于我国高职学校的适切性研究，这就像过河的时候少了桥梁一样。所以，本书是对理论领域这一"空档"的填补，也是一种全新的理论整合与构建尝试。在这一总体的理论贡献之下，包含了多方面的具体创新，比如，对于创业型大学理论和高职学校人才培养模式理论各自适应范围以及两者相互之间关系研究的拓展，对于创业型大学概念及其要件在综合各位代表学者核心观点基础上所作的新概括，对于高职教育人才培养模式所进行的多角度文献评述，对于新制度主义、资源依赖理论、界面管理理论及科学研究模型等的梳理、解读与灵活运用。我们借用这些理论工具的时候不是奉行"拿来主义"，而是融入了个人的思考，提出了新的观点和主张，这对原有理论研究显然是一种丰富。

第二，实践贡献。首先，本书研究的是一个实实在在的现实问题，研究结论为高职学校实践提供了必要的支撑、奠定了扎实的基础。其次，本书旨在为我国高职学校人才培养模式实施困境探寻出路，最终却形成了促进学校整体发展变革的系统解决方案，从而为我国高职学校的长期可持续发展提供了一种全新的选择思路。最后，本书构建了一个我国创业型高职学校建设的基本路径模型，有意及有志于此的高职学校可以作为参照借鉴，结合学校实际情况探索出进行创业型发展的切实可行的道路。即便其他高职学校无意选择创业型大学发展道路，本书也将对其解决人才培养模式困境问题提供积极启发和借鉴。所以，本书从实践问题出发，经过基于大学实践基础之上的理性思辨，形成了有利于解决问题的可操作模型，并进而从实证的角度进行了检验，作出了积极贡献。

8.4 存在的不足与研究展望

第一，文献资料集中，但从更大范围来看尚显单薄。亨利·埃茨科维兹、伯顿·克拉克、希拉·斯劳特三人的研究成果被引频次最高，受到的关注最多，产生的影响最为深远，因此，本书集中对他们的成果进行了研究并作为论证的重要依据，对其他学者的成果仅仅是点到为止，没有深入挖掘和充分展开。今后在研究中可以扩大关注面，更多考察其他学者的研究成果，丰富自身的研究内容，增进对创业型大学及其理论更全面和更深入的了解。

第二，对于案例实践研究有必要进行充实并进行更深入探究。由于我国目前旗帜鲜明地提出建设创业型大学的高职学校并不多，所以，选取的典型案例也受到限制。对于案例学校的论述，更多依托相关学校的提供和我们自己搜索的信息，调查研究尤其是田野调查还较为缺乏。今后的研究当中，一方面需要扩大对高职学校在创业型建设方面总体情况的了解，以便能够获得更多相关案例学校；另一方面需要开展更多的田野调查，对创业型高校建设情况进行深入的了解分析。更多更深入的案例研究，将对本选题形成更加有力的支撑。

第三，适切性需要更大理论范围和实践领域的论证检验。创业型大学理论对于我国高职学校的适切性研究，目前主要局限在教育领域内部进行论证，如果考虑到整体社会系统的话，恐怕需要从政治、经济、文化等多个领域进一步考察，而且，应该考察我国当下的综合环境是否与西方创业型大学兴起时的综合环境相匹配。所以，这个问题是个跨越多个领域的、带有综合性的大问题，往大了说，其实质是个社会性问题。此外，这种适切性究竟如何、研究所设计的基本模型是否适应，归根结底需要到实践中予以检验和调适。

参考文献

一、中文资料

（一）中文图书

［1］〔美〕伯顿·克拉克.建立创业型大学：组织上转型的途径［M］.王承绪，译.北京：人民教育出版社，2000.

［2］〔美〕亨利·埃茨科威兹.国家创新模式：大学、产业、政府"三螺旋"创新战略［M］.周春彦，译.北京：东方出版社，2006.

［3］张红霞.教育科学研究方法［M］.北京：教育科学出版社，2014.

［4］〔美〕伯顿·克拉克.大学的持续变革——创业型大学新案例和新概念［M］.王承绪，译.北京：人民教育出版社，2008.

［5］〔美〕希拉·斯劳特，拉里·莱斯利.学术资本主义：政治、政策和创业型大学［M］.梁骁，黎丽，译.北京：北京大学出版社，2008.

［6］〔美〕哈瑞·刘易斯.失去灵魂的卓越——哈佛是如何忘记教育宗旨的［M］.侯定凯，等译.上海：华东师范大学，2012.

［7］高明.英美创业型大学管理模式比较及启示［M］.沈阳：东北大学出版社，2013.

［8］孔钢城，王孙愚.创业型大学的崛起与转型动因［M］.北京：中国社会科学出版社，2014.

［9］王志强.研究型大学与美国国家创新系统的演进［M］.北京：中国社会科学出版社，2014.

［10］谷贤林.美国研究型大学管理——国家、市场和学术权力的平衡与制约［M］.北京：教育科学出版社，2008.

［11］陈霞玲.创业型大学组织变革路径研究［M］.北京：北京理工大学出版社，2015.

［12］吴伟.面向创业时代的研究型大学转型发展研究［M］.北京：人民出版社，2014.

［13］马晓春，刘欣欣.创业型大学——地方大学变革的新图景［M］.济南：山东人

民出版社，2013.

［14］易高峰.崛起中的创业型大学——基于研究型大学模式变革的视角［M］.上海：上海交通大学出版社，2011.

［15］付八军.纵论创业型大学建设［M］.杭州：浙江工商大学出版社，2014.

［16］陈笃杉.地方高校建设创业型大学的理论与实践［M］.福州：福建教育出版社，2016.

［17］温正胞.大学创业与创业型大学的兴起［M］.杭州：浙江大学出版社，2011.

［18］刘彤.新建本科院校应用型转型与创新创业培养体系研究［M］.成都：西南交通大学出版社，2015.

［19］夏清华.学术创业：中国研究型大学"第三使命"认知与实现机制［M］.武汉：武汉大学出版社，2013.

［20］宣勇，张鹏.激活学术心脏地带——创业型大学学术系统的运行与管理［M］.北京：高等教育出版社，2013.

［21］高军.中国高教改革（1992—2010）背景下的创业型大学谱系学研究［M］.杭州：浙江工商大学出版社，2014.

［22］〔美〕马克·阿斯平沃，杰拉德·施耐德.政治科学的制度主义转型及其对欧洲一体化的研究［A］//何俊志，任军锋，朱德米.新制度主义政治学译文精选［M］.天津：天津人民出版社，2007.

［23］〔美〕B.盖伊·彼得斯.政治科学中的制度理论："新制度主义"（第二版）.上海：上海世纪出版社，2011.

［24］〔美〕杰弗里·菲佛，杰勒尔德·R·萨兰基克.组织的外部控制：对组织资源依赖的分析［M］.闫蕊，译.北京：东方出版社，2006.

［25］〔美〕V.布什，等.科学——没有止境的前沿［M］.范岱年，等译.北京：商务印书馆，2005.

［26］〔美〕亨利·埃茨科维兹.麻省理工学院与创业科学的兴起［M］.王孙愚，等译.北京：清华大学出版社，2007.

［27］黄亚生，张世伟等.麻省理工学院创新课：麻省理工模式对中国创新创业的启迪［M］.北京：中信出版股份有限公司，2015.

［28］〔美〕亨利·埃茨科维兹，〔荷〕劳埃特·雷德斯多夫.大学与全球知识经济［M］.夏道元，等译.南昌：江西教育出版社，1999.

［29］〔英〕安迪·格林.朱旭东校.教育与国家形成：英、法、美教育体系起源之比较［M］.王春华，等译，北京：教育科学出版社，2004.

［30］石伟平，匡瑛.比较职业教育［M］.北京：高等教育出版社，2012.

［31］朱国仁.高等学校职能论［M］.哈尔滨：黑龙江教育出版社，1999.

［32］肖海涛.大学的理念［M］.武汉：华中科技大学出版社，2001.

［33］美国商务部创新创业办公室.创建创新创业型大学——来自美国商务部的报告［M］.赵中建，卓泽林，译.上海：上海科技教育出版社，2016.

［34］〔荷〕弗兰斯·F·范富格特.国际高等教育政策比较研究［M］.王承绪，译.杭州：浙江教育出版社，2001.

［35］周雪光.组织社会学十讲［M］.北京：社会科学文献出版社，2003.

［36］〔美〕詹姆斯·杜德斯达.21世纪的大学［M］.刘彤，主译，王定华审校.北京：北京大学出版社，2005.

［37］〔美〕德里克·博克.走出象牙塔——现代大学的社会责任［M］.徐小洲，陈军，译.杭州：浙江教育出版社，2001.

［38］〔美〕伯顿·克拉克.高等教育新论：多学科的研究［M］.王承绪，等译.杭州：浙江教育出版社，1988.

［39］〔美〕詹姆斯·杜德斯达.21世纪的大学［M］.刘彤，主译，王定华审校.北京：北京大学出版社，2005.

［40］吴式颖.外国教育史教程［M］.北京：人民教育出版社，1999.

［41］沈红.美国研究型大学形成与发展［M］.武汉：华中科技大学出版社，1999.

［42］王廷芳.美国高等教育史［M］.福州：福建教育出版社，1995.

［43］〔美〕约翰·S·布鲁贝克.高等教育哲学［M］.王承绪，等译.杭州：浙江教育出版社，2001.

［44］〔美〕D.E.司托克斯.基础科学与技术创新——巴斯德象限.周春彦，谷春立，译.北京：科学出版社，1999.

［45］〔美〕理查德·鲁克.高等教育公司——营利性大学的崛起［M］.于培文，译.北京：北京大学出版社，2015.

［46］苗东升.系统科学精要［M］.北京：中国人民大学出版社，1998.

［47］〔法〕埃米尔·涂尔干.社会分工论［M］.渠东，译.北京：三联书店，2009.

［48］马克思恩格斯选集.第1卷［M］.北京：人民出版社，1995.

［49］〔美〕埃里克·古尔德.公司文化中的大学［M］.吕博，张鹿，等译.北京：北京大学出版社，2005.

［50］〔英〕亚当·斯密.国富论［M］.胡长明，译.重庆：重庆出版社，2016.

［51］张学文.大学理性研究［M］.北京：北京师范大学出版社，2013.

［52］〔美〕亚瑟·科恩.美国高等教育通史［M］.李子江，译.北京：北京大学出版社，2010.

［53］金耀基.大学之理念［M］.北京：三联书店，2001.

［54］李子江，张斌贤.大学：自由、自治与控制［M］.北京：北京师范大学出版社，2005.

［55］王承绪，赵祥麟.西方现代教育论著选［M］.北京：人民教育出版社，2008.

［56］〔美〕伯顿·R.伯顿·克拉克.高等教育系统——学术组织的跨国研究［M］.王承绪，徐辉，等译.浙江：杭州大学出版社，1994.

［57］〔加〕约翰·范德格拉夫，等.学术权力——七国高等教育管理体制比较［M］.王承绪，张维平，徐辉，等译.杭州：浙江教育出版社，2001.

［58］俞启定，和震.中国职业教育发展史［M］，北京：高等教育出版社，2012.

［59］〔美〕杰里米·里夫金.第三次工业革命［M］.张体伟，孙豫宁，译.北京：中信出版社，2013.

［60］翟海魂.发达国家职业技术教育历史演进［M］.上海：上海教育出版社，2008.

［61］〔澳〕西蒙·马金森，马克·唐西丹.澳大利亚企业型大学的权力结构、管理模式与再创造方式［M］.周心红，译.杭州：浙江大学出版社，2007.

［62］张斌贤，刘慧珍.西方高等教育哲学［M］.北京：北京师范大学出版社，2007.

［63］眭依凡.理性捍卫大学［M］.北京：北京大学出版社，2013.

［64］吴洪成等.中国近代职业教育制度史研究［M］.北京：知识产权出版社，2012.

［65］〔美〕詹姆斯·杜德斯达，弗瑞斯·沃马克.美国公立大学的未来［M］.刘济良，译，王定华校.北京：北京大学出版社，2006.

［66］杨进.中国职业教育发展报告（2014）［M］.北京：高等教育出版社，2015.

［67］王春燕，史晓鹤.我国现代职业教育支撑体系研究［M］.北京：北京大学出版社，2014.

［68］黄尧.职业教育可持续发展战略研究［M］.北京：高等教育出版社，2011.

［69］王雁.创业型大学：美国研究型大学模式变革的研究［M］.上海：同济大学出版社，2011.

［70］王纭.职业教育研究方法［M］.北京：北京师范大学出版社，2010.

［71］李红卫.增强职业教育吸引力制度研究［M］.北京：光明日报出版社，2012.

［72］王川.西方近代职业教育史稿［M］.广州：广东教育出版社，2011.

［73］周建松.高等职业教育可持续发展研究［M］.杭州：浙江大学出版社，2013.

［74］张新科，贾生超.中德高校"工学结合"教学模式比较研究［M］.北京：化学工业出版社，2012.

［75］马树超，郭扬等.中国高等职业教育历史的抉择［M］.北京：高等教育出版社，2009.

［76］姜大源.当代德国职业教育主流教学思想研究［M］.北京：清华大学出版社，2011.

［77］林润惠等.高职学校校企合作——方法、策略与实践［M］.北京：清华大学出版社，2012.

［78］李进.高等职业教育研究新进展［M］.上海：上海教育出版社，2012.

［79］葛道凯.职业教育办学模式改革［M］.北京：高等教育出版社，2012.

（二）中文期刊

［1］王雁，孔寒冰，王沛民.创业型大学：研究型大学的挑战和机遇［J］.高等教育研究，2003（5）：52-55.

［2］李世超，苏竣.大学变革的趋势——从研究型大学到创业型大学［J］.科学学研究，2006（8）：552-557.

［3］冒澄.试论创新背景下的创业型大学建设［J］.教育发展研究，2007（11）：52-54.

［4］彭绪梅，许振亮，刘元芳，彭绪娟.国外创业型大学研究热点探析：共词可视化视角［J］.清华大学教育研究，2007（12）：95-96，99-100.

［5］王雁，孔寒冰，王沛民.两次学术革命与大学的两次转型［J］.浙江大学学报（人文社会科学版），2005（5）：162.

［6］解水青，秦惠民.阻隔校企之"中间地带"刍议——高职教育校企合作的逻辑起点及其政策启示［J］.中国高教研究，2015（5）：85-90.

［7］王春法.国家创新体系理论的八个基本假定［J］.科学学研究，2003（10）：533.

［8］冒澄.试论创新背景下的创业型大学建设［J］.教育发展研究，2007（11）：52-54.

［9］李枭鹰.国内第一部高等教育研究方法著作——潘懋元教授主编的《高等教育研究方法》评价［J］.大学教育科学，2008（5）：107-109.

［10］汪雅霜.思辨研究方法与高等教育研究——读潘懋元教授的《高等教育研究方法》［J］.学园，2012（3）：23-25.

［11］黄娟.浅析高职人才培养模式的内涵与构成.［J］.铜陵职业技术学院学报，2010（1）：31.

［12］王明伦.高等职业教育人才培养模式重建之思考［J］.教育研究，2002（6）：89-91转96.

［13］李红莉.浅议高职人才培养模式及其发展趋势［J］.当代教育论坛，2006（21）：122-123.

［14］王芳.高职学校人才培养模式的探索［J］.湖北三峡职业技术学院学报，2007（2）：12-14.

［15］周大农.高职学校人才培养模式创新的再思考［J］.现代职业教育研究，2015（1）：1-7.

［16］盛艳秋.高职学校高技能人才培养模式的内涵与基本框架研究［J］.教育与职业，2014（5下）：35.

［17］李国志.高职学校人才培养模式的内涵、特征及选择原则［J］.职业技术教育，2008（19）：24.

［18］周国烛.高职学校人才培养模式的内涵与创新［J］.继续教育研究，2011

（9）：45.

［19］管平.高职人才培养模式及其构建（节选）［J］.机械职业教育，2001（10）：5-6.

［20］刘继平.高职创新人才培养模式探索［J］.中国职业技术教育，2002（2）：44-45.

［21］张新民.高职人才培养模式的特征［J］.中国高教研究，2002（18）：53-54.

［22］俞克新.高职人才培养模式的探索与创新［J］.教育与职业，1999（3）：31-32.

［23］张庆久，王涛，段贻民，张勇.试论高等职业教育的人才培养模式［J］.中国冶金教育，2000（3）：53-56.

［24］谢明荣，李万木，赵玲，于永春.高职应采用开放式人才培养模式［J］.职教论坛，2000（10）：26-27.

［25］于天罡.高职人才培养模式与素质教育［J］.职业技术教育（教科版），2001（22）：19-21.

［26］周国烛.高职学校人才培养模式的内涵与创新［J］.继续教育研究，2011（9）：45.

［27］黄娟.浅析高职人才培养模式的内涵与构成［J］.铜陵职业技术学院学报，2010（1）：31.

［28］王芳.高职教育人才培养模式的探索［J］.湖北三峡职业技术学院学报，2007（12）：12.

［29］黄承欢.高等职业技术教育人才培养模式初探［J］.职教论坛，2009（12）：63.

［30］盛艳秋.高职学校高技能人才培养模式的内涵与基本框架研究［J］.教育与职业，2014（5下）：35.

［31］董泽芳.高校人才培养模式的概念界定与要素解析［J］.大学教育科学，2012（3）：32-33.

［32］邵峰.关于高等职业教育人才培养模式的思考［J］.黑龙江教育，2014（3）：69.

［33］蔡晓蓉，孔元发.浅议高职人才培养模式的构建［J］.重庆电力高等专科学校学报，2010（2）：47.

［34］朱由明.新形势下高等职业院校人才培养模式研究［J］.教育观察（上半月），2016（6）：119-120.

［35］林朝霞，邵敬浩.我国高职学校人才培养模式的问题探讨［J］.宁波职业技术学院学报，2002（3）：6-8.

［36］陈见标.高职教育培养模式：文献综述与研究展望［J］.清远职业技术学院学报，2015（1）：72-76.

［37］蒋国良.高职人才培养模式的基本框架［J］.江苏教育学院学报，2008（2）：33-34.

［38］教育部高教司.高职高专人才培养模式特征［J］.职业技术教育，2000（3）：18.

［39］林小星.论高职学校人才培养模式的内涵特征及其改革创新［J］.教育与职业，2014（10下）：27.

［40］曾华，张海峰.高职学校人才培养模式的特征及实施途径［J］.教育探索，2008（3）：78.

［41］李国志.高职学校人才培养模式的内涵、特征及选择原则［J］.职业技术教育，2008（19）：24-25.

［42］张新民.高职人才培养模式的特征［J］.中国高教研究，2002（2）：44-45.

［43］罗星海，李全，等.高职人才培养模式存在的问题及对策［J］.武汉交通职业学院学报，2015（6）：45-46.

［44］徐丽.我国高职学校人才培养模式存在的问题与对策研究［J］.当代教育实践与教学研究，2016（2）：54.

［45］高永芹，裴祥喜.高职学校人才培养模式中问题的思考［J］.职业教育，2014（8）：31-32.

［46］宋晓燕.高职学校校企合作人才培养模式的问题与对策浅析［J］.中国成人教育，2014（7）：91-92.

［47］覃川，顾勇革.我国高等职业教育人才培养模式存在的主要问题及对策［J］.青岛职业技术学院学报，2005（12）：12-13.

［48］王明伦.面向知识经济的高职人才培养模式研究［J］.职业技术与教育，1999（3）：26-29.

［49］张雷.论高等职业教育专业人才培养模式的构建［J］.职业技术与教育，2000（16）：20-21.

［50］曹令秋，秦琼.高职人才培养模式研究［J］.教育与职业，2014（2下）：26.

［51］张冬梅.高职学校人才培养模式改革问题研究［J］.广东技术师范学院学报，2011（5）：49.

［52］廖茂俍，李韶杰.高职学校人才培养模式的现状及对策分析［J］.职业，2011（10）：30-31.

［53］程艳，伍金庭.高职高专应用型人才培养模式探讨［J］.当代职业教育，2013（5）：50-51.

［54］吴向明.论人才培养模式整构的若干问题［J］.杭州电子工业学院学报，2002（10）：30-33.

［55］赵兵川，王全旺.社会学视角的高职校企合作探究［J］.继续教育研究，2010

（3）：64-66.

［56］何阿毯，杨学明.高职学校教师产学研协同创新动因研究——以福建高职学校为例［J］.高等职业教育（天津职业大学学报），2016（2）：14-18.

［57］周常青.合作理论对高职校企合作的启示［J］.继续教育，2012（1）：18-19.

［58］陈君奇.基于利益相关者理论的高职高专旅游管理专业校企合作探析［J］.邢台职业技术学院学报，2016（4）：20-23.

［59］周鸣阳.高职教育"校企合作"的经济学分析［J］.继续教育研究，2009（10）：136-138.

［60］程晓宇.从纳什均衡看高职学校的校企合作［J］.陕西国防工业职业技术学院学报，2009（9）：10-13.

［61］付俊薇，梁艳清，等.博弈视域下高职教育校企合作长效机制的构建［J］.职业技术教育，2015（9）：53-57.

［62］祝丽杰.基于CDIL教育理念的高职学校国际贸易人才培养模式的构建与实践［J］.对外经贸，2012（2）：140-141.

［63］赖永辉.高职学校专业发展和人才培养模式探索与思考——基于生物繁殖竞争策略［J］.广东水利电力职业技术学院学报，2009（7）：14-16.

［64］张志勇.适应长株潭两型社会建设高职人才培养模式研究［J］.职业教育研究，2009（7）：145-148.

［65］王艳秋，周立雪，等.江苏高职不同发展阶段产学研工作的现状与定位［J］.科教文汇，2009（6下）：214-215.

［66］林丽.振兴东北老工业基地高职人才培养模式的思考［J］.哈尔滨金融高等专科学校学报，2010（1）：95-96.

［67］文卫，征玉韦，成家全.贵州省高职学校校企合作办学模式探析［J］.铜仁职业技术学院学报（自然科学版），2010（10）：58-62.

［68］张春平.高职学校人才培养模式改革的研究——基于常州高职园区教学联合体的思考［J］.常州信息职业技术学院学报，2009（12）：19-21.

［69］刘志英，地方政府在高职教育校企合作中的作用分析［J］.产业与科技论坛，2016-15（12）：217-218.

［70］赵成，高职产学研结合中政府作用的充分发挥［J］.企业导报，2015（2）：115-116.

［71］桂文龙，朱其志，等.高职学校"政行校企"合作办学体制机制创新与实践［J］.职业教育研究，2014（2）：5-8.

［72］方晓霞，范明明.广东高职学校的校企合作现状分析及对策探索［J］.广州职业教育论坛，2015（8）：60-64.

［73］李小澄.高职学校产学研结合模式及其发展对策［J］.南方职业教育学刊，2014（1）：1-4.

［74］桂文龙，朱其志，等.高职学校"政行校企"合作办学体制机制创新与实践［J］.职业教育研究，2014（2）：5-8.

［75］梁南丁.高职"校矿一体2+1人才培养模式"改革与实践［J］.职业教育研究，2011（1）：45-46.

［76］施勇.项目驱动下高职学校校企合作机制研究——以厦门软件职业技术学院为例［J］.太原城市职业技术学院学报，2015（8）：154-156.

［77］方晓辉.交通类高职学校校企合作办学长效机制创新研究［J］.辽宁省交通高等专科学校学报，2015（8）：44-46.

［78］许卫锋，中原经济区建设背景下高职药学专业深化校企合作机制创新探讨［J］.中国校外教育，2014（11下）：135.

［79］夏玲，陈辉.企业参与高职校企合作动因研究［J］.职业，2016（6）：26-27.

［80］时小燕，周静.多方参与、多元协同：高职学校校企合作的社会评价新路径［J］.中国成人教育，2015（13）：99-101.

［81］杨长亮.我国中高职教育贯通培养模式探析［J］.职教论坛，2011（28）：49-52.

［82］陆国民.试析中高职贯通人才培养模式［J］.教育发展研究，2012（17）：35-38.

［83］彭召军.中高职人才培养一体化模式的实践与反思——以江苏省职业教育"五年一贯制"为例［J］.职教论坛，2014（11）：50-54.

［84］贾厚林.五年一贯制高职教育"大类招生、专业分流"人才培养模式探析［J］.中国职业技术教育，2016（17）：88-91.

［85］李美洲.中职国际商务专业人才培养模式的探索——从广东省2010年高职对口自主招生谈起［J］.职业技术，2014（2）：80-81.

［86］陈德志.以突出职业能力的体育高职学校五年一贯制人才培养模式创新研究——以广州体育职业技术学院为例［J］.社会体育学，2015（5）：118-120.

［87］姜庆华，查志琴，等.高职本科教育分段培养模式问题与对策［J］.职教论坛，2016（17）：36-38.

［88］王剑平，柳见亮.高职"3+2"贯通培养模式几个问题的探讨［J］.教育观察，2015（6）：23-24.

［89］丁以喜.国家示范性高职学校推进联合培养四年制高职本科教育试点项目研究［J］.教育与职业，2014（4下）：41-42.

［90］贾晓慧.高职与本科协同培养的人才培养目标及一体化课程体系构建理论研究［J］.教育教学论坛，2015（5）：233-234.

[91] 俞克新.高职人才培养模式的探索与创新 [J].教育与职业, 1999（3）: 31-32.

[92] 相如杰.积极探索高职教育的人才培养模式 培养应用型高级技术人才 [J].中国冶金教育, 2000（1）: 58-62.

[93] 王建辉, 黄国芳, 等."依托集团、产教融合、校企共育"的高职人才培养模式探讨——以长沙南方职业学院航空服务类专业为例 [J].当代职业教育, 2015（4）: 70-73.

[94] 刘彩琴, 刘庆华等.高职教育工学结合模式探索——以邢台职业技术学院示范校建设项目为例 [J].高等教育研究, 2010（1）: 64-67.

[95] 苏宏志.高职学校现代学徒制人才培养模式的探索与实践——陕西工院与欧姆龙公司校企合作案例 [J].继续教育, 2016（6）: 8-10.

[96] 闫利雅, 赵锋.高职学校"校企合作"中的伦理困境 [J].清远职业技术学院学报, 2009（10）: 51-53.

[97] 张海峰.基于校企合作的高职学校组织结构再造 [J].九江职业技术学院学报, 2009（4）: 1-4.

[98] 姚家春, 高燕秋.高职生社会主义核心价值观践行能力培育研究——以校企合作为视角 [J].湖北工业职业技术学院学报, 2016（6）: 1-3.

[99] 刘自斌.基于工学结合的高职学生党建工作实践 [J].长春理工大学学报（高教版）, 2009（7）: 25-26.

[100] 刘银景.工学结合下高职辅导员处理学生涉企事务能力研究 [J].职教通讯, 2016（11）: 66-68.

[101] 周慧芳, 季学冬等.校企合作背景下高职学校青年教师实践能力培养研究 [J].教育教学论坛, 2016（6）: 28-29.

[102] 刘为琼.教融合背景下高职学校图书馆泛在知识服务研究 [J].长沙航空职业技术学院学报, 2016（6）: 70-73.

[103] 孙兵.浅析工学结合模式下的高职勤工助学基地建设 [J].当代教育论坛, 2016（3）: 110-111.

[104] 杨敏.高职学生顶岗实习期间体育活动探析 [J].武汉航海（武汉航海职业技术学院学报）.2011（9）: 20-24.

[105] 夏英姿.工学结合模式下高职专门用途英语教学改革的探讨——以建筑专业英语为例 [J].长春理工大学学报（高教版）, 2009（5）: 183-184.

[106] 陈明.访韩归来话高职——韩国发展高等职业教育对我们的启示 [J].中国高等教育, 1996（12）: 35-37.

[107] 王方.走访台北育达高职 [J].台声, 1996（3）: 16-17.

[108] 尹家明.访加归来话高职 [J].中国职业技术教育, 1997（8）: 42-43.

［109］刘启娴.不同模式 宽窄并行——法国高职人才培养模式、特色及其启示［J］.河北师范大学学报（教育科学版），1999（3）：111-117.

［110］缪宁陵，宋建军.国外高职人才培养模式的比较［J］.职教论坛，2004（12下）：62-64.

［111］胡黄卿.国外高职人才培养模式对我国高职教育的启示与创新研究［J］.中国西部科技，2004（12）：151-154.

［112］宋旭红.国外高等职业教育的人才培养模式［J］.教育与职业，2000（7）：55-57.

［113］李立新.发达国家高职人才培养模式的比较研究及启示［J］.职业教育研究，2006（3）：11-13.

［114］蔡炎斌.国外高等职业教育人才培养模式分析与思考［J］.黑龙江高教研究，2015（12）：76-77.

［115］冯晋祥.对国外高等职业教育人才培养模式的分析与思考［J］.航海教育研究，2000（3）：22-25.

［116］安荣，矫爱玲，等.日、韩、新三国高职校企合作人才培养模式的特色及启示［J］.烟台职业学院学报，2010（6）：1-4.

［117］陈桃珍.新加坡高职人才培养模式的启示——以数字时代出版人才培养为例［J］.高教探索，2012（1）：119-122.

［118］徐雅娜.TAFE模式下高职人才培养体系的实践与研究［J］.辽宁高职学报，2004（6）：31-34.

［119］万建明.发达国家和地区高职教育人才培养模式比较［J］.泉州师范学院学报（自然科学），2004（3）：9-16.

［120］于长东.国外高职高专教育人才培养规格的比较研究［J］.辽宁农业职业技术学院学报，2004（9）：47-49.

［121］杨景尧，李徒.台湾地区高职餐饮科职业教育的课程、师资与实习制度［J］.现在技能开发，1999（6）：60-61.

［122］崔正昀.美国高职"自动制造专业"模式化课程体系［J］.高等工程教育研究，1999（4）：78-81.

［123］孙玉中.发达国家高校人才培养比较研究及我国国际化高职人才培养途径［J］.中国成人教育，2012（12）：60-62.

［124］吕智敏.美国NSSE对我国高职学校人才培养工作评估的启示——比较的视角［J］.中国高等教育评估，2013（1）：57-62.

［125］严雪怡.从国际教育标准谈我国高职教育发展［J］.职教通讯，1997（10）：6-8.

［126］郭扬.从ISCED新修订本看高职的学历定位和生源入口问题［J］.中国职业技

术教育，1998（1）：18-19.

　　［127］邹继生.考察加拿大高职教育后的思考［J］.江苏高教，1996（2）：79-82.

　　［128］邹晓春，李佑成.中外高等职业教育人才培养模式之比较［J］.职业教育研究，2005（2）：13-14

　　［129］姚丽霞.国内外高职人才培养模式比较分析［J］.职大学报，2009（1）：119-120.

　　［130］梁建军.中外高职人才培养模式的比较研究［J］.滁州职业技术学院学报，2009（3）：9-11.

　　［131］靳磊.中澳高职教育人才培养模式的比较研究［J］.职业教育研究，2006（3）：157-158.

　　［132］孟晓春，万永革.从国外高职教育探索我国防震减灾技术应用型人才培养模式［J］.教育与职业，2005（8）：13-15.

　　［133］贾玉云.中美高职旅游人才培养比较分析与启示［J］.重庆教育学院学报，2008（11）：42-44.

　　［134］邢慧斌，王蕾.中马旅游高职人才培养模式比较及其启示［J］.职业技术教育，2013（17）：85-89.

　　［135］张明洲.海峡两岸高职学校国际贸易专业人才培养比较分析职业技术教育，2010（20）：5-9.

　　［136］林琳.高职学校土建专业产教融合发展思考——结合台湾地区高职教育产教融合经验［J］.黎明职业大学学报，2006（6）：54-57.

　　［137］蒋玲.中外高职教育复合型高技能人才培养范式比较研究［J］.教育探索，2009（6）：147-149.

　　［138］宋丽娜.中加高职专业人才培养与企业对接状况的比较研究［J］.西南科技大学《高教研究》，2011（2）：13-16.

　　［139］李芳丽.中外高职人才培养质量第三方评价比较研究［J］.机械职业教育，2016（4）：12-13转26.

　　［140］陈旅庆，翟涛.中加高职经济类专业人才培养能力测评的比较研究［J］.当代经济，2015（28）：112-113.

　　［141］郭阳，王琴.近年来高职教育人才培养模式改革综述［J］.职教论坛，2008（1上）：15-21.

　　［142］龚建国，罗燕.高职学校人才培养模式综论与探讨［J］.继续教育研究，2010（5）：132-134.

　　［143］熊剑，史瑞龙.高等职业教育人才培养模式综述及启示［J］.泸州职业技术学院学报，2014（3）：4-8.

　　［144］叶逸笃.高职学校校企共育人才培养模式研究综述［J］.产业与科技论坛，

2016，15（6）：142-143.

［145］陈见标.高职教育培养模式：文献综述与研究展望［J］.清远职业技术学院学报，2015（1）：72-76.

［146］张建春，殷志扬.高职学校校企合作研究：文献综述与展望——基于CNKI（2000—2011）收录文献的分析［J］.现代教育管理，2013（2）.

［147］殷红，米靖.我国高职学校校企合作研究综述［J］.职教论坛，2011（12）：11-17.

［148］胡孝四.高职学校"双主体、全过程"人才培养模式综论［J］.中国成人教育，2013（5）：80-82.

［149］曹文芳.高职投资与理财专业工学结合人才培养模式研究综述［J］.科技创业，2015（18）：83-84转89.

［150］程传荣.职院校商科人才培养模式综述［J］.长春教育学院学报，2013（7）：117-119.

［151］姚晓燕.高职学校校企合作实训基地建设研究的文献综述［J］.成功（教育），2013（12）：3-4.

［152］赵云.高职特殊教育（听障生）人才培养模式研究文献综述［J］.济南职业学院学报，2014（2）：28-30.

［153］马姝，傅少容.国内高职学校校企合作师资队伍建设综述［J］.产业与科技论坛，2016，15（7）：198-199.

［154］韦秀芝.与职业资格认证相衔接的高职学校人才培养模式改革研究综述［J］.科技创业月刊，2008（12）：138-139.

［155］刘畅.南通高职学校工学结合问题研究综述［J］.中国市场，2012（9）：87-92.

［156］高明，恽晓方，史万兵.美国公立创业型大学的法人地位对我国的启示——基于公立创业型大学与州政府关系演变的视角［J］.东北大学学报（社会科学版），2014（1）：92-96.

［157］施冠群，刘林青，陈晓霞.创新创业教育与创业型大学的创业网络构建——以斯坦福大学为例［J］.外国教育研究，2009（6）：79-83.

［158］陈笃彬，邱俊珲.新公共管理运动与西方创业型大学的兴起［J］.教育评论，2013（6）：159-161.

［159］郝永林.权变理论视角下创业型大学战略规划——以沃里克大学2015年战略规划为例［J］.北京理工大学学报（社会科学版），2014（1）：155-160.

［160］潘健.地方师范院校向创业型大学转型的思考［J］.扬州大学学报（高教研究版），2016（5）：93-96.

［161］刘晓东.二级教代会对构建生态性创业型大学的作用探析——以浙江农林大学

为例［J］.资治文摘（管理版），2010（7）：113转128.

［162］陈培钢.浅析高校图书馆在构建创业型大学中的价值——以馆办刊物《决策参考》为例［J］.科技情报开发与科技，2012（10）：63-65.

［163］杨敏.近十年来创业型大学研究论文的文献计量分析［J］.浙江师范大学学报（社会科学版），2012（11）：104-111.

［164］季红波.创业型大学课程设计的应然走向［J］.学园，2013（6）：66.

［165］毛慧芳.创业型大学教师角色的认知与相关群体对其角色期待的现状调查研究［J］.中国林业教育，2015（7）：12-16.

［166］王耀燕.创业型大学建设背景下的物流管理专业人才培养模式探讨［J］.教育与职业，2012（6）：111-112.

［167］吴伟，石变梅，余晓.欧美创业型大学的异化发展、趋同演变及其意蕴［J］.现代教育管理，2012（2）：120-124.

［168］高飞.组织学视野下的创业型大学转型研究［J］.现代教育管理，2011（9）：32-34.

［169］刘永芳.创业型大学视角下的高校资产公司：国际比较与政策选择［J］.高等教育研究，2009（9）：36-41.

［170］王鹤云，陈少平.论创业型大学人力资源的开发［J］.创新与创业教育，2011（1）：10-14.

［171］中英"创业型城市与创业型大学"论坛集萃（一）［J］.浙江工贸职业技术学院学报，2014（3）：1-9.

［172］张莹，刘春媛.创业型大学（职业教育）为"三农"服务的策略研究——新时期职业教育促进"农业向依靠科技进步转轨"的新途径探究［J］.职业技术，2012（6）：113.

［173］郭宏.创业型大学与区域经济互动发展的机制框架研究［J］.安徽工业大学学报（社会科学版），2013（1）：128-130.

［174］王国岩.京津冀协同发展中的河北省创业型大学培育前景与机遇研究［J］.现代经济信息，2015（9）：375-376.

［175］向春.应对金融危机，发展创业型大学［J］.深圳大学学报（人文社会科学版），2009（3）：148-152.

［176］黄长洵.导生制在创业型大学学生党建工作中的应用［J］.牡丹江教育学院学报，2010（11）：57-58.

［177］林生.王倩，戚白雪.创业型大学理念指导下的大学语文课改［J］.鸡西大学学报，2012（12）：13-14.

［178］创业型大学背景下公共执行力建设的思考——以高校办公室为例［J］.宁夏大学学报（人文社会科学版），2011（1）：160-163.

［179］刘丽娜.基于创业型大学的大学生考试作弊浅析［J］.职业技术，2014（10）：132.

［180］邓雪.创业型大学视角下高校辅导员素质能力提升研究［J］.嘉兴学院学报，2015（3）：142-145.

［181］张勇.齐齐哈尔城镇化过程中创业型大学大学生就业观问题研究［J］.理论观察，2015（4）：161-162.

［182］徐洋.创业型大学体育俱乐部教学模式研究［J］.辽宁体育科技，2015（4）：98-100.

［183］王坚，黄小敏.基于创业型大学视野的内部审计职能探讨［J］.福州大学学报（哲学社会科学版），2010（6）：104-107.

［184］万由祥.试论创业型高职学校建设［J］.高等工程教育研究，2013（6）：172-175.

［185］邓志革，华金科.创业型大学及其对高职学校的启示［J］.当代教育论坛，2008（12）：31-32.

［186］李丽明.创业型大学对我国高等职业院校能力建设的启示［J］.中国电力教育，2010（36）：22-23.

［187］张洁.国外创业型大学发展对建设教育服务型高职学校的启发［J］.浙江工贸职业技术学院学报，2012（9）：9-13.

［188］顾坤华，赵惠莉.高职学校向创业型大学转型的探索［J］.职业技术教育，2010（19）：15-16.

［189］张俊青，温宗胤.高职学校向创业型大学转型的可行性研究教育与职业［J］.2015（2中）：32-33.

［190］潘建华，姚燕芬.高职学校向创业型大学转型的生成条件与关键路径［J］.中国职业技术教育，2013（33）：86-87.

［191］袁明智，肖翠云，等.创业型职业院校建设的分析与构想［J］.职教通讯，2014（20）：1-2.

［192］高明.高职学校向创业型大学转型的对策研究［J］.职业技术教育，2014（34）：65.

［193］徐彦.高职学校构建创业型大学的路径探讨［J］.宁波职业技术学院学报，2013（2）：21.

［194］何向荣.创业型高职学校组织变革的理论和方法抉择［J］.中国高教研究，2015（5）：105-110.

［195］徐彦.高职学校构建创业型大学的路径探讨［J］.宁波职业技术学院学报，2013（2）：22-23.

［196］王虹，李建萍.从战略高度到战术实处——"创业型大学"高职教育发展探析

[J].山东商业职业技术学院学报，2012（12）：36-37.

[197]马陆亭，陈霞玲.依托创业型大学建设开展创业教育[J].高教研究与实践，2013（6）：3-5转14.

[198]赵惠莉，顾坤华.创业型大学视域下的高职学校创业教育研究[J].南通职业大学学报，2011（12）：41-43.

[199]卿永，刘子秀.农科类创业型高职人才的培养模式研究[J].中国农业教育，2002（1）：32-33.

[200]张好徽.创业型大学职业道德教育的若干思考[J].黑龙江生态工程职业学院学报，2012（7）：56-57.

[201]任颖，徐洁.创业型大学在中国的发展初探——以义乌工商职业技术学院为例[J].继续教育研究，2014（12）：11-14.

[202]经京璐.浅谈高职学校创业服务体系的构建——以义乌工商职业技术学院为例[J].中国人才，2011（7）：108-109.

[203]郑建英.求效：发展创业型大学的思考——以三门峡职业技术学院为例[J].三门峡职业技术学院学报，2010（9）：1-4.

[204]邱晓光.以服务为导向的创业型高职发展路径的探索[J].浙江工贸职业技术学院学报，2013（36）：63-65.

[205]万由祥.创业型高职学校创业模式案例研究[J].湖北职业技术学院学报，2014（9）：8-13.

[206]万由祥.国内创业型高职学校建设的五大成功路径[J].创新与创业教育，2014（12）：4-8.

[207]杨洁.创业型大学之我见——从市场营销视野分析[J].山东商业职业技术学院学报，2016（2）：38-39.

[208]徐彦.区域经济视域下高职学校向创业型大学的转型[J].宁波大学学报（教育科学版），2014（7）：104-107.

[209]万由祥.论"两型社会"建设背景下的创业型高职学校建设[J].湖北职业技术学院学报，2010（12）：26-29.

[210]张莹，刘春媛.创业型大学（职业教育）为"三农"服务的策略研究——新时期职业教育促进"农业向依靠科技进步转轨"的新途径探究[J].职业技术，2012（6）：113.

[211]胡荣华，何丽娟.国内创业型高职学校研究综述[J].广东青年职业学院学报，2015（6）：5-10.

[212]官建成，靳平安.企业经济学中的界面管理[J].经济理论与经济管理，1995（6）：67.

[213]黄亚生，张世伟，等.充满创意的"工厂"——美国麻省理工学院创新创业模

式揭秘［J］.中国科技奖励，2015（7）：65，66.

［214］〔美〕伯顿·克拉克.自主创新型大学：共治、自治和成功的新基础［J］.王晓阳，等译.清华大学教育研究，2000（4）：8.

［215］秦惠民，解水青.高职教育对现代大学功能变革的影响——基于国际视角的新制度学解读［J］.中国高教研究，2014（2）：17-21.

［216］王迎丰."技术立国"理念与日本高等教育强国之路［J］.现代物业（中旬刊），2013（9）：58.

［217］文育林.改革人才培养模式，按学科设置专业［J］.高等教育研究，1983（7）：22-26转17.

［218］解水青，秦惠民.阻隔校企之"中间地带"刍议——高职教育校企合作的逻辑起点及其政策启示［J］.中国高教研究，2015（5）：86.

［219］邢晖.当前高职学校经费问题调查与建议［J］.中国职业技术教育，2016（3）：60.

［220］邹晓东，翁默斯，姚威.我国"革新式"创业型大学的转型路径——一个多案例的制度考察［J］.高等工程教育研究，2014（2）：101.

［221］徐磊.如何建立有效的界面——关于技术创新界面管理的探讨［J］.科研管理，2002（5）：79.

［222］吴涛，海峰，李必强.界面和界面管理分析［J］.管理科学，2003（2）：9.

［223］刘博，沈菊琴.界面及界面管理概念界定［J］.华东经济管理，2012（9）：111.

［224］郭斌，陈劲，许庆瑞.创业创新过程中的界面管理［J］.数量经济技术经济研究，1997（7）：38.

［225］王春晖.界面实质与界面管理分析研究［J］.现代商业，2011（12）：193.

［226］石定寰，柳卸林.建设我国国家创新体系的构想［J］.中国科技论坛，1998（5）：7.

［227］王春法.国家创新体系理论的八个基本假定［J］.科学学研究，2003（10）：533.

［228］冒澄.试论创新背景下的创业型大学建设［J］.教育发展研究，2007（11）：52-54.

［229］李枭鹰.国内第一部高等教育研究方法著作——潘懋元教授主编的《高等教育研究方法》评介［J］.大学教育科学，2008（5）：107-109.

［230］汪雅霜.思辨研究方法与高等教育研究——读潘懋元教授的《高等教育研究方法》［J］.学园，2012（3）：23-25.

（三）学位论文

［1］李福华.中国创业型大学研究——基于三螺旋理论的视角［D］.青岛：青岛大学

师范学院，2013：1-2.

[2] 王冰清.我国高职学校人才培养模式研究 [D].天津：天津大学教育学院，2013：17-24.

[3] 龚丽.我国高职学校人才培养模式存在的问题与对策研究 [D].重庆：西南大学课程教学研究院，2008：18-22.

[4] 刘红.高职学校人才培养模式改革研究 [D].南昌：东华理工大学师范学院，2014：15-18.

[5] 陈宏图.制度分析视角下我国高职人才培养模式研究 [D].长沙：湖南大学教育科学研究院，2010：23-24.

[6] 王雁.创业型大学：美国研究型大学模式变革的研究 [D].杭州：浙江大学管理学院，2005：159-181.

[7] 武学超.美国研究型大学技术转移政策研究 [D].重庆：西南大学教育学院，2009：167-176.

[8] 张森.麻省理工学院创业型大学发展史研究 [D].石家庄：河北大学教育学院，2012：21-108.

[9] 高明.英美创业型大学管理模式比较及启示 [D].沈阳：东北大学文法学院，2012：27-101.

[10] 黄扬杰.大学学科组织的学术创业力研究 [D].杭州：浙江大学公共管理学院，2014：73-115.

[11] 彭绪梅.创业型大学的兴起与发展 [D].大连：大连理工大学公共管理与法学学院，2008：26-84.

[12] 刘叶.建立创业型大学：管理上转型的途径 [D].武汉：华中科技大学教育科学研究院，2010：80-215.

[13] 王军胜.创业型大学视角下民办本科院校转型路径研究 [D].天津：天津大学管理与经济学部，2013：124-146.

[14] 李培凤.基于三螺旋创新理论的大学发展模式变革研究 [D].太原：山西大学经济与管理学院，2015：64-152.

[15] 黄容霞.全球化时代的大学变革 [D].武汉：华中科技大学教育科学研究院，2012：104-140.

[16] 庞文.创新型大学衍生企业的能力研究 [D].哈尔滨：哈尔滨工业大学管理学院，2014：84-119.

[17] 张鹏.学术创业的大学内部组织环境影响研究 [D].杭州：浙江工业大学经贸管理学院，2015：37-104.

[18] 罗军飞.创新型大学与创新型国家——关于建设创新型大学若干问题的研究 [D].长沙：中南大学商学院，2009：137-145.

［19］罗泽意.制度变迁视角下大学创业趋向研究——基于农业院校的案例［D］.南京：南京农业大学经济管理学院，2011：103-138.

［20］明铭.区域创新体系中的大学行为研究——以武汉"中国光谷"为例［D］.武汉：华中科技大学教育科学研究院，2012：82-100.

［21］王志强.研究型大学与美国国家创新系统的演进［D］.上海：华东师范大学教育科学学院，2012：181-190.

［22］张金萍.国外创业型大学的理论研究［D］.北京：首都师范大学教育科学学院，2008：17-50.

［23］马志强.西方创业型大学的兴起与发展［D］.郑州：河南大学教育学院，2007：9-61.

［24］翁默斯.我国地方院校向创业型大学转型的多案例研究［D］.杭州：浙江工业大学政治与公共管理学院，2012：12-51.

［25］梁镜源.中国创业型大学建设的基本模式及价值取向研究［D］.长春：东北师范大学政法学院，2013：6-30.

［26］张静.创业型大学组织特征探究［D］.厦门：厦门大学教育研究院，2009：50-91.

［27］薛治国.学术资本主义与科技政策的相互影响［D］.武汉：华中科技大学政治教育系，2010：6-27.

［28］李威.美国创业型大学与区域经济互动发展研究［D］.天津：天津师范大学教育学院，2012：11-30.

［29］陈静.基于三螺旋理论的区域创新体系研究——兼论创业型大学的建设意义及途径［D］.北京：北京交通大学经济管理学院，2008：10-16.

［30］杨茜.创新创业型大学评价指标体系的研究［D］.南京：南京工业大学法政学院，2013：38-49.

［31］胡俊伟.研究型大学创业能力评价研究——基于DANP-VIKOR方法［D］.杭州：浙江大学公共管理学院，2014：35-61.

［32］刘伟.上海市高校知识服务能力评价研究［D］.上海：东华大学工商管理学院，2012：27-45.

［33］梅红娟.论大学教师发展——基于高等教育市场化的思考［D］.兰州：兰州大学高等教育研究院，2011：19-52.

［34］李培凤.基于三螺旋创新理论的大学发展模式变革研究［D］.太原：山西大学经济与管理学院，2015：8-16.

［35］彭绪梅.创业型大学的兴起与发展研究［D］.大连：大连理工大学公共管理与法学学院，2008：6-12.

［36］王雁.创业型大学：美国研究型大学模式变革的研究［D］.杭州：浙江大学管

理学院，2005：159-181.

［37］王军胜.创业型大学视角下民办本科高校转型路径研究［D］.天津：天津大学管理与经济学部，2013：14.

［38］朱鹏举.美国康奈尔计划发展研究——大学服务职能的视角［D］.保定：河北大学，2014：85-89.

［39］黄磊.改革开放以来我国高职经费问题与对策研究［D］.抚州：华东理工大学抚州师范学院，2016：17-27.

（四）网络资料

［1］教育部关于全面提高高等教育质量的若干意见（教高〔2012〕4号）［EB/OL］.［2010-04-20］.http://www.gov.cn/zwgk/2012-04/20/content-2118168.htm.

［2］全国人民代表大会常务委员会执法检查组关于检查《中华人民共和国职业教育法》实施情况的报告［EB/OL］.［2015-06-29］.http://www.npc.gov.cn/npc/xinwen/2015-06/29/content-1939891.htm.

［3］中共中央关于教育体制改革的决定（1985年5月27日发布）［EB/OL］.http://www.moe.edu.cn/publicfiles/business/htmlfiles/moe/moe-177/200407/2482.html.

［4］国务院关于加快发展现代职业教育的决定（国发〔2014〕19号）［EB/OL］.［2014-06-24］.http://www.scio.gov.cn/ztk/xwfb/2014/gxbjhzyjyggyfzqkxwfbh/xgbd31088/Document/1373573/1373573.htm.

［5］关于启动实施教育体制改革试点工作的通知（浙政办发〔2011〕54号）［EB/OL］.［2011-12-08］.http://www.ycqjt.gov.cn/Item/40905.aspx.

［6］浙江省教育厅关于积极推进高校建设创业学院的意见（浙教学〔2015〕98号）［EB/OL］.［2015-08-31］.http://www.zjedu.gov.cn/news/144098633313254525.html.

［7］坚持走中国特色自主创新道路，为建设创新型国家而努力奋斗——在全国科学技术大会上的讲话［EB/OL］.［2016-01-10］.http://theory.people.com.cn/GB/49169/49171/4012810.html.

［8］中共中央 国务院关于深化科技体制改革加快国家创新体系建设的意见［EB/OL］.［2012-9-23］.http://www.gov.cn/gongbao/content/2012/content-2238927.htm.

［9］国务院办公厅关于发展众创空间推进大众创新创业的指导意见（国办发〔2015〕9号）［EB/OL］.［2015-03-11］.http://www.gov.cn/zhengce/content/2015-03/11/content-9519.htm.

［10］国务院关于大力推进大众创业万众创新若干政策措施的意见（国发〔2015〕32号）［EB/OL］.［2015-06-16］.http://www.gov.cn/zhengce/content/2015-06/16/content-9855.htm.

［11］推进高等学校创新创业有关情况［EB/OL］.［2010-6-11］.http://www.moe.edu.cn/publicfiles/business/htmlfiles/moe/s3916/201007/91535.html.

［12］关于印发《教育部关于加强高职高专教育人才培养工作的意见》的通知（教高〔2000〕2号）［EB/OL］.［2000-01-17］.http://www.moe.edu.cn/publicfiles/business/htmlfiles/moe/A08-sjhj/201109/124842.html.

［13］关于组织实施《新世纪高职高专教育人才培养模式和教学内容体系改革与建设项目计划》的通知（教高〔1999〕3号）［EB/OL］.［1999-1-13］.http://www.moe.gov.cn/s78/A08/A08-gggs/A08-sjhj/201007/t20100729-124843.html.

［14］关于印发《关于深化教学改革，培养适应21世纪需要的高质量人才的意见》等文件的通知（教高〔1998〕2号）［EB/OL］.［1998-4-10］.http://www.moe.edu.cn/srcsite/A08/s7056/199804/t19980410-162625.html.

［15］中共中央关于教育体制改革的决定［EB/OL］.［1985-5-27］.http://www.moe.edu.cn/publicfiles/business/htmlfiles/moe/moe-177/200407/2482.html.

［16］国务院关于大力发展职业教育的决定（国发〔2005〕35号）［EB/OL］.［2005-10-28］.http://www.moe.edu.cn/publicfiles/business/htmlfiles/moe/moe-1778/200710/27730.html.

［17］国务院关于加快发展现代职业教育的决定（国发〔2014〕19号）［EB/OL］.［2014-06-22］.http://www.moe.edu.cn/publicfiles/business/htmlfiles/moe/moe-1778/201406/170691.html.

［18］教育部关于印发《高等职业教育创新发展行动计划（2015-2018年）》的通知（教职成〔2015〕9号）［EB/OL］.［2015-10-21］.http://www.moe.gov.cn/srcsite/A07/moe-737/s3876-cxfz/201511/t20151102-216985.html.

［19］教育部关于深化职业教育教学改革全面提高人才培养质量的若干意见（教职成〔2015〕6号）［EB/OL］.［2015-7-29］.http://www.moe.gov.cn/srcsite/A07/moe-953/201508/t20150817-200583.html.

［20］教育部关于学习贯彻习近平总书记重要指示和全国职业教育工作会议精神的通知（教职成〔2014〕6号）［EB/OL］.［2014-07-03］.http://www.moe.edu.cn/publicfiles/business/htmlfiles/moe/s7055/201407/171295.html.

［21］关于2015年列入教育部专家考察的申报设置高等学校的公示［EB/OL］.［2015-9-10］.http://www.moe.gov.cn/s78/A03/A03-gggs/s8462/201509/t20150911-207510.html.

［22］教育部国家发展和改革委员会关于编报2006年普通高等教育分学校分专业招生计划的通知（教发函〔2006〕4号）［EB/OL］.［2006-1-24］.http://www.moe.gov.cn/s78/A03/moe-639/tnull-18778.html.

［23］教育部关于印发《高等职业教育创新发展行动计划（2015-2018年）》的通知（教职成〔2015〕9号）［EB/OL］.［2015-10-21］.http://www.moe.gov.cn/srcsite/A07/moe-737/s3876-cxfz/201511/t20151102-216985.html.

　　〔24〕国务院关于大力发展职业教育的决定（国发〔2005〕35号）〔EB/OL〕.
〔2005-10-28〕.http://www.moe.edu.cn/publicfiles/business/htmlfiles/moe/moe-
1778/200710/27730.html.

　　〔25〕中华人民共和国教育法〔EB/OL〕.〔2005-05-25〕.http://www.gov.cn/
banshi/2005-05/25/content-918.htm.

　　〔26〕中华人民共和国高等教育法〔EB/OL〕.〔2005-05-25〕.http://www.moe.edu.
cn/s78/A02/zfs--left/s5911/moe-619/201512/t20151228-226193.html.

　　〔27〕中华人民共和国职业教育法〔EB/OL〕.〔2005-05-25〕.http://www.gov.cn/
banshi/2005-05/25/content-928.htm.

二、外文资料

　　〔1〕Simon Marginson.The Enterprise University：Power，Governance，and Reinvention
in Australia〔M〕.Cambridge：Cambridge University Press，2000：47.

　　〔2〕Petcr Jarvis.University and CorPorate University：The Higher Learning Industry in
GlobaI Society〔M〕.London：Kogan Page Ltd.，2001：9.

　　〔3〕Ken Vickers，Greg Salamo，Otto Loewer，John Ahlen.Creation of an
Entrepreneurial University Cultur：the University of Arkansas as a Case Study〔J〕.Journal of
Engineering Education，2001（10）：617-622.

　　〔4〕A.O.Grudzinskii.The University as an Entrepreneurial organization〔J〕.Russian
Education and Society，2005，47（1）：35-39.

　　〔5〕David-Rae，Simon GEE，Robert Moon.Creating an Enterprise Culture in
a University：The role of an Entrepreneurial Learning Team〔J〕.Industry and Higher
Education，2009，23（3）：183-197.

　　〔6〕Luciana Lazzeretti，Ernesto Tavoletti.Higher Education Excellence and Local
Economic Development：The Case of the Entrepreneurial University of Twente〔J〕.European
Planning Studies，2005，13（3）：475-493.

　　〔7〕Allison Bramwell，David A.Wolfe.Universities and Regional Economic
Development：The Entrepreneurial University of Waterloo〔J〕.Research Policy，2008
（37）：1175-1187.

　　〔8〕Fumi Kitagawa.Universities and Regional Advantage：Higher Education and
Innovation Policies in English Regions〔J〕.European Planning Studies，2004，12（12）：
835-852.

　　〔9〕Zaharia Sorin E.，Gilbert Ernest.The Entrepreneurial University in the Knowledge
Society〔J〕.Higher Education in Europe，2005，30（1）：31-40.

　　〔10〕Risotto Rinne Jenni Koivula.The Changing Place of the University and a Clash of

Values The Entrepreneurial University in the European Knowledge Society A Review of the Literature [J] .Higher Education Management and Policy, 2005, 17 (3) : 91-123.

[11] Sol Gittleman.An Entrepreneurial University: The Transformation of Tufts [M] . Boston: Tufts University Press, 2008.

[12] OECD.The University and the Community [M] .Paris: Centre for Education Research and Innovation, 1982.

[13] Roberts E.B., Peters D.H.Commercial Innovation from University Faculty [J] . Research Policy, 1981, 10 (2) : 108-126.

[14] Segal N.S.Universities and Technological Entrepreneurship in Brhain: Some Implications of the Cambridge Phenomenon [J] .Technovation, 1986, 4 (3) : 189-204.

[15] Louis K S, Blumenthal D, Gluck M E, et al.Entrepreneurs in Academe: An Exploration of Behavion among Life Scientist. [J] .Administrative Science Quarterly, 1988 (10) : 110-131.

[16] Lee Y S. "Technology Transfer" and the Research University: a Search for the Boundaries of University-Industry Collaboration. [J] .Research Policy, 1996, 25 (6) : 843-863

[17] Lee Y S.The Sustainability of University-industry Research Collaboration: an Empirical Assessment. [J] .The Journal of Technology Transfer, 2000, 25 (2) : 111-133.

[18] Henry Etzkowitz.Entrepreneurial Science in the Academy: a Case of the Transformation of Norms [J] .Social Problems, 1989, 36 (1) : 14-29.

[19] EtzkowitzH, LeydesdorffL.The Dynamics of Innovation: from National Systems and Mode 20to a Triple Helix of University-industry-government Relations [J] .Research Policy, 2000 (29) : 209-211.

[20] Vestergaard Jacob.The Entrepreneurial University Revisited: Conflicts and the Importance of Role Separation [J] .Social Epistemology, 2007, 21 (1) : 41-54.

[21] Philpott Kevin, Dooley Lawrence, O' Reilly Caroline et al.The Entrepreneurial University: Examining the Underlying Academic Tensions [J] .Technovation, 2010, 31 (4) : 161-170.

后 记

高职教育的辩证运动是一次长征

马克思主义曾揭示了一个最根本性的真理：事物的矛盾运动或者说辩证运动是推动事物发展的根本动力。这一真理性发现已经为无数事实无数次检验和证明。

高职教育的发展同样如此，也就是说，高职教育的发展自始至终是由高职教育内部和外部的各种辩证运动所推动的。最初，人类社会的职业教育内置于企业之中，两者是一个同步的过程，或者说没有"两者"，其原本就是同一个行为过程。英国等老牌资本主义国家率先开始创办技术工人培训学校，人类社会开始出现"职业教育"这一新生事物，此后经历漫长的历史过程，职业教育逐渐与企业脱离，成为一个独立的社会领域。这就产生了职业教育和企业之间的辩证运动过程：一方面，社会分工及差异化的利益诉求等原因促使两者之间存在渐行渐远的推动力，另一方面，两者的内在渊源及发展的需要又决定了它们彼此存在互相联系的拉动力。这种推动力和拉动力如何实现平衡以及平衡到怎样的程度才是适宜的，答案永远处于变动过程中，这就成为校企关系的永恒话题。

职业教育包括高职教育，又形成了职业教育和普通教育、高等职业教育和普通高等教育的辩证运动。如今，高等职业教育早已经占据我国高等教育半壁江山，与普通高等教育并驾齐驱，并且被冠以专门强调其特定属性的限定词"类型教育"，而不是低于普通高等教育的"层次教育"。而表征高等职业教育是与普通高等教育分庭抗礼的"类型教育"的，就是其产生于企业，并且在校企之间辩证运动的推动之下实现可持续发展。

高等职业教育与企业的辩证运动推动校企之间关系的发展及其各自的发展，高等职业教育与普通高等教育的辩证运动推动我国高等教育总体及两者相互之间关系及其各自的发展。但从理论到现实总是存在着很大的距离。基于我国新型工业化道路对高技术人才需求前提而产生的高职教育，既担负着神圣的历史使命，又面临着复杂的发展困境，从开始到今天，一直如此。尽管党中央、国务院到教育部等政府部门出台了推动高职教育以及职业教育发展的系列政策，尽管事实上我国高职教育以及职业教育已经取得了重要成就，但一些带有本原性的问题始终难以根治，时不时冒出来对后续发展形成挑战。比如校企双方的确彼此需要，但要结成密切合作关系却阻碍重重；校企双方合作边界的设置与空白地带的衔接似乎成为一种"拉锯式"的运动；作为"类型教育"的高职学校办学成本显然更高，但在招生、拨款、就业等诸多领域却约定俗成地排列在普通高校之后；高职学校对"双师型"教师的需求意味着高职教师队伍承受着更多、更高的职业期待，但他们的付出与教育成效及个体发展却往往与普通高校存在鲜明差距，这与高职学校的付出在很大程度上要高于普通高校但收效却恰恰相反完全一致，诸如此类的问题罗列起来是很多的，而且解决这些问题不但存在较大难度，即便在一定时间一定程度上解决了，也通常会在另外的时间出现反弹或者倒退。在实践过程当中又不仅仅存在以上两种辩证运动，实际上还存在着高职学校与政府管理部门、与其他社会组织团体等之间的辩证运动，这些辩证运动既独立运行又相互交织，使得没有经历过普通高等教育那种深厚积淀的高等职业教育从一开始就面临着诸多矛盾，背负着深切期望，在纠结中坚毅前行。

或许正因为高职教育的这种与众不同，使其成为研究领域的"宠儿"，受到高职领域本身、普通高等教育领域和科研机构的密切关注，且热度持续不退。这种关注不仅仅因为高职教育提供了特别多的话题，更因为人们确实期待高职教育能够获得长足发展，确实期待自己的努力能够为高职教育的长足发展多多少少发挥作用。所以，众多专家、学者试图从不同视角为高职教育解决各种问题开出良方，促使高职教育健康可持续发展。这种研究领域的热情投入又形成了高职教育理论与实践的辩证运动，人们很容易看到，有的理论被付诸实施，有的理论尚在襁褓之中，我国高职学校的探索不断充盈着理论的肌理，而不同理论与不同学校之间又存在着不同的联系。我们的研究也正是置身这种研究热潮当中的一朵浪花。研究者总是希望能够尽可能对问题进行全面系统的覆盖，希望研究成果能够对实践尽可能多一些裨益。不管最终起到的作用有多大，有了这种良好的初衷和持续的努力，总会有所收获。就是在这种理论与实践探索交互的进程当中，高职教育本身就像一条穿山越谷、跌宕起伏的河流，在流淌的路途之中不断得到各种水流的补给，于是河流越来越壮大，越来越波澜壮阔地流向远方。

总而言之，我国高职教育背负使命而生，置身多种纠葛前行，这种看似矛盾的现象，恰恰就是高职教育辩证运动的真实体现。认为高职教育因为重要所以必然一帆风顺，是过于简单化的幻想；认为高职教育面临问题众多且错综复杂所以前途堪忧，同样是过于肤浅的草率判断。高职教育的健康发展，需要实践者持之以恒地反复探索，而且内心明确这种探索可能会面临挫折甚至反复，可能原有的问题解决了或者尚未解决又出现新的问题，但仍然义无反顾。高职教育的健康发展，同样需要研究者持之以恒地反复探究，而且内心明确这种探究可能并不会发挥想象中的作用，可能甚至引不起石子击水的回响，但仍然一往无前。因为，高职教育的辩证运动是一次长征，所有从事高职教育的同仁都应该清醒地确立这样的认识，内心提前做好为之长久奋斗的准备。

就在撰写这篇后记期间，一个重磅消息引发社会热议：经国务院学位委员会审议通过，国务院学位办日前印发的《关于做好本科层次职业学校学士学位授权与授予工作意见》指出，本科层次职业教育按照《中华人民共和国学位条例》《中华人民共和国学位条例暂行实施办法》《学士学位授权和授予管理办法》进行学士学位授权、授予、管理和质量监督；在证书效用方面，在就业、考研、报考公务员等方面具有与普通本科证书同样的效力。这为我国高职教育的长征路，无疑又增添了一块坚实的基石。

解水青　胡荣花

2021年12月12日